NIQAB

DORIS GLÜCK

NIQAB

J'ÉTAIS L'ÉPOUSE D'UN GUERRIER D'ALLAH

traduit de l'allemand
par Penny Lewis

ARCHIPOCHE

Ce livre a été publié sous le titre
Mundtot
par List Verlag, 2004.

Notre catalogue est consultable à l'adresse suivante :
www.archipoche.com

Éditions Archipoche
92, avenue de France
75013 Paris

ISBN 979-1-0392-0203-9

Prologue

Septembre 2002

Je sursautai en entendant la sonnerie de mon téléphone portable, que j'avais posé sur le siège passager. J'étais en voiture à l'heure de pointe et je répondis à contrecœur, alors que le feu passait au rouge.

— Doris, est-ce que je peux te parler ? C'est Jörg à l'appareil.

Jörg Sommer, mon agent de liaison auprès des Renseignements intérieurs. Cela faisait des mois que j'étais en contact avec lui. À la suite des attentats du 11 septembre, j'avais enfin trouvé quelqu'un pour m'écouter. Il s'était présenté sous le nom de M. Sommer et nous nous tutoyions depuis un bon moment déjà. Nous nous voyions toutes les deux à trois semaines. Au début, il me laissait raconter mon histoire. Depuis quelque temps, il me posait des questions et j'y répondais ; du moins, j'essayais.

Que me voulait-il ? Nous avions parlé longuement lorsque nous nous étions vus deux jours auparavant. Il ne m'avait encore jamais appelée à cette heure-là, il n'avait encore jamais employé le mot « urgent ».

La peur m'envahit.

— Je suis au volant, protestai-je. Il vaudrait mieux que tu me rappelles sur mon fixe. J'arrive chez moi dans une demi-heure.

— Gare-toi immédiatement. Il s'est passé quelque chose. Je ne quitte pas.

Je mis le clignotant, déboîtai sur la droite, m'arrêtai devant une sortie de garage et allumai une cigarette avant de reprendre le téléphone.

— Qu'est-ce qui s'est passé ?

Jörg voulut savoir si j'étais seule dans la voiture, si quelqu'un pouvait nous entendre. Je répondis par la négative et lui demandai d'en venir au fait.

— Ton mari a été arrêté en Tunisie, m'annonça-t-il.

Bien fait pour lui : voilà la première pensée qui me traversa l'esprit. Puis je me demandai ce qu'Omar – c'est le nom que je lui donnerai dans ce livre – pouvait bien faire en Tunisie, avant de me dire que ça n'avait guère d'importance. Nous serions bientôt divorcés, ce cauchemar serait bientôt terminé.

— Ce n'est pas tout, ajouta Jörg. La police criminelle veut s'entretenir avec toi et t'envoie deux de ses hommes.

— Chez moi ? Non, merci !

Je ne voulais pas. Je ne connaissais pas ces gens-là et je n'avais aucune envie de les connaître. Je faisais entièrement confiance à Jörg. Il m'écoutait, il savait tout de moi. Je lui avais donné toutes les informations que je détenais. Il n'avait qu'à parler lui-même aux hommes de la criminelle.

— C'est déjà fait, me répondit-il lorsque je lui confiai mes réticences. J'ai tout juste réussi à les empêcher de faire irruption chez toi. Écoute, Doris, les choses vont se passer de la façon suivante.

Il m'expliqua alors que les Renseignements intérieurs avaient dû transférer mon dossier à la police criminelle, plus compétente. Mais je ne l'écoutais plus. Jörg n'était plus responsable de moi, voilà tout.

— Ils se fichent que tu sois d'accord ou pas. Tu dois leur obéir, Doris, conclut-il.

Je me déclarai prête à obtempérer, mais à une condition : rencontrer ces hommes en terrain neutre. J'espérais encore pouvoir conserver la vie que je m'étais construite au prix d'efforts immenses, après avoir quitté mon mari.

La presse s'empara de l'affaire peu de temps après. Un Allemand d'origine arabe avait été arrêté en Tunisie, et on le soupçonnait d'occuper une place importante au sein d'Al-Qaida. Il avait été interrogé par les services secrets tunisiens, et les services secrets américains s'intéressaient également à son cas. Il avait déjà fait l'objet d'une surveillance spéciale en Allemagne et avait été vu pour la dernière fois dans la petite ville où vivait toujours son épouse allemande.

Je n'arrivais pas à le croire ! Certes, mon nom n'était pas cité, mais le prénom de mon mari ainsi que la première lettre de son nom de famille figuraient noir sur blanc dans les journaux. Bientôt, tout le monde comprendrait que c'était moi, l'épouse du terroriste présumé ! Je me fichais de mes voisins, mais pas de ma famille ni de mon employeur. Ils ne devaient pas apprendre la nouvelle ainsi !

J'allai trouver ma supérieure hiérarchique le jour même. Au cours de notre conversation, je la prévins que la presse risquait de s'intéresser à moi. Lorsque je lui en expliquai la raison et lui parlai de ma collaboration avec les services secrets, elle me regarda, les yeux écarquillés.

— On se croirait dans un polar, me répondit-elle. Cela doit être terrible pour vous. En tout cas, ne vous inquiétez pas pour votre poste. Vous savez combien nous sommes satisfaits de votre travail. Vous pouvez compter sur notre soutien.

Quelques jours plus tard, elle retira tout ce qu'elle avait dit. D'après la direction, le fait qu'une employée soit liée de quelque façon que ce soit à Al-Qaida porterait préjudice à l'image de l'entreprise. Inutile de souligner que je n'étais absolument pas en contact avec ce réseau terroriste. Une fois cette affaire oubliée et mon divorce prononcé, je pourrais revenir, me dit-on. Quelles seraient les étapes suivantes ? Mon propriétaire allait-il m'expulser sous prétexte que j'étais une locataire dangereuse ?

Ce soir-là, j'avais invité un homme à dîner à la maison. Cela faisait quelques mois que nous nous rapprochions, et nous étions sur le point de devenir un couple. Il connaissait mon histoire dans les grandes lignes. Pour lui, le passé, c'était le passé. Il disait s'intéresser beaucoup plus à notre avenir commun, mais peut-être changerait-il d'avis si mon passé me rattrapait. Sur le chemin du retour, j'achetai une choucroute, des saucisses de Vienne et du jambon. Je n'avais pas faim, mais cuisiner me permettait parfois de me détendre.

Alors que j'épluchais des pommes de terre, le téléphone sonna. Mon interlocuteur se présenta comme un journaliste du *Stern*.

— Je suis bien en train de parler à Doris Glück ? demanda-t-il.

Je raccrochai sans dire un mot. Il rappela encore trois fois, si bien que je débranchai le téléphone et contactai la police criminelle depuis mon portable.

— Les journalistes ont mon numéro et ne vont pas tarder à frapper à la porte. Qu'est-ce que je dois faire ?

— Gardez votre calme et n'ouvrez à personne. Raccrochez, nous vous rappelons immédiatement.

Ne pas paniquer, c'était plus facile à dire qu'à faire ! Je retournai dans la cuisine, mis la choucroute à réchauffer et dressai la table pour deux personnes. Bougies jaunes, sets de table jaunes et serviettes en papier à motif de tournesol, rien de tel que des couleurs vives pour se redonner du courage, mais avaient-elles un quelconque effet sur l'angoisse ?

Alors je vis par la fenêtre une automobile se garer en face de chez moi et une femme en descendre avec ses courses. Dieu soit loué, ce n'était pas une journaliste. Puis mon portable sonna. Je devais tout laisser en plan, descendre par l'ascenseur jusqu'au garage souterrain, monter dans ma voiture et prendre l'autoroute en direction de Karlsruhe. Tout de suite.

— Nous nous occupons de tout. Il n'y a pas une minute à perdre, dépêchez-vous, me dit-on.

Je quittai mon appartement dans la précipitation. Alors que je sortais du garage en trombe, j'aperçus du coin de l'œil un homme qui attendait, debout, près de son véhicule. Surveillait-il l'immeuble ? Si c'était le journaliste du *Stern*, il me suivrait certainement, je devais donc le semer. Mais, une fois sur l'autoroute, je reçus d'autres instructions. Je devais conduire plus lentement, plus prudemment. Il ne fallait pas que j'aie un accident, on avait trop besoin de moi. Je devais rouler sur la voie de droite, sans doubler personne. Une BMW noire m'attendait sur la bande d'arrêt d'urgence. Un gyrophare s'alluma brièvement, c'était notre signe de reconnaissance. Je freinai, laissai cette voiture démarrer devant moi et la suivis. Personne ne me dit où nous allions. Les explications, ce serait pour plus tard. Je tremblais de tous mes membres, je ne savais plus si j'avais éteint la plaque de cuisson en partant, je pensais à cette énorme choucroute que personne ne mangerait. À mon ami, qui serait bientôt devant ma porte. Je demandai si je pouvais raccrocher un court instant, le temps de l'appeler.

— Nous nous occupons de tout, me dit la voix à l'autre bout du fil. Détendez-vous, vous êtes maintenant en sécurité.

Cette soirée marqua le début de ma collaboration avec la police criminelle. Je dus laisser derrière moi tout ce que j'avais construit depuis que j'avais quitté mon mari : un travail bien payé avec des collègues sympathiques, un bel appartement, mon cercle d'amis. Et même ma famille. Je fus prise en charge par le programme de protection des témoins. J'ai témoigné sous serment et je suis prête à le refaire devant un tribunal, si un procès a lieu un jour. En effet, mon ex-mari est ici. Au bout de quelques mois, les autorités tunisiennes l'ont extradé vers l'Allemagne, où il a été de nouveau interrogé. Mais, bien que les procès-verbaux portant sur lui et ses activités remplissent une étagère entière, on ne peut toujours pas le traduire en justice, les preuves accumulées contre lui jusqu'à présent n'étant pas suffisantes. On m'a dit qu'il faisait l'objet d'un contrôle judiciaire strict, mais il reste en liberté et subvient aux besoins de sa deuxième femme et de ses enfants grâce aux allocations familiales.

Quant à moi, je lutte pour me construire une nouvelle existence. Pour des raisons de sécurité, je n'ai pas pu retourner dans mon appartement. Je vis aujourd'hui dans une ville où personne ne me connaît, et je dois tout recommencer de zéro, sous une nouvelle identité. J'aimerais enfin pouvoir travailler, vivre normalement sans devoir me cacher ni mentir lorsque on me pose des questions. « Vous devriez vous inventer un passé et oublier tout ça », voilà ce que l'on m'a conseillé. Mais je ne veux pas ! Je dois dire la vérité et la crier haut et fort sur la place publique, même si raconter mon histoire me bouleverse, même si reconnaître combien j'ai été aveugle et naïve me fait mal au cœur. C'est ma façon à moi de lutter contre le terrorisme.

Et alors que je commence à peine à travailler sur ce livre, des attentats meurtriers sont perpétrés à Madrid. Une fois de plus, des civils innocents sont pris pour cible. C'en est trop !

1

— Pourriez-vous m'aider, s'il vous plaît ? me demanda une voix masculine teintée d'un fort accent étranger.

Je levai les yeux de mon journal. Devant moi se trouvait un Arabe pure souche, vêtu d'un costume sombre. Il arborait un sourire timide, comme s'il avait peur que je l'envoie promener. Je remarquai également sa grande beauté ; la ressemblance avec l'acteur Omar Sharif était si frappante que je ne parvins pas à détourner le regard.

— Oui, bien sûr. Que puis-je faire pour vous ? demandai-je à mon tour.

Je compris qu'il désirait faire passer une petite annonce dans un journal et qu'il avait besoin d'aide plus pour en rédiger le texte. Comme je devais me dépêcher de partir pour mon rendez-vous suivant, plus je posai le journal sur la table et me levai. Un mètre seulement nous séparait, mais j'avais l'impression qu'il était beaucoup plus près, comme si je pouvais ressentir la chaleur qui émanait de sa personne.

— Si vous le souhaitez, nous pouvons fixer un rendez-vous ici à 17 heures et je vous donnerai un coup de main, lui dis-je.

Je fus moi-même surprise des mots que je prononçai : ce n'était vraiment pas mon genre de donner rendez-vous à un inconnu avec qui j'avais à peine échangé trois phrases.

Début octobre 1987, j'étais représentante pour une marque de cosmétiques et je passais la semaine sur la route, principalement dans le sud de l'Allemagne. Un jour à Constance, un autre à Karlsruhe ou bien à Francfort. J'avais également des clients dans de petites villes. En revanche, je me rendais rarement à Bonn.

Le fait que je déjeune dans ce petit café suranné du centre-ville était le fruit du hasard. Et si la serveuse m'avait apporté l'addition tout de suite après que je la lui eus demandée, je n'aurais jamais rencontré cet homme.

J'avais trente et un ans et un travail prenant, raison pour laquelle je profitais autant de mes rares moments de temps libre. Je sortais souvent avec mon amie Sarah, elle aussi célibataire, ou avec une bande d'amis. Nous croquions la vie à pleines dents et rencontrions sans cesse de nouvelles têtes. Nous sortions au restaurant et en discothèque. Quand il faisait beau, nous allions nous baigner, faire du vélo ou de la randonnée. Sarah cherchait ainsi l'amour de sa vie, contrairement à moi. Je prenais la fuite dès que je rencontrais un homme qui voulait s'engager. Ma liberté était mon bien le plus précieux.

Cet après-midi-là, tout fut oublié. Je rendis visite à mes clients, les conseillai, pris les commandes et présentai les nouveaux produits, comme à mon habitude. Mais je continuais à voir ce bel étranger debout devant moi, légèrement penché en avant. Ce sourire timide, ce costume bleu foncé qui lui allait à ravir, ces belles mains soignées. J'entendais cette voix mélodieuse qui s'efforçait de prononcer correctement chaque mot. Plusieurs heures plus tard, je sentais encore sa chaleur.

— Vous êtes pressée ? me demanda mon dernier client.

Je regardais sans arrêt ma montre, ce qui ne lui avait pas échappé.

— Oui, j'ai encore un rendez-vous, répondis-je.

Viendrait-il ? Et, d'ailleurs, comment s'appelait-il ? Pourquoi ne lui avais-je même pas demandé son nom ? Alors que je me dépêchais de rentrer à l'hôtel, j'avais l'impression de planer. « Attention, Doris, pensai-je. Tu es déjà passée par là. Tu es en train de tomber amoureuse d'un homme entraperçu trois minutes ! »

J'avais déjà connu un mariage raté, complètement raté. À quinze ans, je croyais avoir trouvé le grand amour en la personne de Markus, à peine plus âgé que moi. Nous étions tellement fous l'un de l'autre que nous nous serions mariés sur-le-champ si mes parents nous avaient laissés faire. Je dus prendre mon mal en patience jusqu'à ma majorité. Catholiques pratiquants, ils auraient bien voulu empêcher ce mariage, mais je ne les écoutais pas. Je n'avais qu'une idée en tête, partir de la maison. Je n'étais pas malheureuse, je m'entendais même plutôt bien avec mon frère et mes deux sœurs, mais j'en avais assez de me faire rabaisser sans cesse par mon père. Un sentiment partagé. Nous avions tous les quatre soif de liberté. Caro, ma sœur aînée, fut la première à se marier. Elle était magnifique dans sa robe blanche. Mon tour vint quelques mois plus tard, en blanc et à l'église, tout comme elle.

— Tu n'en fais toujours qu'à ta tête, me dit mon père juste avant la cérémonie. Nous avons beau user notre salive à essayer de t'expliquer, tu ne nous écoutes pas. Un jour, tu t'en mordras les doigts !

Il ne croyait pas si bien dire. Sept ans plus tard, je demandai le divorce après avoir surpris Markus au lit avec une autre femme. Mes parents voulaient que je me réconcilie avec lui, mais il n'en était pas question.

— Vous étiez si heureux ensemble, me disait ma mère dès que l'occasion se présentait.

— Au début, oui, lui répondis-je un jour, alors qu'elle continuait à faire pression sur moi.

Je pouvais difficilement lui expliquer que Markus rentrait tard à la maison, souvent ivre, et qu'il me frappait lorsque je refusais de faire l'amour avec lui. Certes, cela n'arrivait pas souvent mais, chaque fois, c'était la fois de trop. Lorsqu'il avait cuvé, il s'excusait, il montrait qu'il s'en voulait, il m'offrait des fleurs et parvenait effectivement à m'attendrir. Mais je ne pouvais ni ne voulais lui pardonner son infidélité. À cause de Markus, je ne croyais plus à l'amour. « C'est fini pour moi, pour toujours », affirmai-je plusieurs fois à Sarah, qui ne manquait jamais de répliquer : « Doris, il ne faut jamais dire jamais. Tu ne sais pas ce qui peut te tomber dessus. »

J'entrai tout sourires dans le hall de l'hôtel, je pris ma clé à la réception et fonçai sous la douche. Je me lavai les cheveux, me parfumai et me maquillai, comme pour un vrai rendez-vous galant. J'observai d'un œil expert mon reflet dans le miroir, aussi nerveuse qu'une jeune fille de dix-sept ans.

« Il ne viendra sûrement pas », tentai-je de me convaincre alors que je prenais la direction du café, délibérément en retard. Mais, derrière la vitre, je l'aperçus assis à la table même où j'avais déjeuné. Un Coca devant lui, il alluma une cigarette et jeta un coup d'œil vers la porte. « Tu vois, il est aussi nerveux que toi », pensai-je en franchissant le seuil. Lorsqu'il me vit, son visage s'éclaira. Il se leva précipitamment et m'avança une chaise. Il rayonnait, comme s'il se réjouissait sincèrement de ma venue, tout en restant sur la réserve. Je commandai moi aussi un Coca et l'invitai à m'expliquer ce qu'il voulait.

— Je viens d'Égypte, commença-t-il. Dans mon pays, difficile. Pas d'avenir pour moi. J'ai étudié les mathématiques, je suis professeur, mais pas de travail.

La conversation se révéla laborieuse car il ne parlait pas couramment l'allemand, mais, d'après ce que je compris, il voulait poursuivre ses études ici.

— Quelle matière souhaitez-vous étudier ? demandai-je.

— L'aérospatiale, répondit-il. Construire des avions et apprendre à piloter.

Il tendit les bras et imita un avion, ce qui nous fit éclater de rire tous les deux. Puis il reprit son sérieux. Son visa touristique n'était valable que trois mois, et il ne voulait en aucun cas retourner dans son pays natal. En parlant avec les mains et en mêlant quelques mots d'anglais à la conversation, nous parvenions à nous comprendre assez bien.

— Les gens très pauvres, dit-il. Pas de travail, tout est sale. Hommes politiques pas bons pour le peuple, mentent, ne s'intéressent qu'à l'argent. Allemagne beaucoup mieux. Propre et joli. Très beau pays. Les gens heureux ici.

Son projet consistait à faire passer une petite annonce dans le journal pour rencontrer des Allemandes. Il espérait trouver une femme qui accepterait de l'épouser afin qu'il puisse rester ici, peu importe qu'ils vivent ensemble ou non. Il était même prêt à la payer. Je l'écoutai attentivement et trouvai cette idée assez curieuse, mais sans plus. Son envie de rester vivre en Allemagne était aussi sincère que son désespoir. Ces deux sentiments se lisaient dans ses yeux, ce qui m'émut profondément.

— Je veux travailler ici, tu comprends? Me marier, gagner de l'argent pour femme et enfants.

— Et tu comptes trouver ta future femme, la mère de tes enfants, grâce à une petite annonce?

Le tutoiement s'était imposé spontanément. À mesure que nous discutions, nous nous penchions de plus en plus l'un vers l'autre. Non seulement j'avais plaisir à le regarder, mais, en plus, son parfum m'attirait. Nous nous faisions face. J'avais tellement envie de lui toucher les mains, de les prendre dans les miennes. J'aurais voulu voir disparaître la table qui nous séparait et sentir ses bras autour de moi.

— Pourquoi pas? répondit-il. J'ai du mal à rencontrer des femmes ici. Elles n'aiment pas les étrangers.

Il avait très peu de temps libre car il travaillait dans un restaurant arabe tenu par l'un de ses amis. Et il n'osait pas aborder les femmes dans la rue ou dans les cafés, de peur qu'elles ne lui rient au nez en l'entendant parler allemand.

— Tu ne t'es pas montré aussi timide avec moi, dis-je en sentant le rouge me monter aux joues.

— Ça veut dire quoi, « timide » ? demanda-t-il.

– « Timide », ça veut dire… Il nous faudrait un dictionnaire. Bref, parfois, tu y arrives avec les femmes. La preuve, je t'écoute et nous allons rédiger ton annonce.

Il ne se passa rien de plus ce soir-là. Nous échangeâmes nos noms, nos adresses et nos numéros de téléphone. Je lui expliquai que je repartais le lendemain pour Mayence, où je vivais.

– C'est loin d'ici ?

Il parut soulagé quand je lui répondis par la négative, puis insista pour payer l'addition et me raccompagna à mon hôtel. Au moment de nous dire au revoir, nous ne nous serrâmes pas la main. Nous nous embrassâmes encore moins, préférant laisser nos yeux parler d'eux-mêmes. C'était tout simplement agréable de ne pas se sentir obligé de faire quoi que ce soit.

Je lui souhaitai bonne chance une dernière fois, et il attendit devant la porte que je sois bien rentrée.

Une fois couchée, j'eus la nette impression que mes sentiments des premiers instants avaient laissé place à autre chose. Omar avait des problèmes auxquels il fallait trouver une solution. Pour cela, il avait besoin de mon aide et il l'obtint. J'avais toujours eu un côté bon Samaritain, j'aimais aider les personnes dans le besoin, pour peu que je les connaisse ou qu'elles me soient sympathiques. Et Omar m'était bien plus que sympathique. Au cours de ces quelques heures passées ensemble, il avait fini par me plaire. Le lendemain matin, j'étais toute guillerette. Je passai la journée à penser à « mon Égyptien » et à me demander si la réciproque était vraie. J'étais certaine que nous nous reverrions très bientôt, même si nous n'avions convenu de rien.

Son annonce parut dans un quotidien de Bonn. « Professeur égyptien de mathématiques, vingt-neuf ans, aimerait rencontrer femme allemande. » J'étais impatiente de savoir si quelqu'un allait se manifester et fus très surprise lorsque Omar me téléphona un soir pour m'annoncer qu'il avait déjà reçu trois ou quatre lettres. Il donna rendez-vous à ces femmes dans « notre café », comme nous appelions le lieu où nous nous étions rencontrés. Il y régnait une atmosphère sympathique et feutrée, avec des fauteuils confortables, tapissés de velours rouge sombre et un grand comptoir en bois laqué sur lequel se trouvait une machine à café qui embaumait toute la pièce. Comme trois jours passèrent sans que j'aie de nouvelles, je pris l'initiative de le rappeler pour savoir si ses recherches avaient porté leurs fruits.

— Non, malheureusement, répondit-il.

L'une des femmes était repartie dès qu'elle l'avait vu. Une autre était beaucoup plus âgée que lui.

— Elle avait quel âge ? demandai-je.

Au téléphone, il nous était plus difficile de discuter et Omar ne comprit pas ma question.

— Moi ? Vingt-neuf, répondit-il.

— Pas toi, elle. Bref, peu importe. Rome ne s'est pas faite en un jour. Sois patient, lui dis-je pour lui redonner du courage.

Il devait rencontrer une nouvelle postulante le lendemain et me téléphona juste après son rendez-vous, qui, encore une fois, n'avait abouti à rien. Cette situation commençait à l'attrister.

— Quand repasses-tu à Bonn ? me demanda-t-il.

Mon cœur bondit dans ma poitrine. Au cours de ces derniers jours, Omar m'avait vraiment manqué.

— Je ne peux pas, j'ai du travail, répondis-je.

— Tu pourrais venir me voir le week-end prochain ? J'ai encore un rendez-vous samedi à 13 heures, dans notre café.

À la demande d'Omar, je fus donc présente. La candidate fronça le nez devant la simplicité de l'établissement. Visiblement, la seule chose qui l'intéressait était de mettre le grappin sur un homme fortuné. Elle me demanda combien d'argent Omar possédait.

— Aucune idée, répliquai-je, mais sûrement pas assez à votre goût.

Cinq minutes plus tard, elle était partie.

— Si tu avais posé quelques billets sur la table, elle t'aurait épousé sur-le-champ.

Il éclata de rire.

— J'ai eu la même impression. Heureusement que tu étais là, *alhamdulillah !*

Nous décidâmes de nous marier une semaine plus tard. Était-ce son idée ou la mienne ? Je ne sais plus. Tout alla très vite, nous n'en discutâmes pas pendant des heures, loin de là. Plus tard, j'ai essayé de trouver une explication rationnelle, en vain. Je n'ai pas agi par pur altruisme ni par intérêt financier, je gagnais bien ma vie, j'aimais mon travail plus que tout et mes supérieurs étaient contents de moi. Je subvenais seule à mes besoins. J'ai fini par me rendre compte qu'il me fallait un homme, tout simplement. Et pas n'importe lequel : mon bel Égyptien, qui était prêt à vivre avec moi, à m'aimer et à m'apporter de la stabilité.

— C'est la seule chose que je souhaite depuis que je t'ai rencontrée, me dit-il ce dimanche soir. Je veux une femme comme toi. Depuis que je te connais, je vis dans l'espoir que tu m'épouses.

— Pourquoi tu ne m'en as pas parlé tout de suite ?

— Parce que tu aurais refusé.

— Tu as probablement raison. Écoute, Omar, si ça ne marche pas, nous nous séparerons. Tu partiras de ton côté et moi du mien.

— *Inch'Allah !* répondit-il. Si Dieu le souhaite, nous resterons ensemble. Je pense qu'Il veut notre bonheur, car Il a fait en sorte que nous nous rencontrions.

— Exactement. Remettons-nous-en à Dieu et faisons de notre mieux.

Pour chacun de nous, il s'agissait là d'un saut dans l'inconnu. Une chose était sûre : nous nous appréciions beaucoup, et je trouvais Omar extrêmement attirant. Tout me plaisait en lui : ses larges épaules, ses yeux noirs, ses sourcils fournis, qui parfois se relevaient, perplexes ou espiègles, ses mains, son parfum, son style vestimentaire. J'adorais la façon qu'il avait de me prendre dans ses bras et de me faire l'amour. Il était très attentionné. Non content de m'offrir des petits cadeaux, il gardait en mémoire tout ce que je disais. Un jour, au cours de la conversation, je lui dis que la porte de mon armoire ne fermait pas correctement. Il alla immédiatement chercher un tournevis pour la réparer. Il faisait les courses dès que nous manquions de quelque chose et s'enquérait sans cesse de mes moindres désirs.

Ni mes parents, ni mon frère, ni mes sœurs ne savaient que j'avais rencontré quelqu'un, et encore moins que j'allais me marier. Je voulais éviter les « bons conseils » habituels. Il était évident que je ne me montrais guère raisonnable, d'autant que je n'avais pas entièrement confiance en mon bel Égyptien. En effet, j'entendais une petite voix qui me disait: «Et si c'était un criminel en fuite? Peut-être qu'il m'utilise dans l'unique but de pouvoir rester ici?» J'en fis part à Omar, qui ne fut aucunement blessé. Il trouvait cela normal que je me renseigne sur son passé.

— Chez moi, en Égypte, ce sont les parents des futurs mariés qui abordent ce genre de sujet, m'expliqua-t-il. Le père de la mariée demande à son futur gendre s'il a assez d'argent. Si la réponse est non, il refuse de lui accorder la main de sa fille.

— Ce n'est pas ce à quoi je pense, répondis-je en essayant de formuler ma question avec tact.

Finalement, j'optai pour la franchise.

— Tu as déjà fait de la prison? Tu as déjà eu affaire à la police?

— Jamais, ni en Égypte ni ici. Je dois juste aller de temps en temps au commissariat pour mes papiers.

— Au bureau de l'immigration, corrigeai-je.

— Je n'ai jamais rien fait de mal. Je n'ai jamais volé, jamais. Tu me crois?

— Oui.

Quelques jours seulement après cette conversation, les documents nécessaires au mariage qu'Omar avait demandés arrivèrent du Caire. Pour moi, c'était là une preuve officielle supplémentaire qu'il n'avait rien à se reprocher. J'attendis encore plusieurs semaines avant d'annoncer à ma mère que j'avais rencontré quelqu'un et que j'allais me marier, mais seulement à la mairie, cette fois. Elle qui m'avait toujours soutenue, quelles que soient les circonstances, fut un peu contrariée d'apprendre que mon futur mari était égyptien, musulman et non catholique. Mais elle était tout de même très contente pour moi et me promit d'annoncer la nouvelle à mon père en prenant toutes les précautions nécessaires. À Mayence, fin 1987, la cérémonie civile dura à peine dix minutes. Comme ce n'était pour nous qu'une démarche juridique à laquelle nous ne pouvions échapper, nous n'avions invité personne. Nous formions depuis longtemps un véritable couple d'amour.

Omar emménagea chez moi, à Mayence, et se mit à apprendre l'allemand avec assiduité. Pas un jour ne passait sans qu'il s'enquière du nom de tel ou tel objet.

— Comment ça s'appelle ? me demanda-t-il un jour, alors que j'avais un presse-purée à la main.

— Ça, c'est un presse-purée. Et ça, c'est un ouvre-boîte…

Je devins donc son professeur d'allemand. Je lui expliquais les mots qu'il piochait çà et là et corrigeais sa prononciation.

— Quand je parlerai parfaitement allemand, je trouverai un emploi, ne cessait-il de me répéter.

Le fait de ne pas pouvoir enseigner les mathématiques en Allemagne ne semblait pas particulièrement le déranger. Il acceptait tous les petits boulots qui se présentaient et suait sang et eau sans jamais se plaindre, comme d'autres auraient pu le faire à sa place. Ainsi, il travailla comme déménageur ou encore plongeur. Mais il était très ambitieux et saisissait chaque occasion de faire des progrès. Pendant quelques semaines, le soir, il suivit des cours d'allemand pour étrangers mais arrêta très vite, rebuté par la lenteur de l'enseignante et le manque de motivation des autres élèves. À la maison, il lisait la plupart du temps à voix haute afin de mieux mémoriser le vocabulaire. Il dévorait tout ce qui lui tombait sous la main : prospectus, journaux, magazines, et parfois même mes livres. Il lisait assis sur le canapé, sur un tapis ou au lit, ou bien debout, sur le balcon ou dans la cuisine, tout en préparant le repas. Un jour, alors que je rentrais du supermarché, je le surpris tout habillé dans la baignoire, un livre à la main.

— Mais qu'est-ce que tu fais ? lui demandai-je.

— Je lis. Ça ne se voit pas ? J'étais fatigué mais je ne voulais pas m'allonger sur le lit, de peur de m'endormir !

Je ris aux larmes tellement je trouvais ça drôle, et il éclata de rire lui aussi. Je finis par l'aider à se mettre debout et à sortir de la baignoire.

— Tu m'as manqué, me dit-il en me prenant dans ses bras. Va dans la cuisine. Tout est prêt.

Sur la table dressée pour deux personnes étaient disposés une salade, des fruits, du pain et du fromage. Omar aimait beaucoup cuisiner, surtout des plats à base de poisson. Comme il passait beaucoup plus de temps que moi à l'appartement, il se chargeait généralement des courses. Il était aux petits soins pour moi, et j'adorais ça.

Quand ma mère rencontra Omar, il lui fit bonne impression. Peu après, je lui présentai les autres membres de ma famille. Mes sœurs Caro et Gerda, mon frère Karl, leurs conjoints, leurs enfants et même ma grand-mère, tous l'accueillirent à bras ouverts, malgré la barrière de la langue. Seul mon père se montra distant. Lui qui déjà n'avait jamais apprécié

Markus, mon premier mari, avait du mal à accepter le fait que mon second époux soit étranger. Moi, je me fichais de son avis. Les occasions de voir mes parents, mon frère et mes sœurs se limitaient à deux réunions de famille annuelles. Certes, nous étions contents de nous voir, nous mangions ensemble et nous bavardions beaucoup, mais nos relations demeuraient assez superficielles. Chacun menait sa vie de son côté, et si l'un de nous traversait un moment difficile, il ne lui serait jamais venu à l'idée d'en discuter avec le reste de la famille. On nous avait éduqués dans l'idée que nous devions être autonomes.

Je ne savais pas grand-chose de la famille d'Omar, mis à part qu'elle était pauvre. Son père était mort. Il avait lui aussi deux sœurs et un frère, Mustapha, à qui il téléphonait de temps en temps. Lorsque Mustapha vint nous rendre visite à Mayence, Omar et moi vivions ensemble depuis un an. Il passa quelques jours chez nous, mais je ne le vis que le week-end où Omar et lui montèrent des meubles de cuisine. Comme ils étaient tous les deux occupés, je leur préparais à manger et n'échangeai qu'une dizaine de phrases en anglais avec Mustapha, qui travaillait dans une société de transport maritime. J'avais l'impression qu'il me regardait de travers.

— Il n'a pas l'habitude de côtoyer des femmes modernes, m'expliqua Omar après le départ de Mustapha. En Égypte, ça ne se passe pas comme ici. Il ne comprend pas notre mode de vie.

— L'Institut d'aérospatiale m'a écrit, m'annonça Omar un soir, fin 1988. Le diplôme que j'ai obtenu en Égypte n'est pas reconnu ici. Il faudrait que je reprenne mes études, mais je n'en ai pas vraiment envie. Quand je les aurai terminées, je serai trop vieux. Il y en a au moins pour sept ans.

— Tu es déçu ?

Il secoua la tête.

— C'est la volonté de Dieu. Ça ne change rien pour moi. Peu importe le métier que j'exerce. Ce qui m'énerve, ce sont ces chefs qui passent leur temps à aboyer des ordres alors qu'ils ne connaissent rien à rien. Un jour, j'aimerais être autonome, avoir ma propre entreprise. Tu vois, Doris, j'aimerais gagner suffisamment d'argent pour que tu ne sois plus obligée de travailler.

— Mais j'aime mon travail…

— Mais si nous avons un enfant un jour, tu devras t'arrêter.

— Pendant un certain temps, oui, mais je finirai par m'ennuyer.

Je ne voulais pas encore d'enfants, mais j'aimais beaucoup échafauder des projets d'avenir avec mon mari.

— Nous pourrions aussi nous installer à notre compte, mais pour quoi faire ?

— Je pourrais créer une société de transport de marchandises, répondit Omar. Mais, pour cela, il me faut le feu vert des autorités.

Deux ans après son arrivée en Allemagne, Omar obtint enfin un titre de séjour permanent et entreprit les démarches nécessaires pour avoir sa licence de taxi. Dès qu'il avait un peu d'argent en poche, il m'offrait des fleurs ou quelque chose d'utile pour notre appartement. Nous nous disputions quelquefois, comme tous les couples. Quand j'étais fatiguée, j'avais tendance à m'emporter assez vite et à ne pas ménager sa susceptibilité. De nous deux, il était l'élément temporisateur, mais il pouvait parfois se montrer aussi têtu que moi. En tout cas, nous ne restions jamais fâchés bien longtemps, et chaque réconciliation nous rapprochait encore un peu plus. Jusqu'au milieu de l'année 1990, nous vécûmes un bonheur sans nuages. Dans les couples binationaux, les différences culturelles sont très souvent sources de frictions. Pour nous, il n'en était rien.

Je savais que mon mari était musulman, mais nous ne parlions jamais de l'islam. Il ne s'intéressait pas à la religion. Je serais prête à jurer qu'il ne mit pas les pieds dans une mosquée allemande avant la fin de l'année 1991. Il ne priait pas, ne possédait pas de Coran, n'était pas en contact avec d'autres Égyptiens ni avec d'autres arabophones.

— Ils sont très différents de moi, m'expliqua-t-il un jour. Je ne m'entends pas bien avec eux car ils ne veulent ni changer ni apprendre et se complaisent dans leur rôle de pauvres étrangers. Moi, je veux devenir allemand ! *Inch'Allah !*

Il utilisait cette expression arabe de temps en temps, tout comme «*bismillah !*» ou «*alhamdulillah !*». Je lui demandai ce que cela signifiait.

— C'est comme toi quand tu t'exclames «Dieu soit loué !» parce que tu as enfin retrouvé tes clés de voiture, me répondit-il.

Mis à part le fait qu'il ne mangeait pas de porc, il vivait comme toutes les personnes que je connaissais et buvait de l'alcool. Le soir, il se servait une bière bien fraîche ou un verre de whisky, voire plus. Il fumait cigarette sur cigarette. Il bourrait parfois son narguilé avec du tabac parfumé à la pomme, très rarement avec du haschich. Il n'avait rien contre le fait de se faire prendre en photo et encadrait lui-même des posters qu'il accrochait dans notre appartement.

Trois ans plus tard, quand ses convictions changèrent du tout au tout et qu'il devint musulman pratiquant, il déchira tous ces posters et les brûla, l'islam interdisant toute représentation d'êtres humains ou d'animaux, que ce soit sous forme d'image ou de sculpture. J'essayai de l'en dissuader, mais il s'emporta : « Les anges n'entrent pas dans les foyers où trônent de telles idoles. Quiconque fabrique des idoles essaie de se hisser au niveau d'Allah, Créateur de toute chose. Et quiconque vénère des idoles doit être puni. Il n'y a pas d'autre Dieu que Dieu, mets-toi bien ça dans le crâne ! » Dans un accès de colère, il alla même jusqu'à détruire un papyrus représentant Toutankhamon, souvenir de notre voyage en Égypte. Pour lui, cela entrait aussi dans la catégorie des images profanes.

2

Au cours de l'été 1990, nous emménageâmes dans un autre appartement, situé dans la banlieue de Mayence. Je travaillais dans une autre entreprise de cosmétiques, j'avais un salaire plus important ainsi que de nouvelles responsabilités, mais mes horaires étaient d'autant plus chargés et je passais la semaine sur la route. Omar, lui, travaillait comme chauffeur de taxi, de préférence la nuit pour gagner plus d'argent, et nous ne discutions que très brièvement au téléphone. Quand je rentrais, épuisée, à la maison le vendredi soir, je retrouvais mon mari toujours aussi affectueux et attentionné. Mais un soir de septembre, alors qu'Omar faisait griller du poisson sur le balcon, le téléphone sonna et je décrochai.

— Je suis bien chez un Arabe qui conduit une Opel blanche ?

Mon interlocuteur me donna ensuite le numéro d'immatriculation.

— Oui, il s'agit bien de mon mari, répondis-je.

Comme l'homme semblait furieux, je pensai tout d'abord qu'Omar avait endommagé son véhicule.

— Ma femme m'a chargé de lui transmettre un message : elle ne veut plus coucher avec lui, sa bite est beaucoup trop petite pour elle.

Je raccrochai sans un mot, pétrifiée.

— Qu'est-ce qui se passe ? me demanda Omar. Qui c'était ?

Le téléphone sonna de nouveau. Je décrochai et activai le haut-parleur.

— Je suis chauffeur routier et, si j'ai bien compris, vous êtes souvent absente, vous aussi, beugla le même homme. Eh bien, sachez qu'ils s'envoient en l'air dès qu'on a le dos tourné !

Omar raccrocha. Je vis qu'il commençait à me parler, mais je saisis mon sac à main et sortis en trombe de l'appartement. Cette fois-ci, j'avais trop honte pour aller me réfugier chez mes parents : mon second mari me trompait, lui aussi, et je n'avais pas envie qu'ils le sachent.

— Prends garde à ne pas finir dans un harem, m'avait dit mon père lorsqu'il avait appris mon mariage. Ils ont toujours plusieurs femmes, ces Arabes.

Cette réflexion m'avait mise hors de moi.

— Omar est égyptien mais il vit à l'européenne, comme toi et moi. Tu peux arrêter avec tes préjugés stupides ? Tu vis au Moyen Âge !

Je me rendis donc chez la mère de Sarah, qui m'accueillit à bras ouverts sans me poser de questions. Fermement décidée à me séparer d'Omar, je refusai de le voir ou de lui parler, et déclinai toute tentative de médiation. Finalement, ma mère m'appela peu après mon départ et me convainquit de lui laisser une dernière chance.

— Tu sais, Doris, tout le monde commet des erreurs. Omar est anéanti. Il est venu nous voir et il nous a tout raconté. Il reconnaît qu'il a vu cette femme une fois, mais il ne considère pas t'avoir trompée pour autant. Tu es vraiment sûre de ta décision ? Tu n'as été témoin de rien, après tout.

— Mais j'ai entendu ce qu'a dit le chauffeur routier. Pourquoi il me mentirait ?

— Écoute, ma chérie, peut-être qu'Omar se sentait seul et qu'il a effectivement vu cette femme une ou deux fois. C'est toujours difficile pour un mari de supporter l'absence de son épouse. En plus, je ne comprends pas que tu fasses davantage confiance à un étranger qu'à ton propre mari. Tu le mets sur un piédestal, d'habitude.

— Tu as peut-être raison, je devrais au moins écouter sa version des faits.

Après que j'eus appelé Omar le lendemain matin, notre conversation me laissa un sentiment étrange. J'étais presque certaine qu'il m'avait trompée, et je ne savais pas si je pourrais le lui pardonner un jour. J'étais blessée, furieuse, toutefois je me rendais également compte qu'il essayait de sauver ce qui pouvait encore l'être. Il me supplia de lui pardonner, de lui laisser une deuxième chance et fit le serment qu'il ne fréquenterait plus jamais une autre femme que moi. Je finis par revenir à l'appartement un mois plus tard, mais il fallut encore plusieurs semaines pour retrouver notre complicité d'antan.

— Mon frère Mustapha a appelé, m'annonça Omar au printemps 1991, alors que je rentrais du travail.

Il me fit part de la mauvaise nouvelle : sa mère était à l'article de la mort. Atteinte d'un cancer, elle avait déjà été opérée une fois, mais les médecins ne pouvaient plus rien pour elle et l'avaient renvoyée à la maison.

— Il faut que je parte bientôt pour l'Égypte si je veux la voir une dernière fois, conclut-il.

— Tu as déjà réservé ton billet d'avion ?

— Non, et je ne veux pas y aller seul.

— Alors nous irons ensemble. En plus, ça fait longtemps que j'ai envie de voir ton pays.

— Je sais, tu me l'as toujours dit. Mais j'ai peur que tu me méprises quand tu verras de quel milieu je viens. L'appartement de ma mère est tellement spartiate que je ne peux décemment pas te demander d'y dormir. D'un autre côté, ma famille se sentirait insultée si nous allions à l'hôtel.

— Je ne suis pas non plus la reine de Saba. Si tu veux que je vienne, je viendrai. La question est plutôt de savoir si ta famille m'acceptera, si ta mère souhaitera me rencontrer. Peut-être qu'elle ne veut voir que toi…

— Qu'est-ce que tu vas chercher là ? Doris, quand elle te verra, elle saura que son fils cadet s'est trouvé une bonne épouse et elle pourra mourir en paix.

Je proposai à Omar de profiter de cette visite pour faire un peu de tourisme. Après quelques hésitations, il accepta. Malgré la tristesse des circonstances, j'avais hâte de partir et je ne parvenais pas à cacher ma joie. Dans les semaines qui suivirent, je ne parlai plus de rien d'autre et pressai Omar de questions sur les membres de sa famille, alors que nous leur cherchions des cadeaux.

— Je ne savais pas que vous étiez aussi nombreux. Est-ce que nous devrons rendre visite à tout le monde ?

— Non, ce sont eux qui viendront nous voir chez ma mère. Ma sœur aînée, Khadidja, habite au Caire avec son mari, Hassan, et ses enfants. Mon frère,

Mustapha, ma sœur cadette, Nabila, et ma mère vivent ensemble à Port-Saïd. Les autres membres de ma famille sont éparpillés dans tout le pays. Il n'y a qu'à Alexandrie que je ne connais personne, donc nous irons à l'hôtel.

Nous nous envolâmes le 20 avril 1991 pour Le Caire, où Mustapha vint nous chercher. Comme je n'avais encore jamais voyagé en dehors de l'Europe, je fus très vite étourdie par le bruit et la circulation. J'aurais préféré rester au Caire pour avoir un peu le temps de m'y habituer, mais comme la mère d'Omar était au plus mal, nous nous rendîmes directement chez elle, à Port-Saïd, à l'embouchure du canal de Suez.

Notre arrivée lui redonna des forces. Elle s'était levée exprès pour nous et nous accueillit, entourée de nombreux membres de la famille qui voulaient tous saluer Omar. Bien entendu, aucun d'entre eux ne parlait ni allemand ni anglais. Je restai donc debout à côté de mon mari, à sourire et à hocher la tête, tout en espérant qu'on ne tarderait pas à nous proposer quelque chose à manger et à boire. J'observais également ce petit bout de femme marqué par la maladie qui se cramponnait à Omar et jetait des coups d'œil furtifs dans ma direction.

— Ma mère est étonnée de me voir si bien habillé, elle pense que tu es très riche, m'expliqua Omar.

— Oh ! là, là, tu ferais mieux de lui dire la vérité, sinon elle va être déçue.

Il continua à traduire.

— Ma mère dit que, grâce à toi, le bonheur est revenu dans notre famille, et je dois t'en remercier. Elle est heureuse que tu m'aies ramené à la maison.

J'étais gênée. Je ne comprenais que «*salam aleikoum*», «bonjour», et «*alhamdulillah !*», «Dieu merci !», des expressions qui revenaient sans arrêt dans la conversation, et comme Omar devait constamment répondre aux questions de sa mère et des autres personnes présentes, il ne me traduisait plus rien. Je me sentais mise à l'écart et ne savais pas comment me comporter. J'aurais préféré que nous soyons moins nombreux et que mon mari prenne le temps de m'expliquer qui était qui. Je finis par le tirer par la manche et lui demander si je pouvais avoir de l'eau ou du thé. Nabila, sa sœur, m'apporta une carafe remplie de thé à la menthe très sucré et m'en offrit un verre. Je bus une gorgée, tout en me demandant pourquoi j'étais la seule à être servie, quand soudain le silence se fit dans la pièce. J'interrogeai Omar du regard.

— J'oubliais, c'est le ramadan. Ma famille jeûne et attend de moi que je fasse de même. Mais comme tu n'es pas musulmane, tu as le droit de boire, et il y aura un banquet au coucher du soleil.

— D'accord, répondis-je, embarrassée.

Par égard pour la mère d'Omar, au bout d'une heure, nous montâmes fumer notre cigarette sur le toit, d'où nous avions une vue magnifique sur la ville.

— Par là-bas, il y a la mer, dit Omar en tendant le bras devant lui. Tu la verras mieux de jour. Et Alexandrie se trouve…

— Regarde les chats qui se courent après sur les toits, l'interrompis-je. Ils sont mignons, tu ne trouves pas ?

— Mais non, Doris, ce sont des rats. Ils sortent à la tombée de la nuit.

— Des rats de cette taille-là ?

J'étais déboussolée. Les rats que j'avais vus au bord du Rhin m'avaient déjà paru assez gros, mais ils étaient minuscules, comparés à ceux-là.

— N'aie pas peur, je suis là pour te protéger, dit Omar en me prenant dans ses bras.

Nous restâmes sur le toit jusqu'à ce que la lune apparaisse à l'horizon, puis on nous appela pour le dîner. Il y avait beaucoup moins de bruit, la mère d'Omar était allée se coucher et les autres membres de la famille parlaient plus bas. Lorsqu'ils prirent congé, Nabila nous aménagea un lit par terre et se retira. J'étais si fatiguée que je m'endormis sur-le-champ.

Quelques heures plus tard, une voix grave me tira de mon sommeil.

— Il y a quelqu'un qui crie dehors, dis-je à Omar en le secouant pour le réveiller. Va voir, s'il te plaît. Il s'est peut-être passé quelque chose de grave.

— Quoi ? Où ? demanda-t-il en s'asseyant dans le lit. Ah ça ! Tu peux continuer à dormir tranquille. C'est le muezzin qui appelle les fidèles à la prière, comme tous les matins.

— Et toi, tu ne te lèves pas ?

— Pas envie, répondit-il en se recouchant.

Certes, l'état de santé de la mère d'Omar s'était nettement amélioré, mais elle avait tout de même besoin de beaucoup de repos. Aussi, dans la matinée, nous partîmes avec Mustapha visiter Port-Saïd, un port immense où se côtoyaient aussi bien des bateaux de plaisance que des ferrys et d'énormes porte-conteneurs. Comme la veille, je ne savais pas où donner de la tête. Omar me raconta la construction du canal de Suez, puis Mustapha nous montra son bureau et nous reconduisit à l'appartement. Les deux hommes ne mangèrent rien de la journée, mais Omar m'avait prévu un en-cas. Nous passâmes une journée magnifique, jusqu'à un petit incident qui, cependant, ne me choqua pas outre mesure. L'immeuble où vivait la mère d'Omar se trouvait dans une petite ruelle. À notre retour, après que Mustapha eut garé la voiture devant la porte, je sortis et sentis quelque chose me tomber sur la tête. Quelqu'un m'avait jeté un caillou.

— C'est parce que tu ne t'es pas couvert les cheveux, m'expliqua Omar avant de s'énerver en allemand contre le manque de tolérance de ses compatriotes.

Je ne compris pas ce qu'il dit ensuite en arabe à son frère avec force gestes, mais il était furieux.

Une fois à l'intérieur, il m'examina la tête afin de s'assurer que je n'étais pas blessée, et me demanda plusieurs fois si j'avais encore mal.

Dans sa famille, hommes et femmes ne vivaient pas séparément, et Nabila se contentait de porter un foulard autour du cou. Quand elle sortait ou dès qu'un étranger pénétrait dans l'appartement, d'un geste gracieux, elle remettait son foulard correctement, de façon que non seulement ses cheveux soient couverts, mais aussi le bas de son visage, et en particulier la bouche. Mais, malgré l'incident du caillou, jamais aucun homme ne sous-entendit au cours de notre séjour que je devais me voiler ou m'habiller avec plus de décence, alors que je portais les mêmes vêtements d'été qu'en Allemagne.

L'appartement de la famille d'Omar était tout sauf confortable. Nous nous asseyions sur des tapis ou directement par terre, il n'y avait quasiment pas de meubles, les toilettes et la salle de bains étaient très spartiates, mais cela ne me dérangeait pas. J'étais heureuse que Nabila et sa mère m'acceptent, et même Mustapha se montra beaucoup plus aimable avec moi qu'en Allemagne. De plus, notre séjour ne durerait pas très longtemps. Nous passions nos journées à nous promener au bord de la mer ou dans la ville, qu'Omar connaissait comme sa poche et, le soir, nous allions dans des cafés où des vieillards en caftan fumaient le narguilé et discutaient entre eux.

Nous profitâmes également de ce voyage en Égypte pour aller rendre visite à un ami d'Omar qui vivait au Caire. Je ne voulais pas visiter la ville, trop grande et trop trépidante à mon goût. M'asseoir à la terrasse d'un café et observer les passants suffisait à mon bonheur, et j'aurais pu rester comme ça pendant des heures. J'étais fascinée de voir des gens traverser la rue, se jeter courageusement au beau milieu de la circulation, gesticuler, esquiver les voitures, taper sur les capots, crier et arriver indemnes de l'autre côté. Je vis une Européenne attendre au moins un quart d'heure sur le trottoir avant de se risquer à s'engager sur la chaussée.

Après avoir passé la nuit chez une nièce de mon mari qui vivait un peu en dehors de la ville, nous fîmes comme tous les touristes : visite des pyramides et balade à dos de chameau. Omar faillit d'ailleurs tomber lorsque sa monture se dressa sur ses pattes de derrière.

— J'aurais préféré faire du cheval, gémit-il.

Le chamelier se moqua de lui.

— Qu'est-ce qu'il a dit ? demandai-je.

— Que tu as l'allure d'une vraie Bédouine, et que je devrais avoir honte de me donner en spectacle comme un étranger !

Après cette promenade de deux heures qui nous emmena jusque sous le Sphinx, nous visitâmes une mosquée ouverte aux touristes et déambulâmes dans un bazar. J'étais ivre de sensations, de couleurs et de parfums, j'étais étourdie par le son des marteaux sur les chaudrons en cuivre et les plateaux en métal.

Mais, entre-temps, l'état de santé de la mère d'Omar s'était dégradé. Elle gardait la chambre et restait le plus souvent muette. Les personnes présentes se parlaient à peine, et dans l'appartement régnait une atmosphère très triste que nous fuîmes le temps d'aller visiter Alexandrie, où Omar avait réservé une chambre dans un hôtel cinq étoiles. Le contraste était saisissant: l'hôtel était situé au bord de la mer, en face du palais Montazah. Une clientèle élégante, moitié européenne, moitié arabe, sortait des limousines garées devant l'entrée et se pressait à l'intérieur. Le petit déjeuner, sous forme de buffet, était présenté sur une table de quinze mètres de long. Il y avait des palmiers, des mosaïques et des fontaines partout, ainsi qu'une multitude de serveurs sur le qui-vive.

— Ici, j'ai l'impression d'être une princesse, dis-je à Omar au matin du deuxième jour, alors que nous prenions le petit déjeuner.

— C'est tout à fait normal. Tu l'as mérité, Doris. C'est notre voyage de noces, un peu décalé, certes.

Nous flânâmes ensuite main dans la main jusqu'au bazar, où Omar cherchait un orfèvre que son frère lui avait conseillé.

— En Allemagne, tu ne m'as jamais laissé t'acheter des bijoux, mais ici la tradition exige qu'un mari prouve son amour à sa femme en lui faisant des cadeaux somptueux.

— Mais je ne veux pas que tu dépenses tout ton argent pour moi, objectai-je.

Rien à faire : Omar m'offrit un collier, des boucles d'oreilles et plusieurs bracelets d'un or très fin et très pur.

Ce rêve dura une semaine entière, puis nous retournâmes une dernière fois à Port-Saïd faire nos adieux à la mère d'Omar. Tout le monde pleurait. Nabila m'offrit des bracelets en or qu'elle me passa elle-même aux poignets et me fit promettre que je reviendrais la voir un jour.

— Remercie-la de ma part, dis-je à Omar. J'aimerais beaucoup l'inviter à venir chez nous, en Allemagne. Peut-être que nous aurons bientôt assez d'argent pour lui payer le billet d'avion.

Mustapha nous conduisit à l'aéroport du Caire et nous accompagna jusqu'au comptoir d'enregistrement. J'appelai Gerda, ma sœur, qui voulait venir nous chercher à Francfort, et lui confirmai que le vol était prévu à l'heure.

— Je serai là. Maman demande de tes nouvelles tous les jours. Comment ça s'est passé ?

— C'était génial, un véritable rêve. J'ai tellement de choses à vous raconter, vous n'allez pas en croire vos oreilles. À tout à l'heure.

Les bagages étaient bien enregistrés et nous n'avions plus qu'à faire contrôler nos passeports. Mais le policier regarda longuement celui d'Omar, puis tous deux échangèrent quelques mots en arabe. Je sentis mon mari se crisper, pâle comme un linge.

— Qu'est-ce qui se passe ? lui demandai-je.

— Nous ne pouvons pas embarquer. Enfin, toi si, mais pas moi. Apparemment, il me manque un tampon prouvant que j'ai bien effectué mon service militaire.

Sa voix tremblait de colère lorsqu'il demanda à voir le responsable, qui accourut aussitôt. Les hommes parlementèrent, en vain. Le décollage fut retardé afin que nous puissions récupérer nos valises. Pour ma part, il était hors de question que je reparte en Allemagne sans mon mari. Nous étions tous les deux fous de rage. Je téléphonai de nouveau à Gerda et lui expliquai la situation, puis j'informai mon employeur que je ne reprendrais pas le travail comme prévu le lundi suivant. Il fallut également appeler le chef d'Omar ainsi que la voisine qui relevait notre courrier et arrosait nos plantes. Heureusement, Mustapha nous avait attendus. Il nous conduisit chez des proches qui nous hébergèrent le temps qu'Omar obtienne ce fameux tampon.

Nous nagions en plein cauchemar. Le trajet entre la banlieue et les bureaux concernés nous prit une éternité à cause de la circulation. Après notre arrivée, alors que c'était notre tour, le responsable quitta son guichet sans que personne sache à quelle heure il reviendrait. Nous étions à bout de nerfs. Omar, particulièrement tendu, ne cessait de répéter qu'un tel incident n'aurait jamais pu se produire en Allemagne, d'autant plus que ses papiers étaient parfaitement en règle. C'était les fonctionnaires égyptiens qui avaient fait preuve de négligence.

Huit jours plus tard, nous revînmes à l'aéroport et passâmes les contrôles sans encombre, mais nous ne fûmes vraiment soulagés qu'une fois assis dans l'avion.

— Le chaos, la corruption, les tracasseries pour trois fois rien, voilà ce qui brise les hommes, râla Omar. Pas étonnant que ce pays soit à la traîne. Tu comprends maintenant pourquoi je ne voulais plus vivre en Égypte, pourquoi je voulais épouser une Allemande ? Je ne reviendrai plus jamais dans ce pays ! Plus jamais !

— Rien ne t'y oblige, répondis-je. Nous sommes bientôt à la maison.

Quand Gerda vint nous chercher, elle nous raconta que notre mère avait pleuré d'inquiétude.

— Peut-être a-t-elle cru que ton mari voulait t'échanger contre deux ou trois chameaux, plaisanta-t-elle dans la voiture.

— Alors ça, jamais, même pas contre tout l'or du monde ! grommela Omar. C'est la meilleure épouse qui existe. N'importe qui d'autre aurait sauté dans l'avion alors qu'elle, elle est restée à mes côtés.

— Oui. J'ai promis d'être là pour le meilleur et pour le pire, et je tiendrai parole, répondis-je en souriant à mon mari.

La mère d'Omar mourut dix jours après notre retour. À cette époque, il avait déjà commencé à changer depuis longtemps, mais je n'avais encore rien remarqué.

3

Je ne saurais dire quand Omar se rendit pour la première fois dans une mosquée en Allemagne. Certainement après la mort de sa mère, pour s'entretenir avec un imam, ou peut-être l'avait-il déjà fait avant notre voyage en Égypte, et je n'étais pas au courant. Lors de notre rencontre ainsi qu'au début de notre mariage, il n'avait jamais manifesté d'intérêt pour la politique. Cela changea avec la guerre du Golfe. À partir de la mi-janvier 1991, au plus tard, il se mit à suivre assidûment les informations. Il restait assis devant la télévision pendant des heures, et pour rien au monde il ne l'aurait éteinte. Tous les soirs, Omar s'abrutissait des images de cette guerre moderne, bien qu'on ne distinguât pas grand-chose, à part des traînées de lumière.

– Viens te coucher, lui dis-je un soir alors qu'il avait les yeux rivés sur l'écran.

– Les Occidentaux bombardent Bagdad, des êtres humains, dont une majorité de femmes et d'enfants, sont en train de mourir, et je devrais aller me coucher ?

Omar avait également exprimé sa colère lors de l'invasion du Koweit par Saddam Hussein. À ses yeux, il s'agissait là d'une guerre fratricide, alors que justement des frères n'étaient pas censés se battre. Mais, d'après lui, cela ne justifiait pas l'intervention des États-Unis et des autres pays occidentaux, loin de là.

— Je ne comprends pas, Doris, me dit-il alors que je me tenais debout devant lui, en chemise de nuit. Pourquoi l'Allemagne approuve le bombardement d'un pays arabe ?

Je haussai les épaules, perplexe.

— Les Américains se fichent de la mort de tous ces musulmans, ajouta Omar. Au contraire, c'est ce qu'ils cherchent.

— Comment ça ? demandai-je.

Mais comme Omar ne répondait pas, je finis par aller me coucher toute seule.

La plupart du temps, il restait silencieux, ne quittait pas la télévision des yeux et ne touchait ni aux plats ni aux boissons que je lui apportais. J'eus du mal à comprendre à l'époque, mais la guerre du Golfe et la défaite irakienne suscitèrent certainement en lui un sentiment de solidarité envers les musulmans. Son enthousiasme vis-à-vis de l'Allemagne faiblit et c'est à ce moment-là qu'il dut commencer à se rappeler ses origines : non pas sa nationalité, mais sa religion, l'islam.

En 1991, Omar ne priait pas encore à la maison, ou du moins pas en ma présence. Il ne lisait pas le Coran, n'écoutait pas de cassettes religieuses dans la voiture et ne portait pas non plus de pantalons larges à l'afghane. Nous continuions à vivre comme avant, comme un couple normal, mais débordé de travail. La journée, Omar travaillait comme manutentionnaire dans un marché de gros et, le soir, comme chauffeur de taxi. Nous nous reposions le week-end. Nous étions devenus casaniers, nous n'avions pas très envie de sortir. Nous invitions parfois mes parents, mon frère et mes sœurs à déjeuner, ou nous leur rendions visite. Notre vie sociale tournait un peu plus autour de la famille et nous voyions rarement nos amis.

Depuis notre voyage en Égypte, notre couple était sorti renforcé des difficultés que nous avions surmontées ensemble. Je nageais dans le bonheur et j'avais confiance en mon mari. Il était devenu plus sérieux et ne me tromperait plus jamais, j'en étais persuadée.

Durant l'été 1991, la guerre qui faisait rage en Yougoslavie menaçait de s'étendre à la Bosnie-Herzégovine. Un jour, en plein milieu d'un reportage, Omar tendit l'oreille, bondit et éteignit la télévision.

— Je ne peux pas écouter ces mensonges, déclara-t-il. Pourquoi ce journaliste ne dit pas la vérité ? Pourquoi il ne dit pas que les chrétiens veulent massacrer les musulmans à deux pas de chez nous, en toute impunité ?

— Ce n'est pas vrai, l'ONU a voté des résolutions..., tentai-je d'objecter.

— Tu parles, un embargo sur les armes ! Et tu sais ce que ça signifie ? Que mes frères ne peuvent pas se défendre !

Omar était hors de lui. J'essayai de le calmer en lui expliquant que l'Allemagne avait pris clairement position contre la Serbie.

— Tu vois, nous sommes du bon côté, lui dis-je. Nous venons en aide aux musulmans.

— S'ils avaient des armes pour se défendre eux-mêmes, ce serait encore mieux !

À cette époque-là, Omar était d'humeur morose et parlait très peu. De mon côté, je ne comprenais pas à quel point ce conflit en Bosnie lui tenait à cœur. Je pensais qu'il était simplement frustré de travailler encore comme manutentionnaire. Quant à la création de son entreprise de transport de marchandises, elle s'annonçait plus difficile que prévu. Début 1992, je remarquai qu'il ne buvait plus de whisky ni de bière, et qu'il avait relégué son narguilé dans un coin du salon. Il faisait le ramadan, mais sans trop de zèle. Ces changements avaient beau être insidieux, ils ne me semblaient pas dangereux pour autant. Pourquoi mon mari n'aurait-il pas eu le droit de s'intéresser un peu plus à la religion ? Je n'avais rien contre. De plus, le fait de ne plus boire d'alcool était pour moi un signe de maturité. Je me disais que nous devenions plus raisonnables avec l'âge. Cela me convenait, car nous comptions avoir des enfants dans un avenir assez proche.

Un autre changement survint au cours de cette année-là. Un jour, à la fin de l'été, Omar me demanda s'il pouvait inviter un ami à la maison le samedi suivant.

— Bien sûr, répondis-je, ravie. Comment s'appelle-t-il ? Je ne savais pas que tu t'étais fait un ami. Jusqu'à présent, tu ne m'as jamais présenté tes connaissances. C'est un de tes collègues ?

— Non, mes collègues sont des idiots. Ils ne pensent qu'à boire de la bière, ils parlent de foot et de femmes à longueur de journée. Hors de question qu'ils mettent les pieds chez moi. Mon ami s'appelle Ahmed.

Je pressai Omar de questions.

— Il est égyptien, lui aussi ? Il habite ici ? Tu l'as rencontré où ?

— Il est d'origine algérienne, mais naturalisé allemand. Il vit quelque part dans le Bade-Wurtemberg, je crois, et je l'ai rencontré à la mosquée. Satisfaite ?

— Depuis quand tu vas à la mosquée ? demandai-je, souriante. Je n'étais pas du tout au courant. En tout cas, c'est super que tu voies de nouvelles têtes.

Aujourd'hui, tout le monde sait qu'on prêche la haine et la violence dans certaines mosquées allemandes. Mais, en 1992, elles paraissaient aussi inoffensives que les églises catholiques ou les presbytères évangéliques. Pourtant, certains des hommes qu'Omar voyait lors de la prière étaient tout sauf inoffensifs, et l'Ahmed en question avait combattu comme moudjahid en Afghanistan. Sur le coup, je ne m'en doutais pas du tout et, lorsque je l'appris plus tard, je n'en crus pas mes oreilles.

L'homme qui vint pour la première fois chez nous à la fin de l'été 1992 était vraiment gentil et avenant. Il discuta un peu avec moi et sourit quand je lui demandai quel était son métier.

— Je fais des affaires à droite, à gauche. Je suis souvent sur la route, ce qui fait râler ma femme, répondit Ahmed en riant. Gabi est employée de bureau. Elle travaille le matin dans une entreprise, et l'après-midi pour moi.

— Peut-être que je pourrai faire sa connaissance bientôt, ça me ferait plaisir, répondis-je.

J'allai dans la cuisine chercher le plateau qu'Omar avait préparé pour son invité. Il y avait disposé plusieurs coupelles remplies de noix, de dattes et de fruits, ainsi que du pain et du fromage. Dès que j'eus quitté la pièce, les deux hommes se mirent à parler dans leur langue maternelle. À mon retour, ils rebasculèrent vers l'allemand, mais je leur fis signe de ne pas se donner cette peine.

— Discutez tranquillement en arabe. Je comptais appeler ma mère, de toute façon.

Puis je les laissai seuls tous les deux.

Ce jour-là, Ahmed ne resta pas longtemps. Il nous expliqua qu'il devait faire un saut à Francfort avant de rentrer à Heilbronn, où son épouse l'attendait.

— Eh bien, bonne route, lui dis-je quand il prit congé. Et salue ta femme de ma part, même si je ne la connais pas. Viens avec elle, la prochaine fois.

— La prochaine fois, c'est nous qui vous inviterons. Ça fera sûrement plaisir à Gabi. Vous pourrez dormir chez nous, si vous voulez. Nous avons une chambre d'amis et un jardin.

Cette invitation ne se concrétisa qu'un an et demi plus tard, mais Ahmed continuait à passer souvent à la maison, sans toutefois rester plus d'une heure ou deux. Comme moi, il était représentant et travaillait pour une entreprise d'import-export, m'expliqua Omar, sans toutefois préciser le domaine d'activité de son ami. Bientôt, mon mari invita d'autres hommes qu'il avait rencontrés à la mosquée, et je fis peu à peu connaissance avec leurs épouses allemandes respectives. Et comme nos fréquentations changeaient du tout au tout, je ne voyais quasiment plus mes anciens amis. Un jour, Sarah me proposa d'aller au carnaval.

— Ne sois pas fâchée contre moi, mais j'y suis allée presque à chaque fois et ça ne me tente plus.

— Toi et ton Arabe, vous êtes vraiment pas marrants ! Vous passez votre temps cloîtrés chez vous !

Alors que nous ne nous voyions déjà plus beaucoup, elle cessa de me téléphoner après cette dispute. De mon côté, j'arrêtai aussi de donner de mes nouvelles. Le fait de ne plus sortir avec elle boire un verre ne me manquait pas du tout, puisque j'avais d'autres centres d'intérêt à présent. J'appréciais les amis d'Omar et leurs épouses. Il régnait une ambiance sympathique et familiale au sein de ce groupe. Partout où j'allais, on m'accueillait à bras ouverts. Toutes les deux semaines, nous étions invités les uns chez les autres ou nous nous donnions rendez-vous dehors. Les hommes parlaient en arabe, on cuisinait, on faisait des barbecues et on mangeait, les enfants couraient partout, je jouais au badminton avec les autres femmes ou je discutais avec elles, principalement de l'islam.

— Tu as toujours été musulmane ? demandai-je lors de l'une de ces rencontres à Leila, une femme sympathique aux yeux marron et chaleureux. Pourtant, tu n'es pas arabe.

— Non, je suis allemande, tout comme toi. Je suis née à Duisbourg. Leila, c'est mon prénom arabe. Avant, je m'appelais Simone. Je me suis convertie à l'islam il y a deux ans.

— Et comment ça se passe ? Est-ce que tu fais aussi le ramadan ?

— Avant, je pensais que ce serait extrêmement éprouvant. Mais, en fait, on s'y habitue très vite et, de toute façon, on a le droit de manger dès le coucher du soleil. En fait, le ramadan, c'est un mois consacré avant tout à la religion, et d'aucuns disent que la patience dont on fait preuve à cette période sera récompensée par l'entrée au paradis. C'est un temps de paix et de réconciliation.

À l'époque, je ne savais pas grand-chose de plus sur cette religion que l'Allemand moyen.

— Et tu pries cinq fois par jour ? demandai-je, curieuse.

— Ça aussi, ça peut paraître plus contraignant que ça ne l'est en réalité. À vrai dire, la prière consiste à faire une pause et à entrer en contact avec Dieu. Après, je me sens ressourcée, comme plus heureuse.

Tout ce que Leila me racontait éveillait ma curiosité, et je m'apprêtais à lui poser d'autres questions lorsque Zaynab se joignit à nous. Cette femme d'une cinquantaine d'années portait le foulard aussi bien à l'extérieur qu'à l'intérieur et ne l'enlevait que lorsque aucun homme ne se trouvait dans les parages.

— C'est ton mari qui t'oblige à te voiler ? Je serais curieuse que tu m'expliques le rapport entre ce bout de tissu et Dieu. Pourquoi Allah exigerait-il que je porte un foulard ? ajoutai-je en passant la main dans mes cheveux mi-longs et détachés.

Autrefois, ma grand-mère se nouait aussi un fichu autour de la tête avant d'entrer dans une église, comme toutes les femmes âgées. C'était également le cas de ma mère, mais ni mes sœurs ni moi n'avions jamais agi de la sorte.

— Je me voile à cause des autres hommes, c'est tout, répondit Zaynab. Tu les connais, si les femmes faisaient étalage de leurs atouts, ils se détourneraient de leurs obligations religieuses.

Leila soupira. Zaynab me prit à part et ajouta :

— Je considère que cacher mon corps et mes cheveux est une question d'amour-propre. Avant, je me baladais en leggings, comme toi, mais hors de question que je fasse ça aujourd'hui. Je porte toujours une longue jupe par-dessus, sinon j'ai l'impression d'être toute nue.

— C'est écrit dans le Coran ? demandai-je.

— Mais oui, répondit-elle avec ferveur.

Puis elle me cita le verset 31 de la sourate 24, qu'elle connaissait par cœur : « Et dis aux croyantes de baisser leurs regards, de garder leur chasteté et de ne montrer de leurs atours que ce qu'il en paraît, et qu'elles rabattent leurs voiles sur leurs poitrines ; et qu'elles ne montrent leurs atours qu'à leurs maris. »

Bien qu'impressionnée par le sérieux avec lequel elle récitait ce verset, je restai dubitative. Tout cela me paraissait excessif et je préférai changer de sujet.

Sur le chemin du retour, je demandai à Omar ce qu'il en pensait.

— Personne ne force Zaynab à s'habiller comme ça, c'est son choix, répondit-il. Mais ça me fait plaisir que tu t'intéresses à l'islam. Si tu veux, je peux t'expliquer le déroulement de la prière.

— D'accord.

Dès que nous fûmes rentrés à la maison, dans la salle de bains, il me montra en quoi consistait le *wudhû*, les ablutions rituelles.

— Les musulmans se purifient toujours avant de prier. On n'a pas le droit d'entrer dans une mosquée lorsqu'on est impur. Quand un musulman fait l'amour avec sa femme pendant la nuit, il doit prendre une douche le matin suivant. Avant de prier, je me lave, comme le font les musulmans pratiquants cinq fois par jour.

— Et s'ils n'ont pas d'eau ?

— On trouve toujours une fontaine pour les ablutions dans la cour de la mosquée. Quand on prie chez soi, on va dans la salle de bains. Et les gens qui vivent dans le désert peuvent utiliser du sable ou des cailloux, s'ils n'ont vraiment pas d'eau du tout. Maintenant, fais attention. Il y a un ordre précis.

Je regardai Omar se laver tout d'abord les mains. Ensuite, il se fit un bain de bouche et se nettoya le nez, avant de passer au visage et aux aisselles. Pour finir, il s'humidifia les mains et se les passa dans les cheveux, puis se lava les pieds. Ses gestes étaient rapides et précis. Il semblait très concentré, comme absorbé en lui-même. Mais, en plein milieu, il s'arrêta et me sourit.

— Il faut bien comprendre une chose : quand je te traduis ce que je dis, je ne prie pas pour de vrai. Un musulman qui prie est seul avec Dieu, même s'il se trouve dans une mosquée, entouré de centaines de milliers d'autres fidèles qui se prosternent en même temps que lui.

— Mais aucune mosquée ne peut accueillir autant de monde, objectai-je.

— Si, à Médine ou à La Mecque. Dans les villes saintes de l'islam, les mosquées sont tellement gigantesques qu'elles peuvent accueillir jusqu'à un million de personnes.

Lorsque nous sortîmes de la salle de bains, Omar m'expliqua qu'à l'heure de la prière, les millions de musulmans du monde entier se tournaient vers la Kaaba, à La Mecque. Il avait une boussole pour déterminer avec exactitude la *qibla*, la direction dans laquelle prier.

— Je te montrerai une autre fois comment on s'en sert. La boussole est dans la boîte à gants, car j'en ai besoin quand je suis en voiture.

— Ça veut dire que tu t'arrêtes pour prier ?

Je n'en croyais pas mes oreilles. Les questions se bousculaient dans ma tête, mais ce n'était pas le bon moment de les poser car Omar se mit à prier à haute voix. Les deux mains à moitié entrouvertes devant la poitrine, il récita des phrases si mélodieuses en arabe qu'on aurait dit une chanson. Je fermai les yeux pour mieux écouter. Lorsqu'il eut fini, je lui demandai de me traduire le texte en allemand. Il s'exécuta sur-le-champ. « Au nom de Dieu, le Tout Clément, le Tout Miséricordieux. Louange à Dieu, Seigneur des mondes. Le Clément, le Miséricordieux. Maître du jour du Jugement. C'est Toi que nous implorons, de Toi seul implorons le secours. Guide-nous dans le droit chemin. Chemin de ceux que Tu as comblés de bienfaits, non de ceux que Tu réprouves, ni des égarés. »

— Ça ressemble au Notre-Père ! m'exclamai-je.

— Oui, et nous considérons d'ailleurs Jésus et Moïse comme des prophètes, répondit Omar en jetant un coup d'œil à sa montre. C'est l'heure de la prière, Doris. Tu peux me laisser seul, s'il te plaît ?

J'allai dans la cuisine fumer une cigarette et réfléchir un peu. Mon mari, un musulman pratiquant, qui l'eût cru ? Peut-être l'avait-il toujours été, et je n'avais rien remarqué jusqu'à présent ? Non, absolument impossible ! Cependant, cela ne me dérangeait pas. Pourquoi m'opposer à ce qu'Omar prie, à ce qu'il veuille devenir un homme meilleur ? Moi, j'avais pris mes distances par rapport au catholicisme. La tradition voulait que nous passions Noël et Pâques en famille, mais ça s'arrêtait là. Bien sûr, lorsque je rencontrais des difficultés, j'y allais de ma petite prière au ciel et, une fois le problème résolu, il était fort possible que je m'exclame: «Dieu merci!», mais sans attacher d'importance à ces mots et à leur signification.

Au cours des semaines et des mois suivants, je m'intéressai de plus en plus à l'islam. Je me demandais si cette religion pouvait aussi m'apporter quelque chose. Comme elle devenait de plus en plus importante dans la vie d'Omar, je décidai d'étudier le sujet afin de mieux comprendre mon mari et de me rapprocher de lui. Bien sûr, s'il s'était soudain pris de passion pour un sport ou un instrument de musique, la démarche aurait été plus facile pour moi. «Quand on ne marche pas aux côtés de son conjoint, on finit par le perdre de vue et, en ce qui me concerne, il en est hors de question»: voilà ce que je me disais dans les moments de découragement.

Cependant, plus j'en apprenais sur l'islam, plus j'étais convaincue de la beauté de cette religion.

— Vous n'avez pas de pape, pas d'évêques. Tu dis que dans l'islam, l'homme entre directement en contact avec Dieu. Mais, dans ce cas, à quoi sert l'imam? demandai-je à Leila un dimanche après-midi, alors que nous étions invités chez elle.

— L'imam ne fait que diriger la prière. Il doit avoir une bonne connaissance des textes sacrés et de l'arabe. Quand cinq ou dix hommes prient ensemble, ils choisissent le plus cultivé d'entre eux. Chez nous, c'est mon mari qui dirige la prière.

— Est-ce qu'une femme peut s'en charger?

— Bien sûr, du moment que nous ne sommes qu'entre femmes, répondit Leila en riant. Mais, moi, je ne peux pas car je ne parle pas assez bien l'arabe.

Leila, Zaynab et Fatima, elle aussi une Allemande convertie à l'islam, s'amusaient souvent de toutes mes questions, auxquelles elles répondaient toujours avec une grande patience, comme Omar. Il n'était pas rare qu'elles me citent des versets du Coran, qu'elles m'expliquaient ensuite en détail. Pour elles, Dieu était présent en toute chose, Il déterminait leurs pensées, le déroulement de leur journée, chaque action qu'elles accomplissaient. Cela me fascinait.

— Quand je vous vois, je me dis qu'il me manque quelque chose, dis-je un jour à Zaynab.

— Je le savais, tu ressens le besoin d'aller à la rencontre de Dieu, répondit-elle, rayonnante. Tu es devenue l'une des nôtres, une musulmane. Bientôt, tu voudras lire toi-même le Coran, et puis…

– Arrête.

Mais, intérieurement, j'ajoutai un «*Inch'Allah!*», «Si Dieu le veut!» S'Il existait, Il me montrerait le chemin. Zaynab avait raison, j'étais en train de changer. J'éprouvais une profonde envie d'être proche de Dieu et de ressentir la chaleur, le savoir et la force dont irradiaient Omar, Zaynab, Leila et les autres.

Au milieu de l'année 1993, alors qu'il partait travailler à vélo, Omar glissa sur un rail de tramway, tomba et se cassa le bras. Il fut arrêté plusieurs semaines. Quand je rentrais à la maison, je le trouvais toujours en train de lire le Coran ou d'autres textes islamiques.

— Qu'est-ce que tu as fait de ta journée? lui demandais-je.

— Je suis allé à la mosquée, répondait-il immanquablement.

— D'accord, mais pour y faire quoi ? Tu ne passes quand même pas la journée à prier !

— Je discute avec l'imam, entre autres.

Je n'en savais pas plus, et je me disais que si ça lui faisait du bien, c'était l'essentiel. Je ne pouvais pas deviner que parmi ces gens se trouvaient des fondamentalistes et que mon mari était sur le point de devenir l'un d'entre eux.

À la fin de l'année, il m'offrit un exemplaire du Coran. Je serais déjà allée me le procurer dans une librairie si Omar n'avait pas insisté pour me commander une édition spéciale chez un éditeur munichois. Lorsqu'il ouvrit le colis, je fus frappée par la vénération qu'il éprouvait pour le Coran. Il me le tendit comme un objet précieux, sacré.

— Doris, n'oublie pas que ce n'est qu'une traduction. Elle te permettra de mieux connaître le message de Mahomet, mais si tu pouvais lire le Coran en arabe, ce serait mille fois mieux…

Je pris le livre, caressai les pages de la main, constatai avec surprise l'abondance de notes de bas de page et découvris à la fin un index renvoyant aux sourates les plus importantes. Omar m'offrit également un petit cahier qui rassemblait les prières en arabe, mais retranscrites en alphabet latin.

— Je te les traduirai au fur et à mesure, me dit-il. Tu verras, ce n'est pas bien compliqué.

Au cours des semaines suivantes, j'eus un peu l'impression de retourner à l'école. De la même façon que j'avais appris l'allemand à mon mari, c'était maintenant à son tour de m'enseigner quelques notions d'arabe, afin que je comprenne les mots que je devais réciter. Je les retranscrivais en phonétique et en majuscules sur une feuille de papier que je posais par terre devant moi, pour pouvoir la lire lorsque je priais debout. Au début, je trouvais cela vraiment bizarre, mais très vite, je finis par savoir les prières les plus importantes sur le bout des doigts, et le fait de les réciter dans une langue étrangère m'apaisait. Ensuite, je me sentais ressourcée, plus forte et libérée de mes petits soucis.

Début 1994, je décidai de sauter le pas et de me convertir à l'islam. Lorsque je l'annonçai à Omar, son visage s'illumina.

— *Alhamdulillah!* Dieu soit loué ! s'exclama-t-il. Mon vœu le plus cher est enfin exaucé ! À présent, plus rien ne peut nous séparer. Nous allons devenir mari et femme devant Dieu !

— Nous sommes mariés depuis six ans, presque sept ! répliquai-je, étonnée. Ça ne compte pas ?

— Bien sûr que si. Mais, maintenant, je veux que nous nous unissions devant Dieu.

Ce fut chose faite quelques semaines plus tard. En ce jour de fête très spécial, les femmes se rendirent elles aussi à la mosquée. Hommes et femmes se séparèrent à l'entrée. J'ôtai mes chaussures, accomplis les ablutions rituelles au bassin prévu à cet effet et entrai. La mosquée, assez dépouillée, n'était pas décorée de belles mosaïques, contrairement à celles que nous avions visitées en Égypte. Je retrouvai Zaynab, Leila et d'autres femmes que je connaissais. Elles priaient déjà, très concentrées. La salle était divisée en deux par un paravent, derrière lequel les hommes s'installèrent. J'étais très excitée, mais dès que l'imam prit la parole, je me calmai et me concentrai uniquement sur Dieu.

À la fin de la prière, le paravent s'ouvrit et je m'avançai. Je n'avais plus qu'à réciter en arabe la profession de foi musulmane : « Il n'y a d'autre Dieu que Dieu et Mahomet est Son prophète. »

Par cette phrase, j'étais convertie à l'islam. Je choisis Aïcha comme prénom arabe, en référence à la femme préférée du Prophète. Ce dernier l'épousa alors qu'elle n'avait que neuf ans et qu'elle jouait encore à la poupée.

Puis l'imam me demanda en allemand si je voulais prendre Omar pour époux, et je répondis oui. Il posa la même question à Omar, qui accepta lui aussi. Puis ce dernier me versa ma dot, qui s'élevait à deux cents marks. À mon tour, j'en fis don à la mosquée. Cet argent viendrait en aide aux pauvres.

Dehors, tout le monde vint me féliciter. J'étais aux anges, bien qu'encore un peu troublée par l'intensité de la prière et surprise par la brièveté de la cérémonie.

— Aïcha, te voilà purifiée de tous tes péchés, innocente comme l'enfant qui vient de naître, me dit Zaynab. Tu es vraiment l'une des nôtres à présent. Aïcha, ma sœur !

J'avais les larmes aux yeux. Les femmes me serrèrent dans leurs bras les unes après les autres et m'offrirent de petits cadeaux. Même quelques hommes, tout juste polis d'habitude, se montrèrent un peu plus chaleureux. Dans une petite pièce adjacente à la mosquée, nous dégustâmes des pâtisseries, des fruits, du café et du thé. Je m'assis sur le sol recouvert de tapis, avec les autres femmes, et cherchai Omar du regard. Je le trouvai quelques mètres plus loin, dans le coin des hommes. Alors il leva la tête, me sourit et continua à discuter avec ses amis. Tant de changements étaient survenus au cours des deux dernières années, pour moi, pour nous deux. Je fis le vœu que notre vie soit toujours aussi paisible et harmonieuse qu'en cet instant.

Cependant, j'éprouvai quelques difficultés à m'adapter à ma nouvelle vie de musulmane, car je me rebellais contre les interdits. Je calquai bientôt mon style vestimentaire sur celui des autres femmes. J'aimais porter des jupes longues et bouffantes, très à la mode à cette époque. De plus, je ne m'opposais pas au fait de devoir me couvrir un peu plus. Toutefois, l'idée même de porter le foulard me répugnait. J'en parlai à Zaynab un samedi matin, alors que nous étions toutes les deux au marché. Elle était chastement couverte, comme à son habitude.

— Dans une mosquée, je comprends, mais pas dans la rue. Je ne pourrais pas supporter tous ces regards. Tu te rends compte que tout le monde t'observe ?

— Oui, mais ça ne me dérange pas. Pourquoi devraient-ils ignorer que je suis musulmane ? Tu l'es, toi aussi, et tu ne dois pas en avoir honte !

— Certes, mais ma foi est intérieure et je ne ressens pas le besoin d'en faire étalage. En plus, si j'allais voir mes clients avec un foulard sur la tête, je perdrais mon travail !

Zaynab ne répondit pas. Un homme nous observait en secouant la tête d'un air désapprobateur. J'espérai qu'il ne dirait rien et, heureusement, il passa son chemin.

— Qu'en pense ton mari ? me demanda Zaynab.

— Que je pourrais toujours tenter, que les autres s'habitueraient sûrement très vite à me voir comme ça.

— Alors pourquoi tu n'essayes pas ?

— Parce que je n'en ai pas envie. Je suis comme Leila, je ne veux pas me voiler dans les espaces publics. Je connais trop de monde ici.

Zaynab changea de sujet, acheta du raisin, me dit au revoir et rentra chez elle.

Le soir venu, je répétai cette conversation à Omar. Je lui parlai également de l'homme qui nous avait fixées du regard.

— Réfléchis un peu, Aïcha, les hommes te regardent parce que tu es séduisante. Certains vont jusqu'à siffler pour montrer que tu les excites. Le foulard te protégerait.

— Mais je peux très bien me défendre.

— Justement, j'aimerais autant que tu ne sois pas amenée à te défendre.

Je ne répondis pas.

— Je ne te forcerai jamais, ajouta Omar. Je dis juste que ce serait mieux pour toi.

Ces discussions qui revenaient sans cesse finirent par avoir raison de mon refus. Quelques semaines plus tard, je me voilais machinalement dans la voiture lorsque nous allions rendre visite à des amis musulmans ou, à la maison, lorsque nous recevions. Toutefois, à cause des voisins, j'enlevais mon foulard le temps de sortir de l'appartement et de monter en voiture. Je refusais également de me voiler lorsque j'allais au supermarché ou dans des lieux fréquentés par des personnes que je connaissais. Mais que j'aie ce foulard sur la tête, sur les épaules ou dans mon sac à main, je n'étais jamais à l'aise, car j'avais l'impression de mener une double vie. Quant à mon travail, il me pesait de plus en plus, comme je l'expliquai un soir à Omar.

— À l'extérieur, je dois jouer le rôle de la battante qui prend des décisions importantes et qui négocie âprement avec les clients, dans mon intérêt et celui de l'entreprise. Et, dans le privé, je m'efforce d'être la parfaite épouse musulmane. C'est tout simplement incompatible, et je refuse catégoriquement de me voiler lors de mes voyages d'affaires !

— Tu peux toujours chercher un autre travail. De toute façon, ce n'est pas très bon pour notre couple que tu t'absentes aussi souvent. En plus, je préférerais que tu dormes moins souvent à l'hôtel.

— Encore faudrait-il que tu gagnes assez d'argent pour nous deux, rétorquai-je. Crois-moi, ça me dirait bien de devenir femme au foyer. Ça fait quinze ans que je travaille dur, alors pourquoi ne pas faire une pause ? Mais le foulard, c'est une autre histoire. Pour tout te dire, j'ai peur qu'on me voie et qu'on en parle à mes parents. Si ma mère apprenait que je me suis convertie à l'islam, elle tournerait de l'œil. Quant à mon père, il me tuerait.

Omar me regarda, sceptique.

— Tu exagères, mais je comprends que tu aies peur de leur réaction. Peut-être qu'ils essaieraient de nous séparer, faute de comprendre combien nous sommes heureux ensemble. C'est une épreuve mais, comme le dit le Coran, Dieu n'exigera jamais que tu portes un fardeau trop lourd pour toi. Et chaque épreuve que tu dois surmonter rapproche un peu plus du paradis.

Dès que j'étais déstabilisée, Omar me réconfortait de sa voix douce et apaisante. Il était à la fois mon unique soutien, mon ami, mon mari, mon amant, mon père, mon maître à penser, et parfois même mon enfant. J'adorais prendre soin de lui. Quant aux membres de ma famille, je ne les voyais quasiment plus, mais cela me convenait car je souffrais de devoir leur mentir et leur cacher un pan essentiel de ma vie. Je me tenais de plus en plus en retrait, et la tension entre nous était palpable. Par exemple, nous organisions une grande fête de famille tous les ans, au début du printemps. Cette année-là, ce fut Gerda qui nous reçut tous chez elle. Mais une dispute éclata au téléphone, lorsqu'elle me demanda d'apporter des saucisses pour le barbecue.

— Tout mais pas ça, répondis-je, agacée. Tu sais très bien qu'Omar ne mange pas de porc, et moi non plus !

— Tiens, c'est nouveau. Bon, tu peux apporter un gâteau si tu préfères. Dis donc, Doris, depuis que ton mari se balade avec ces drôles de pantalons larges, on dirait que ça ne colle plus entre vous. Qu'est-ce qui se passe ?

— Mais rien, Omar porte des pantalons afghans parce qu'il les trouve confortables. Il a encore le droit de s'habiller comme il en a envie.

— Ne prends pas la mouche comme ça. Passe le bonjour de ma part à Omar, mais dis-lui qu'il ne franchira pas le seuil de ma maison, à moins d'être habillé à l'occidentale. Compris ?

Comme je me sentais agressée, je ne répondis pas. Au fond, je savais qu'elle avait raison, mais je ne voulais pas l'admettre par loyauté envers Omar.

— Au fait, ajouta Gerda, nos parents s'inquiètent pour toi. Avant, tu leur rendais visite une fois par semaine ou tu allais en ville avec maman. C'est vrai que tu ne les vois presque plus ?

— Oui. J'ai un nouveau travail et tu sais ce que ça implique. Je suis débordée.

— Tu ne peux t'en prendre qu'à toi-même. Pourquoi tu as quitté ton ancien poste ?

Mais, comme la réponse ne l'intéressait pas vraiment, elle ne tarda pas à raccrocher. D'ailleurs, qu'aurais-je pu lui dire ? Que j'avais démissionné pour faire plaisir à mon mari et que j'étais devenue caissière ? Aucun membre de ma famille n'était au courant et je ne tenais pas à l'ébruiter. Il m'était déjà assez pénible que nos voisins, un gentil couple de retraités, soient témoins de ma métamorphose, ou plutôt de notre métamorphose. Ils savaient que je me voilais, et ils avaient forcément déjà vu Omar habillé à l'afghane. De plus, Omar recevait très souvent des invités avec lesquels il écoutait des cassettes de prières sur le balcon ou dans le jardin. Un jour, après que nos voisins m'eurent gentiment demandé de baisser un peu le volume, je décidai d'en discuter sérieusement avec Omar.

— Ces gens-là se croient tout permis ! tonna-t-il. Chez moi, j'écoute mes cassettes à fond si j'en ai envie !

— D'accord, mais le jardin leur appartient, et ils nous laissent y aller parce qu'ils nous apprécient. Quand tu le monopolises avec tes frères, ils n'osent plus sortir. Pourquoi vous ne vous retrouvez pas à la mosquée, toi et ta bande de voyous ? Vous seriez entre vous !

Cette remarque faillit me valoir une gifle. Omar était furieux, à la fois contre les voisins et contre moi, car j'avais osé traiter ses invités de voyous. Peut-être sentais-je déjà que ces hommes se préparaient à partir au combat.

4

En mai 1994, Omar et moi rendîmes visite à Ahmed et Gabi, qui vivaient dans la banlieue de Heilbronn. Dans la voiture, je repensai à la première fois que j'avais vu Gabi. Nous nous étions tout de suite bien entendues. Je la voyais encore devant la porte de notre appartement, un grand bouquet de glaïeuls rouges à la main. Nous étions presque habillées pareil, avec des leggings, un T-shirt et un long chemisier ouvert par-dessus. Alors que nos maris s'étaient absentés, nous sirotions tranquillement notre café. Gabi, comme à son habitude, n'avait pas la langue dans sa poche, chose que j'appréciais beaucoup chez elle.

— Je me fiche pas mal de l'islam, déclara-t-elle en allumant une cigarette. Et, honnêtement, je me fiche aussi de ce que trafique mon mari, du moment qu'il rentre bien sagement au bercail. Sinon, il sait pertinemment à quoi s'attendre.

— Ahmed a vraiment l'air d'être à ta botte.

— Je préfère l'appeler Hammi. Ça fait plus moderne, un peu comme Samy. C'est vrai qu'il est assez docile, mon Hammi ! Nous, les femmes, sommes plus cérébrales, Doris. Les hommes, eux, ont besoin d'action. Au fond, ce sont des gamins qui adorent jouer à la guerre. Durant les quelques mois que Hammi a passés en Afghanistan, il a suivi une formation militaire dans un camp d'entraînement…

— Ce n'est pas possible, l'interrompis-je. Pas ton mari, quand même. Il paraît si calme…

— C'est ce que tu crois. Bref, après avoir un peu vadrouillé par là-bas, il se prenait pour Napoléon. Puis il en a eu assez, car le désert lui tapait sur le système. Maintenant qu'il se contente de jouer à l'ordinateur, plus rien ne peut lui arriver, mais je garde quand même un œil sur lui. Et toi, comment ça se passe avec Omar ?

— Moi aussi, je préfère quand il est là, répondis-je.

— En tout cas, quand Hammi ne rentre pas à la maison, il faut qu'il m'appelle, sinon je ne dors pas de la nuit. Mais, maintenant, il sillonne l'Allemagne pour son association et je trouve ça super. Quant à moi, tous les jours, je consacre la moitié de mon temps à la comptabilité et à la paperasse. Qu'est-ce qu'on ne ferait pas pour une bonne cause !

En effet, Ahmed, Gabi et Omar avaient fondé une organisation humanitaire afin de récolter des dons et de ravitailler les musulmans de Bosnie en nourriture et en médicaments. Je ne sais pas exactement quand cette association vit le jour, puisqu'on ne me tenait pas au courant de tout, loin de là. D'autres Allemands que je n'eus jamais l'occasion de rencontrer s'occupaient des relations publiques, des contacts avec les médias et de l'organisation des manifestations. Ahmed et Omar, quant à eux, menaient des campagnes d'information dans les mosquées.

À l'origine, les statuts mentionnaient que les dons seraient uniquement destinés aux musulmans de Bosnie, mais comme cette restriction religieuse n'était pas du goût des autorités, le mot « musulman » fut barré et l'association finit par être reconnue d'utilité publique. Du moins, c'est ce que m'expliqua Omar.

Je n'ai pas le droit de citer le véritable nom de cette organisation. Dans ce livre, elle s'appellera donc « AHB », l'Aide humanitaire pour la Bosnie. Depuis, cette association est soupçonnée d'avoir servi de couverture à des activités illégales. À l'époque, ses membres allemands et les donateurs ne se doutaient vraisemblablement pas que leur travail et leur argent servaient à soutenir le djihad. Je suppose que Gabi devait être au courant, puisqu'elle tenait la comptabilité. Toutefois, je n'en suis pas certaine, étant donné qu'Omar refusait que je m'implique dans cette association. Je fus très longtemps convaincue que l'AHB avait une vocation exclusivement humanitaire. C'était toujours le cas en ce bel après-midi de mai, lorsque nous arrivâmes à Heilbronn.

Les deux hommes ne tardèrent pas à descendre à la cave, où se trouvait l'ordinateur d'Ahmed. Mais alors que j'étais assise dans le jardin avec Gabi, je fus choquée par sa façon brutale de répondre à mes questions sur l'association.

– Oublie le côté humanitaire, Doris. Récolter des dons, c'est une façon comme une autre de passer le temps. Si je participe, c'est uniquement pour Hammi. Je ferais n'importe quoi pour lui. Je t'ai déjà raconté le jour où les services de l'immigration ont téléphoné et ont demandé à lui parler ? J'ai répondu : « Le pauvre chéri, comme il a été malade tout l'hiver, le médecin l'a envoyé faire une cure en Afghanistan. L'air est sec là-bas ! »

Gabi éclata de rire, comme si elle venait de dire une bonne blague. Je repensai à la conversation que j'avais eue avec Omar à l'aller. Il ne l'appréciait pas beaucoup et trouvait que son comportement laissait à désirer, et ce n'était pas la première fois qu'il le disait. Lorsque je lui avais demandé pourquoi il ne lui en parlait pas, il s'était contenté de répondre que c'était le problème d'Ahmed, pas le sien. Ces derniers temps, Omar avait des opinions de plus en plus traditionalistes : il m'avait notamment expliqué qu'une femme devait obéir à son époux et non seulement se voiler, mais aussi se tenir en retrait.

— Ça veut dire que je dois me taire en présence de tes amis ? avais-je demandé, indignée.

— Je préférerais que tu ne discutes qu'avec les femmes, avait nuancé Omar. Tu as encore beaucoup à apprendre, Aïcha. Regarde comment Leila se comporte : elle ne se serait jamais adressée à Bilal comme tu l'as fait !

J'avais seulement demandé à Bilal s'il n'aimait pas ma cuisine. En effet, cet homme très maigre au visage émacié n'avait pas touché à l'assiette que je lui avais servie. Par la suite, Omar m'avait appris qu'une femme mariée ne devait pas parler aux hommes qu'elle ne connaissait pas, même chez elle. Il avait également ajouté que ce n'était pas grave que je commette quelques impairs, puisque je découvrais ces nouvelles règles. Cependant, il fallait que je m'y habitue assez rapidement.

— J'ai une faveur à te demander, m'avait-il dit pendant que nous attendions qu'Ahmed et Gabi viennent nous ouvrir. Ne crois pas tout ce que te dit Gabi, elle parle trop.

Avant que j'aie pu répondre, Ahmed était apparu sur le seuil de la porte.

— Tu veux boire un jus d'orange ou une bière, pendant qu'on est entre nous ? me proposa Gabi, me tirant de ma rêverie.

Je refusai la bière et lui rappelai que j'avais arrêté de boire de l'alcool. En revanche, comme je fumais toujours, je lui demandai une cigarette. Gabi, silencieuse, contrairement à son habitude, en prit une aussi et me donna du feu. Après être allée chercher un cendrier, elle se planta devant moi et s'éclaircit la gorge.

— Tout à l'heure, j'ai dit que je ferais beaucoup de choses pour mon mari, mais il y a quand même des limites. D'accord, j'héberge ses copains algériens, je les aide pour leurs papiers, etc. Je mens pour lui et je couvre ses magouilles, quitte à enfreindre la loi. Mais s'il y a bien une chose que je refuse de faire, c'est de m'habiller comme une Arabe. Jamais de la vie je ne porterai ce machin !

Elle désigna du menton le foulard que j'avais enlevé.

— Si ça ne te dérange pas, je préférerais changer de sujet, car j'en ai assez de devoir constamment me justifier, répondis-je. Et si tu me disais plutôt ce que trafique ton mari ? Je trouve ça beaucoup plus intéressant.

— Je faisais allusion à sa petite guéguerre en Afghanistan, c'est tout. Je t'apprécie, Doris, loin de moi l'idée de t'agresser. Mais je trouve ça dingue que tu croies à ces salades…

— Ne parle pas de ma religion en ces termes, s'il te plaît. Et je te ferai remarquer qu'il s'agit d'une décision personnelle.

À cette époque, je passais mon temps à expliquer que j'avais choisi cette voie de mon plein gré, ce qui était vrai, dans une certaine mesure. Mon mari ne m'avait jamais obligée à faire quoi que ce soit et, de toute façon, il n'en avait pas besoin puisqu'il me manipulait sans aucun problème. C'était pour lui plaire que je me transformais peu à peu en épouse soumise. Pour détourner la conversation, je demandai des nouvelles de l'association.

— Mais lâche-moi avec ça ! s'exclama-t-elle à ma grande surprise. Hammi m'en parle à longueur de journée et je n'en peux plus.

Elle préféra discuter du programme télé jusqu'à ce que nos maris remontent de la cave, puis nous prîmes congé.

Sur le chemin du retour, Omar m'annonça son intention de partir l'été suivant en Bosnie avec Ahmed.

— Nous devons nous rendre sur place de toute urgence. C'est la seule façon de savoir de quoi nos frères ont besoin, alors je voudrais passer quelques semaines là-bas.

Cette idée ne m'enthousiasmait pas du tout. La guerre faisait toujours rage dans la région et j'avais très peur qu'Omar soit blessé ou même tué. De plus, je n'avais pas la moindre envie de rester aussi longtemps seule à la maison sans mon mari.

— Mais tu ne peux pas voyager avec ton passeport égyptien.

— Ça fait longtemps que je ne m'en sers plus. De toute façon, d'après les services de l'immigration, je ne devrais pas tarder à recevoir mes papiers allemands.

Omar avait demandé la nationalité allemande deux ou trois ans auparavant, et mon père lui avait rédigé une lettre de recommandation. Ce dernier, qui, en tant qu'homme d'affaires, jouissait d'un grand crédit, avait fini par apprécier la politesse et la serviabilité d'Omar. De plus, il était heureux de voir à quel point son gendre tenait à être naturalisé. Il écrivit donc aux autorités compétentes une longue lettre dont je ne connus jamais le contenu, mais il ne manqua certainement pas de louer l'intégrité et l'honnêteté dont mon mari faisait preuve, ainsi que sa maîtrise de la langue et sa volonté de s'adapter au mode de vie allemand. Cependant, Omar avait changé du tout au tout entre le moment où il avait demandé la nationalité allemande et le jour où il l'obtint : l'homme que j'avais rencontré sept ans auparavant et qui aimait tant l'Occident était devenu un ardent défenseur du fondamentalisme de l'islam radical encore peu connu en 1994, date à laquelle le monde fut informé des massacres perpétrés en Bosnie. En Allemagne comme dans le reste de l'Europe, la sympathie grandit alors à l'égard des musulmans, souvent considérés comme les victimes des Serbes, et cette solidarité se traduisit par des dons colossaux.

— Ça y est, Aïcha, je suis allemand !

Peu de temps après notre visite chez Ahmed et Gabi, Omar revint de la préfecture avec un passeport flambant neuf dont il caressait les pages. Je lui rappelai qu'il devait remercier mon père.

— Je n'y manquerai pas, je lui téléphonerai ce soir. Encore mieux, nous irons voir tes parents pour leur montrer mes papiers. Mais je vais d'abord appeler Ahmed pour lui dire que plus rien ne s'oppose à notre voyage en Bosnie.

— Quand comptez-vous partir ?

— Je ne sais pas, nous avons encore des choses à régler. Mais je te préviendrai en temps et en heure.

— Je ne suis pas la seule à devoir être prévenue en temps et en heure, il faut aussi que tu penses à poser tes congés.

Omar s'emporta.

— Mes frères et mes sœurs sont torturés et meurent par milliers, je veux aller les aider et tu me parles de poser des congés ? Tu n'as donc pas de cœur ?

Parfois, il avait de telles sautes d'humeur que je le reconnaissais à peine. Il pouvait se montrer charmant, puis se braquer tout à coup pour une broutille, et dans ces moments-là, c'était quasiment impossible de discuter avec lui.

— La question n'est pas de savoir si j'ai un cœur ou pas. Je ne voudrais pas que tu perdes ton emploi à cause d'une simple formalité.

— Si Dieu le veut, je garderai mon travail.

Je complétai cette phrase en silence : « Tout ce qui compte, c'est la volonté de Dieu et Lui seul connaît le bon chemin. » Peut-être les choses fonctionnaient-elles ainsi dans les pays musulmans, mais ce n'était pas le cas en Allemagne : ici, quand on ne posait pas ses congés, on était renvoyé et Omar le savait, mais il semblait n'en avoir plus rien à faire. Il avait d'autres choses plus importantes en tête.

Omar et Ahmed voulaient partir début octobre. Mais mi-septembre, ma sœur Caro me téléphona alors qu'elle n'avait pas donné de nouvelles depuis des mois.

— Il s'est passé quelque chose de terrible, Doris ! Maman a eu une rupture d'anévrisme, elle est à l'hôpital de Ruhpolding. Il faut que tu y ailles, papa te réclame.

Durant notre enfance, nous passions souvent nos vacances dans cette petite ville et nos parents s'y rendaient encore tous les ans pour faire de la randonnée.

— C'est impossible, Caro. Je suis allée les voir avec Omar juste avant qu'ils partent, et maman et moi avons prévu de nous voir à leur retour.

— Eh bien, si tu veux la voir une dernière fois, tu as intérêt à te dépêcher. Les médecins ne sont guère optimistes.

Comme je n'étais pas en état de prendre le volant, Omar me conduisit à Ruhpolding le jour même. Toute la famille se trouvait à l'hôpital, devant la chambre de ma mère. Celle-ci était dans le coma après avoir eu encore deux ou trois attaques durant la nuit, et la voir dans cet état m'ôta tout espoir. Elle avait un visage totalement inexpressif, comme si son âme avait déjà quitté son enveloppe corporelle, mais elle était toujours en vie. Nous décidâmes de la faire transférer à la clinique de Francfort.

Le soir venu, Omar me reconduisit à Mayence. Au cours des jours suivants, il fit tout son possible pour me réconforter et se montra très affectueux. Jusqu'au jour où je me réveillai après lui et le vis en train de plier bagage.

— Tu ne peux pas me laisser seule dans un moment pareil, protestai-je. Je t'en prie, reste, j'ai besoin de toi. Ça ne change rien que tu partes en Bosnie maintenant ou dans quelques semaines.

Omar secoua la tête.

— Ce voyage est très important pour Ahmed et moi. Nous avons des rendez-vous importants là-bas que nous ne pouvons pas repousser.

— Des rendez-vous? Mais ma mère agonise! Quand la tienne était sur le point de mourir, je suis partie en Égypte avec toi et je suis restée à tes côtés. Maintenant, c'est moi qui ai besoin de toi. C'est important aussi, non?

— Oui, mais il faut que je parte. Je suis désolé, Aïcha, je reviendrai dans quatre ou cinq semaines.

Omar continua à préparer sa valise tranquillement, puis Ahmed vint le chercher. J'étais à la fois folle de rage et effondrée mais, surtout, je ressentis pour la première fois le poids de la solitude.

Ma mère mourut au bout de plusieurs semaines de coma, et son enterrement eut lieu juste avant qu'Omar ne rentre de Bosnie. Nous étions tous effondrés, en particulier mon père. Il ne voulait pas admettre qu'elle était morte et me confondait avec elle à cause de notre ressemblance. Il m'appelait sans arrêt par son prénom et fondait en larmes lorsque je le rappelais à la réalité.

— Écoute, Doris, me murmura-t-il un jour, toi aussi tu te retrouves toute seule. Maman est partie, ton mari est parti et qui sait s'il rentrera un jour, alors pourquoi ne viendrais-tu pas vivre avec moi dans cette grande maison?

Caro, Karl et Gerda pensaient que c'était une bonne idée, contrairement à moi. Mon père voulait m'aménager une chambre chez lui, vidait des étagères pour me faire de la place et ne semblait pas comprendre que je n'avais aucune envie de vivre avec lui. Et après que j'eus passé plusieurs nuits sur le canapé du salon, il essaya même de me pousser à quitter Omar.

— Ce n'est pas un homme pour toi, je le sais, sinon il ne t'aurait jamais laissée toute seule. Je vois bien à quel point tu es malheureuse.

— Papa, si je suis triste, c'est parce que maman est morte.

— Oui, oui, moi aussi. Justement, comme nous sommes malheureux tous les deux, nous pourrions vivre ensemble et nous réconforter mutuellement. Je t'ai toujours aidée, tu sais que tu peux compter sur moi. J'ai toujours été là pour toi. Et, moi, j'ai besoin de toi, contrairement à lui.

Il insistait tous les jours un peu plus afin que j'accepte de venir habiter chez lui. Je le voyais souvent, trop souvent, et cela m'était néfaste.

J'étais donc aux anges le jour où Omar vint enfin me chercher. J'embrassai mon père en vitesse avant de partir et lui promis de venir le voir bientôt.

— Tu m'as tellement manqué, dis-je à Omar lorsque nous montâmes en voiture.

Je lui fis part des derniers événements, de la longue agonie de ma mère et de la tristesse de mon père. Mais Omar avait beau compatir, je sentais qu'il avait la tête ailleurs. Je lui demandai donc comment s'était passé son séjour en Bosnie.

— Je te raconterai une fois qu'on sera tranquillement installés à la maison, se contenta-t-il de répondre. D'ailleurs, nous sommes presque arrivés.

Il avait l'air en forme et s'était laissé pousser la barbe, ce qui n'était pas pour me déplaire. J'avais hâte qu'il me prenne dans ses bras et que j'oublie tout. Une fois que nous fûmes rentrés à l'appartement, je sortis de l'eau et du jus de fruits du frigo, et nous prîmes place dans le salon.

— Aïcha, écoute-moi bien, dit brusquement Omar. Allah a fait appel à moi et je vais Lui obéir. Je vais tout quitter pour partir vivre en Bosnie.

Stupéfaite, je le regardai, bouche bée. Mais il continua à parler comme si de rien n'était.

— C'est ma décision et tu ne me feras pas changer d'avis. Si Allah m'appelle, peu importe où je me trouve, je ferai mes valises et je Le suivrai.

— Et moi ? bredouillai-je.

— Tu es ma femme, répondit Omar en souriant. Aïcha, c'est à toi de décider si tu veux venir avec moi ou si tu préfères rester vivre ici.

J'écoutai chaque mot qu'il prononça. Il me dit qu'il m'aimait, qu'il espérait que je l'accompagnerais, tout en prétendant ne pas vouloir m'influencer. Il fallait que je réfléchisse, que je sois sûre de vouloir suivre cette voie.

— Quelle voie ? lui demandai-je lorsque j'eus quelque peu repris mes esprits. Je ne comprends pas de quoi tu parles. Qu'est-ce qu'il t'est arrivé en Bosnie ? Et si tu m'expliquais tout depuis le début ?

Mais Omar refusa de répondre à mes questions.

— Tu dois être sûre de pouvoir mener une vie de privations et de dangers. Les Bosniaques sont très pauvres, ils n'ont rien à manger et, si tu viens avec moi, tu pourras les aider. Ensemble, nous nous battrons pour une noble cause. Tu ne travailleras plus pour des inconnus, je serai salarié de l'association et je prendrai soin de toi, je t'en fais le serment.

— C'est tentant, mais...

— S'il te plaît, laisse-moi finir. Si tu souhaites rester en Allemagne, je ne t'en voudrai pas, mais je ne pourrai pas non plus m'occuper de toi, et tu devras subvenir toi-même à tes besoins. Alors qu'est-ce que tu préfères ?

J'ouvris la bouche, mais aucun mot n'en sortit. Je n'avais plus les idées claires. Je nageais en plein cauchemar, mais je n'avais encore rien vu.

— Aïcha, je voudrais te montrer un film que j'ai rapporté de Bosnie.

Lorsque Omar inséra une cassette dans le magnétoscope et appuya sur « lecture », je ne savais pas du tout à quoi m'attendre. Je pensai qu'il allait me montrer les lieux où il s'était rendu. Mais les premières images que je vis étaient tellement insoutenables que je me mis à hurler. Une femme se faisait violer par plusieurs soldats qui ricanaient, tandis que d'autres hommes attendaient leur tour.

— C'est horrible ! Pourquoi tu me montres ça ?

— Pour que tu me comprennes. C'est à une musulmane qu'on inflige ces horreurs, répondit Omar, le regard rivé sur l'écran, comme fasciné.

— Mon Dieu, dites-moi que je rêve ! m'exclamai-je en fermant les yeux.

Un intervenant dit quelques mots en arabe. Comme je n'entendais plus la femme crier, je regardai prudemment entre mes doigts et, pendant deux ou trois secondes, j'assistai à une scène que je n'oublierais jamais : une femme enceinte se faisait éventrer. C'en était trop. Je me précipitai dans la salle de bains, atteignis les toilettes juste à temps et vomis. Omar me rejoignit quelques minutes plus tard, m'aida à me relever et à me débarbouiller.

— Tu comprends maintenant pourquoi je dois y retourner ? Nos frères et nos sœurs subissent des atrocités ! Maintenant que j'ai vu ça, je ne peux plus rester vivre ici !

Alors qu'Omar me tenait un long discours de possédé en me fixant de ses yeux étincelants, comme s'il cherchait à m'hypnotiser, je ressentis soudain une telle fatigue que je n'eus plus qu'une envie, aller me coucher. Le lendemain, Omar me réveilla en me secouant. Je souffrais de tout mon corps, comme si on m'avait rouée de coups.

— Il faut que j'y aille, Aïcha. Dans trois semaines, je plierai bagage définitivement. Tu as donc quinze jours pour faire ton choix. Tout ce que je te demande, c'est de ne pas en parler à ta famille, car je sais que ton frère, tes sœurs et ton père essaieront par tous les moyens de te retenir ici et de nous séparer. Tu dois décider seule, avec l'aide de Dieu.

Sur ces mots, il partit.

Dès que j'abordais le sujet, Omar me répondait que j'étais libre de choisir et que je devais demander conseil à Dieu.

— C'est tout ce que j'ai à t'offrir, Aïcha : soit tu restes seule ici, soit tu pars en Bosnie avec moi. Ma décision est irrévocable.

Mais, en réalité, je me retrouvais dans une impasse : je n'avais jamais eu autant besoin de mon mari que depuis la mort de ma mère et, sans lui, je n'aurais pas pu continuer à vivre. De plus, je savais que mon père guettait l'occasion de me reprendre sous sa coupe.

— Je ne veux pas te perdre, dis-je à Omar. Si tu quittes l'Allemagne, je serai obligée de partir avec toi.

Je vécus mes derniers jours en Allemagne dans un état de passivité extrême. J'allais au travail, je m'installais à ma caisse, je discutais avec les clients, j'établissais les bons de commande avec mon supérieur, je rendais visite à mon père, comme si les choses revenaient à la normale après la mort de ma mère.

Mais, justement, plus rien n'avait de sens. À la maison, Omar triait ses affaires, déchirait nos photos et brûlait dans la baignoire tous les documents qui lui tombaient sous la main. Des amis musulmans passaient chez nous presque tous les jours et repartaient peu après avec des meubles, des cartons remplis de vaisselle ou des plantes vertes. Impuissante, je voyais mon ancienne vie disparaître peu à peu. Je n'avais plus aucune volonté, tout ce qui m'importait, c'était de suivre mon mari, la seule personne qui me restait. Il était hors de question que je le laisse partir seul.

— Je prendrai soin de toi, ne t'inquiète pas, répétait sans cesse Omar.

Je lui déléguais volontiers toutes les démarches à effectuer, qu'il s'agisse de la résiliation du bail, de la voiture en leasing ou encore des assurances. Une partie de nos meubles, entreposés dans une mosquée, fut donnée à des musulmans dans le besoin. Et lorsque l'autre partie arriva chez Ahmed et Gabi, cette dernière me téléphona pour me dire que j'avais perdu la raison.

— Je n'oserais jamais aller en Bosnie, s'écria-t-elle. Tu as pensé à ce qui t'attend ? Tu sais dans quoi tu t'embarques ? Tout le monde s'entretue, là-bas ! Estime-toi heureuse si tu rentres saine et sauve !

Je haussai les épaules et raccrochai. De toute façon, il était trop tard pour reculer. Je suivis les instructions d'Omar à la lettre et demandai à mon chef une semaine de congés, qu'il m'accorda immédiatement. J'avais mauvaise conscience de lui mentir ainsi, et je me sentais encore plus mal lorsque je pensais à ma famille.

— Ça me pèse de ne rien pouvoir dire à mon frère, mes sœurs et mon père. Que vont-ils penser de moi ?

— Crois-moi, c'est mieux comme ça, me répondit Omar de sa voix douce. Tu leur expliqueras toute la situation dans une lettre que nous leur enverrons. Je ne veux pas te perdre, Aïcha.

Il ne me vint même pas à l'idée de le contredire, et je leur écrivis une lettre à chacun, le cœur lourd. « Ne vous faites pas de souci pour moi. Je suis partie avec mon mari pour un voyage d'une durée indéterminée, et je vous donnerai de mes nouvelles dès que nous aurons une adresse fixe. Tout va très bien, je pense à vous. »

Jusqu'au dernier moment, j'hésitai à appeler l'un d'eux, mais je n'en fis rien. Gerda m'aurait crié dessus, mon père se serait mis à pleurer ; quant à Caro et Karl, ils auraient essayé de me convaincre de rester, en vain. Je confiai les lettres à Gabi et la chargeai de les envoyer plus tard.

Voilà comment je m'évanouis dans la nature, et trois ans allaient s'écouler avant que je ne redonne signe de vie à ma famille.

5

Omar et moi passâmes notre dernière nuit en Allemagne chez Ahmed et Gabi. Très tôt le lendemain matin, nous montâmes en voiture et prîmes la direction de l'Autriche avec des sandwichs et une Thermos de café.

— Nous ne pourrons pas faire de longues pauses car nous avons des contraintes horaires à respecter, annonça Omar. Nous sommes attendus en Croatie.

Au premier poste-frontière, le douanier jeta un coup d'œil sur le chargement de notre voiture et nous demanda quelle était notre destination.

— La Bosnie, répondit Omar. Nous travaillons pour une organisation humanitaire…

Inutile d'en dire plus, l'homme nous fit signe de passer.

Il était à présent impossible de revenir en arrière, et ce n'était pas non plus mon intention, puisque je n'avais nulle part où aller. À la frontière slovène, je fondis en larmes.

— Je suis une parfaite étrangère ici. Si je descendais de voiture et demandais à la dame là-bas où sont les toilettes, elle ne comprendrait pas un traître mot de ce que je dis. Plus personne ne parle allemand, j'ai l'impression d'être livrée à moi-même, et je me rends compte que chaque kilomètre me rapproche un peu plus de l'inconnu. Qu'est-ce qui nous attend là-bas ?

— Fais-moi confiance, répondit Omar. Je suis là pour toi et je t'aime. S'il te plaît, Aïcha, arrête de pleurer. Je sais combien c'est difficile de tout laisser derrière toi, mais ça n'a rien de définitif. Une fois que la guerre sera finie, nous rentrerons en Allemagne.

Cette pensée me réconforta. En effet, je savais que l'ONU mettait tout en œuvre pour rétablir la paix dans la région. Je me remémorai la soirée au cours de laquelle j'avais annoncé à Omar que je l'accompagnais, deux semaines auparavant. Il s'était alors lancé dans un discours tellement fanatique à propos de sa mission que j'avais fini par l'interrompre.

— Où vivrons-nous ?

— Je nous ai loué un bel appartement à Zenica. Tu trouveras vite tes marques et je t'y aiderai, je te le promets.

Omar m'avait bercé de sa voix chaude et de ses mots d'amour, si bien que l'avenir ne m'avait plus paru aussi sombre.

— Au début, tu ne t'occuperas que des tâches ménagères, avait répondu Omar lorsque je lui avais demandé ce que je ferais de mes journées. Nous aviserons plus tard.

La confiance en l'avenir dont avait fait preuve Omar était communicative, et j'avais essayé d'envisager notre installation à Zenica avec optimisme. Mais, à présent, cette lueur d'espoir avait disparu. Une fois en Croatie, je dus attendre dans la voiture qu'Omar aille chercher les visas accordés par les autorités à tous les membres d'associations caritatives, puis on nous autorisa à rejoindre un point de rendez-vous où étaient garés plusieurs camions. Là, je frémis à la vue des hommes armés qui s'approchaient de nous.

— Ce sont des passeurs que nous allons payer pour qu'ils nous escortent jusqu'à Zenica, m'expliqua Omar. Le trajet normal est impraticable, la plupart des routes ayant été détruites par les bombardements. Ces hommes connaissent les zones de combat, ainsi que les raccourcis et les voies où nous serons en sécurité.

Il descendit de voiture et discuta un instant avec eux. Puis il revint et nous dûmes attendre encore d'autres personnes qui souhaitaient elles aussi se rendre en Bosnie.

— Ça y est, nous sommes arrivés en Bosnie, déclara Omar une demi-heure plus tard, lorsque nous franchîmes un point de contrôle.

Je regardais autour de moi : les maisons paraissaient abandonnées, comme si les habitants avaient dû prendre la fuite. Sur la route, nous aperçûmes des véhicules de l'Onu, remplis de soldats armés. Comme je commençais à paniquer, je pressai Omar de questions auxquelles il répondit patiemment. Mais, au bout d'un moment, je remarquai qu'il avait la tête ailleurs et finis par me taire. Notre convoi traversa des vallées et contourna des collines, escorté par les passeurs qui devaient nous conduire à bon port. Par endroits, les routes étaient étroites, criblées de nids-de-poule et d'impacts de balle. À un moment, il fallut s'arrêter pour laisser passer une colonne de chars puis un convoi de camions vides. Après avoir été contrôlés et autorisés à poursuivre notre route, nous empruntâmes un itinéraire de substitution mis en place afin de pouvoir acheminer des vivres à la population. Et comme presque tous les ponts avaient été bombardés, nous fîmes des détours interminables. Hébétée, résignée, je ne ressentais plus rien, ni chagrin ni peur ni curiosité.

— Nous voilà arrivés à Zenica, annonça enfin Omar. Tu ne vas pas tarder à voir notre maison.

Mais ses mots ne me parvenaient qu'à grand-peine. Lorsque Omar ouvrit la portière de la voiture et me dit de descendre, j'obéis machinalement et chancelai, engourdie d'être restée assise aussi longtemps. Il me prit par le bras et me fit monter dans l'appartement où je passerais les deux années à venir.

Notre maison était située en périphérie de Zenica, quasiment à la campagne, à flanc de colline. Le propriétaire l'avait fait construire pour sa famille, mais comme son épouse était morte peu de temps auparavant, lui et ses deux fils n'occupaient plus que le rez-de-chaussée. Il ne pouvait pas travailler à cause de la guerre et ne gagnait presque rien, excepté l'argent qu'Omar lui versait pour le loyer et quelques menus services. Comme la maison datait d'avant la guerre, nous avions le chauffage central, une salle de bains carrelée avec baignoire, une cuisine équipée, un lave-linge et même une télévision. Mais, à ma grande déception, pas grand-chose ne fonctionnait.

Bien que mon quotidien soit rythmé par les contrariétés, j'essayais de ne pas baisser les bras et de tirer le meilleur parti de ma situation. L'eau et l'électricité étaient coupées à intervalles réguliers, et il n'y avait alors rien à faire, à part attendre. Dès que je voyais le robinet goutter, je disposais des seaux, des pichets et des marmites en dessous jusqu'à ce qu'ils soient pleins. Lorsque l'électricité fonctionnait, je faisais tourner la machine à laver en espérant que la lessive soit terminée avant la coupure suivante. Quant à l'eau de la vaisselle, elle me servait de chasse d'eau. Tout cela me prenait souvent une demi-journée.

Le chauffage, lui non plus, ne fonctionnait pas du tout. Dans la cuisine se trouvait un poêle que nous alimentions avec du bois. Nous étions arrivés depuis une semaine lorsque je l'utilisai pour la première fois: je déposai trois bûches à l'intérieur ainsi que du papier journal et de l'alcool à brûler, puis je jetai une allumette. Lorsque je me penchai au-dessus de l'ouverture pour voir si le feu prenait, je me brûlai les sourcils et quelques mèches de cheveux, mais j'en fus quitte pour une grosse frayeur. J'attendis dans le froid le retour d'Omar, qui passait ses journées à travailler au siège de l'association ou à parcourir la région afin d'estimer les besoins de la population. Il emportait parfois une caméra, mais ne me montrait pas ce qu'il filmait.

— Je ne toucherai plus jamais à ce truc ! m'écriai-je. Regarde de quoi j'ai l'air !

— Heureusement qu'il ne t'est rien arrivé de grave, Aïcha. Il faut que tu apprennes, sinon qui allumera le poêle en mon absence ?

Il me montra patiemment comment procéder, et je m'y pris bientôt aussi bien que lui.

Au cours de l'hiver 1994-1995, qui fut particulièrement rigoureux, ce poêle constitua l'unique source de chaleur de notre trois pièces, que je ne quittais jamais seule, du moins dans les premiers mois. La guerre faisait encore rage en Bosnie-Herzégovine et il était impensable de sortir se promener, avec le front situé à moins de cent kilomètres de Zenica. Des échanges de tirs avaient lieu tous les jours, la ville était constamment en état d'alerte. Même chez moi, je ne me sentais pas en sécurité. Un jour, à l'heure de la prière, j'entendis un grondement non loin de la maison. Entre les lamelles des stores, que je gardais constamment fermés ainsi qu'Omar me l'avait ordonné, j'aperçus des colonnes de fumée s'élever du centre-ville. L'attaque fut brève, mais je crus que ma dernière heure avait sonné.

Un peu plus tard, en février 1995, je faillis m'évanouir de terreur lorsqu'une roquette frôla le toit de la maison pour aller exploser quelques kilomètres plus loin. Je venais de m'aventurer dans le jardin pour y étendre du linge. En courant m'abriter à l'intérieur, je trébuchai sur le long manteau que je revêtais dès que je sortais de l'appartement, conformément au souhait d'Omar.

En effet, tout de suite après notre arrivée, mon mari m'avait acheté un manteau noir qui m'arrivait aux chevilles, des gants noirs et un *niqab* noir. Mais je n'aimais pas me couvrir de cet accoutrement compliqué, composé de cinq épaisseurs de tissu.

— Je ne vois plus rien avec tous ces voiles, avais-je protesté la première fois que j'avais essayé le *niqab*. J'ai besoin qu'on me guide, comme si j'étais aveugle. En plus, j'étouffe là-dedans. Je refuse de porter ça.

— C'est pour ta propre sécurité, avait répondu Omar. Je sais ce qui est bon pour toi, Aïcha, crois-moi. Bientôt, tu ne voudras plus franchir le seuil de la porte sans ton *niqab*. Grâce à ça, personne ne sait que tu es une Occidentale, personne ne sait si tu es jeune ou âgée, belle ou laide. C'est la meilleure cachette qui soit.

Toutefois, je ne me sentais pas non plus en sécurité dans cette espèce de sac, car Omar ne cessait de me mettre en garde contre les Serbes de Bosnie.

— Ils ne doivent pas savoir qu'une femme vit ici, et c'est pour cette raison que tu ne dois en aucun cas téloigner de la maison. Contente-toi d'aller dans le jardin : là au moins, personne ne t'observe. Je ne serai pas toujours là pour te protéger, Aïcha. Tu te souviens de ce film, tu sais ce que ces brutes infligent aux femmes qui tombent entre leurs mains.

— Je t'en supplie, ne me parle plus de ça !

Mais Omar m'énuméra une fois de plus les atrocités perpétrées par les Serbes à l'encontre des musulmans. Ainsi, au début de l'année, ils avaient lancé des grenades sur la place du marché de Sarajevo, faisant de nombreuses victimes.

— Ces criminels incendient des mosquées et des villages entiers, ils retiennent les femmes prisonnières, ils tuent les enfants et forcent les hommes à monter dans des camions pour les exécuter quelques kilomètres plus loin, avant de les enterrer dans des fosses communes !

Tous les jours, on annonçait que l'ennemi approchait. Je me faisais un sang d'encre pour Omar qui, lui, prenait les choses beaucoup plus à la légère.

— Inutile de t'inquiéter pour moi. C'est plutôt à toi de faire attention et d'apprendre à te défendre.

Durant ces premiers mois à Zenica, j'avais l'impression d'être en prison. Je restais seule la plupart du temps et, comme je n'avais pas le droit de me montrer à la fenêtre, je ne regardais dehors qu'à travers les lamelles des stores, qui devaient toujours rester fermés aux trois quarts. Omar m'avait même interdit tout contact avec notre propriétaire.

— Il est musulman pratiquant et, toi, tu es une femme mariée. Ce serait inconvenant que vous vous parliez, m'avait-il expliqué tout de suite après notre emménagement. Je t'interdis de le laisser entrer chez nous, ni lui, ni aucun autre homme.

Cependant, nous nous croisions de temps à autre, c'était inévitable. Un jour, je le croisai dans l'escalier et il se retourna sur-le-champ, sans m'adresser un seul regard. Omar, de son côté, avait instauré un code. Quand j'avais besoin de bois, je déposais une caisse vide dans le couloir et je la retrouvais remplie de bûches peu après. Lorsqu'il me fallait autre chose, je frappais trois fois du pied et un des fils montait me voir. Comme j'avais le droit de parler aux enfants, je leur disais ce que je voulais à travers la porte. J'appris très vite le vocabulaire du quotidien : bois, pain, farine, sel, légumes, oignons… On ne trouvait pas grand-chose à Zenica. Les gens se nourrissaient du peu qu'ils parvenaient à cultiver dans leur potager ainsi que des colis distribués par les organisations humanitaires.

Alors que nous n'étions arrivés que depuis quelques semaines, un soir, Omar m'annonça qu'il devait s'absenter plusieurs jours. Jusqu'à présent, il ne m'avait laissée seule que pendant la journée et n'avait passé qu'une seule nuit dehors.

— Où vas-tu ? Je t'en prie, emmène-moi avec toi ! C'est insupportable quand tu n'es pas là, je n'ai personne à qui parler. Le temps passe très lentement, je ne sais pas comment m'occuper dans la journée.

— J'ai des choses à régler, tu ne peux vraiment pas venir avec moi, répliqua Omar, légèrement impatient. Sois raisonnable, Aïcha. Je n'en aurai que pour trois ou quatre jours, il ne t'arrivera rien. Tiens, voici un talkie-walkie. En cas de besoin, tu n'as qu'à appuyer sur ce bouton et quelqu'un te répondra. D'accord ?

Après m'avoir expliqué le fonctionnement de l'appareil, il me dit de me préparer à toute vitesse. Pensant qu'il était finalement d'accord pour que je l'accompagne, je ne me fis pas prier et enfilai mon manteau, mes gants ainsi que mon *niqab*. Puis je le suivis jusqu'à la voiture et montai sans prêter attention aux objets posés sur la banquette arrière, mon champ de vision étant rétréci par les différentes épaisseurs de tissu.

Omar ne tarda pas à quitter la route principale pour emprunter un petit chemin et s'arrêta au bout d'un quart d'heure, au beau milieu de la forêt.

— Il n'y a personne, tu peux enlever ton voile. Descends, Aïcha.

— On va se promener ? demandai-je.

Je me retournai et poussai un cri à la vue d'Omar, qui s'approchait de moi à grands pas, une arme à la main.

— Il faut que tu apprennes à tirer, répondit-il. Tu dois pouvoir te défendre si quelqu'un t'agresse.

— Hors de question ! Écoute, je n'ai jamais tiré de ma vie, mis à part une ou deux fois avec mes amis, dans une fête foraine. Mais là, c'est différent !

Mon mari me tendit un vrai pistolet, le sien. Durant toute la durée de la guerre, il ne sortit pas une seule fois sans être armé. Parfois, il prenait même une kalachnikov. En a-t-il fait usage ? Je ne saurais le dire.

Ce jour-là, il commença par me montrer comment enlever la sécurité du pistolet, puis me força à le saisir et se positionna derrière moi. L'arme était glacée.

Omar me fit lever le bras, posa sa main sur la mienne et me plaça l'index sur la détente.

— Je n'aime pas ça, protestai-je à nouveau.

— Vise l'arbre devant toi et appuie sur la gâchette, ordonna Omar. Qu'est-ce que tu attends ? Imagine que c'est un ennemi. Si tu hésites, tu es morte !

Je finis par obtempérer, mais plusieurs coups partirent car le pistolet était en mode automatique. J'eus tellement peur que je lâchai l'arme.

— Mais qu'est-ce que tu fous ? vociféra Omar, hors de lui. Tu es bête ou quoi ? Tu as failli nous tuer tous les deux ! Quand on laisse tomber un pistolet, les balles fusent dans tous les sens ! Ne refais plus jamais ça !

— C'est la première et la dernière fois que je touche une arme ! Et arrête de me crier dessus, c'est ta faute ! Je t'ai dit tout de suite que je ne voulais pas ! C'est toi qui m'as attirée ici, je n'ai jamais eu l'intention de tirer sur qui que ce soit !

Folle de rage, je criai que je voulais rentrer à la maison. Omar se calma sur-le-champ.

— Très bien, dit-il, tu n'apprendras pas à tirer si tu n'en as pas envie. Mais je t'en prie, arrête de hurler. Je ne voudrais pas qu'on se fasse remarquer, alors tiens-toi tranquille.

— Je veux rentrer à la maison, répétai-je.

— Très bien, j'ai compris. La prochaine fois que je partirai plusieurs jours, je t'emmènerai avec moi. Je ne connais pas encore la date ni la destination de mon prochain voyage, l'Allemagne, l'Autriche ou la Suisse…

— Ça m'est égal, du moment que je sors de Zenica.

Sur ce, nous rentrâmes à la maison. Même si Omar et moi n'échangeâmes pas un mot de tout le trajet, je me sentais bien : je n'avais remporté qu'une petite victoire, mais c'était un début.

Cependant, ces voyages avec Omar n'avaient rien de vacances agréables, faites pour se détendre, visiter quelques monuments et se balader sur la plage. Ils étaient éreintants. La plupart du temps, nous parcourions des milliers de kilomètres aller-retour et quasiment sans pause. Nous ne restions jamais plus de deux heures sur place, le temps qu'Omar règle ce qu'il avait à régler. Mais c'était l'occasion de m'échapper de notre appartement exigu et d'avoir Omar rien qu'à moi pour quelques heures. Je ressentais de nouveau entre nous une complicité que je croyais disparue depuis notre arrivée à Zenica, où je ne voyais mon mari que très peu : quand il rentrait le soir, il se couchait sans tarder et repartait le lendemain à l'aube.

Durant les trois premières années que je passai en Bosnie, je tenais une espèce de journal intime dans lequel je notais tout ce qui se passait, qui nous rendait visite et quand. J'y consignais également les dates et les destinations de nos différents voyages, non pas dans le but de transmettre un jour ces informations aux services secrets, mais pour me repérer dans cette vie triste et monotone. Chaque journée ressemblait à la précédente. Sans télévision ni radio ni journaux, je me sentais coupée du monde. Ces notes me servaient de points de repère, à l'image des traits que Robinson Crusoé gravait sur un pieu. Mais, un jour, Omar trouva ce cahier dans l'armoire, caché parmi les serviettes de toilette, à côté des rares photos de famille que j'avais réussi à sauver.

— Aïcha, débarrasse-toi de toutes ces considérations terrestres, me dit-il. Elles n'ont aucune importance, elles ne font que te freiner dans ta nouvelle vie.

Sous mes yeux, il déchira le cahier et les photos, puis en jeta les morceaux dans le poêle et les brûla. À partir de ce moment-là, je ne consignai plus rien par écrit et j'essayai de tout retenir par cœur. Mais comme ces voyages se déroulaient toujours plus ou moins de la même façon, je finis par ne plus les distinguer les uns des autres.

Ainsi, Omar m'emmena plusieurs fois en Allemagne, une ou deux fois en Suisse, et même une fois à Venise, mais pour une escapade qui n'eut rien de romantique. Je ne pus visiter la ville, je ne vis en tout et pour tout qu'un peu d'eau et quelques embarcations au loin. Je descendis de la voiture, voilée de la tête aux pieds, et entrai directement dans la chambre d'hôtel que je quittai dès le lendemain, pour reprendre place dans la voiture et rentrer en Bosnie. Cette fois-là, Omar ramena également une femme qui devait rejoindre son mari au village des moudjahidin, situé près de Zenica. C'était en 1996, et je m'étais déjà habituée à ce que les questions que je posais à Omar demeurent sans réponse.

Cependant, je garde des souvenirs très précis du premier de ces voyages. Lorsque Omar m'annonça qu'il devait se rendre à Zurich et que je pouvais l'accompagner, j'étais éperdue de reconnaissance.

— Tu ne peux pas savoir comme je suis contente !

— Mais ne te fais pas de faux espoirs, nous n'aurons pas le temps d'aller jusqu'en Allemagne, m'avertit mon mari alors que je lui sautais au cou dans un élan d'enthousiasme.

— Je sais bien, mais je me disais que je pourrais peut-être appeler mon frère et mes sœurs, pour leur parler ne serait-ce que deux minutes. Et tu sais pourquoi je suis si contente ? Parce qu'à Zurich on parle allemand !

Quelques jours plus tard, nous traversâmes la Croatie et la Slovénie en direction de la Suisse. J'avais enlevé mon *niqab*, l'air frais me fouettait le visage par la fenêtre de la voiture et un sentiment de liberté m'envahissait.

— Nous arrivons à la frontière, dit Omar peu de temps avant d'atteindre l'Autriche. Garde ton *niqab* relevé pour qu'on te reconnaisse.

En effet, la photo de mon passeport montrait la Doris que j'étais auparavant, avec les cheveux mi-longs et détachés. J'adressai un sourire radieux au douanier, qui se pencha pour me regarder de plus près.

— Maintenant que nous sommes dans un pays civilisé, un foulard sera amplement suffisant, dis-je à Omar alors qu'il redémarrait.

Mais celui-ci n'était pas d'accord et exigea que je remette mon voile intégral.

— Pourquoi ? Personne ne me voit !

— Tiens donc, notre voiture n'a pas de vitres ? Il y a de la circulation, les autres automobilistes peuvent t'apercevoir ! répliqua Omar. Tu pourras enlever ton *niqab* une fois que nous serons en rase campagne.

Pour ne pas gâcher ce voyage à cause d'une dispute, je ne répondis pas et laissai retomber une des épaisseurs de tissu sur mon visage, avant de l'ôter de nouveau quelques kilomètres plus loin, mais ma bonne humeur s'était envolée. Omar me conduisit tout de suite chez une famille musulmane qui vivait dans une HLM.

— Aïcha, attends chez Umu Fatma que je revienne te chercher. Je n'en ai pas pour longtemps, dit-il avant de disparaître.

Je passai deux heures assise sur une chaise à boire du café et à engloutir des pâtisseries dégoulinantes de miel en compagnie d'Umu Fatma, qui ne parlait que l'arabe. À part elle et ses deux filles, qui s'exprimaient dans un mélange d'arabe et de dialecte suisse allemand, je ne vis personne d'autre. Fort heureusement, la famille avait la télévision, ce qui me permit d'apercevoir des images du monde réel pour la première fois depuis longtemps.

J'espérais qu'une fois Omar revenu nous irions à l'hôtel, mais je me trompais. En réalité, il comptait juste manger un morceau et dormir une heure sur le canapé avant d'entreprendre le trajet du retour.

— Nous rentrons aujourd'hui ? Mais je voulais aller faire des courses, objectai-je. Il y a tant de choses ici dont nous avons besoin de toute urgence.

Omar échangea quelques mots en arabe avec Umu Fatma, puis sortit son portefeuille et me tendit trois billets de cent francs suisses.

— Umu Fatma va t'accompagner, dit-il.

Nous nous mîmes en route sans tarder, moi dans mon manteau noir et mon *niqab*, Umu Fatma dans un manteau de couleur claire, un foulard marron sur la tête. Dans le supermarché, les gens nous regardaient bouche bée. J'entendis même quelqu'un dire en suisse allemand: « Mais qu'est-ce qu'elles font là, celles-là ? » Je répondis intérieurement : « La même chose que toi, espèce d'imbécile, je viens faire les courses. »

Je parcourus rapidement les rayons en jetant des sucreries, des biscuits, du café, de l'huile et des boîtes de conserve dans le chariot, chaque fois en deux ou trois exemplaires. Puis je fis une véritable razzia sur les produits d'hygiène : dentifrice, brosses à dents, serviettes périodiques, gel douche, shampoing, crème hydratante… tout en faisant le calcul de tête. Je pris également des chaussettes pour les fils de notre propriétaire de Zenica, ainsi que du café et du chocolat pour la voisine qui nous approvisionnait en lait. Enfin, je dis à Umu Fatma de choisir quelque chose pour elle, et j'offris une tablette de chocolat à chacune de ses filles. En un quart d'heure à peine, nous avions rempli deux chariots et dépensé tout l'argent qu'Omar m'avait donné. Sur ce, je quittai la Suisse.

Le lendemain matin, j'étais de retour à Zenica. Chez Umu Fatma, je m'étais approchée du téléphone qui se trouvait dans le couloir, sur une petite table. J'avais même effleuré le combiné, mais sans oser décrocher. Par gestes, elle m'avait fait comprendre que j'avais le droit de m'en servir, mais cela m'aurait fait tellement mal d'entendre la voix de mes proches que j'aurais été incapable de leur parler. Et pour leur dire quoi, de toute façon ? « Bonjour, je mène une vie de musulmane radicale dans une région en guerre, je n'ai pas le droit de sortir et surtout je ne dois parler à aucun homme » ? Ma famille n'aurait pas compris. Je ne comprenais pas moi-même.

6

Je prenais de plus en plus mon temps lorsque je sortais étendre le linge dans le jardin. J'aurais bien voulu exposer mon visage aux rayons du soleil et sentir l'air du printemps sur ma peau, mais ce n'était évidemment pas la peine d'y penser. Cependant, je m'aventurais petit à petit à faire les cent pas devant la maison, bien entendu vêtue de mon *niqab* et de mes gants.

— Pourquoi tu braves mes interdits ? me demanda Omar un soir, alors qu'il rentrait de voyage. On t'a aperçue dehors !

— Qu'est-ce qu'on a bien pu voir ? Une femme intégralement voilée qui se dégourdit les jambes, répliquai-je. Il faut bien que je sorte de temps en temps ! Nous vivons ici depuis presque six mois, la guerre n'est toujours pas terminée et j'ai comme l'impression que nous n'allons pas rentrer en Allemagne de sitôt. Je deviens folle à force de vivre constamment enfermée. En plus, tu n'es quasiment jamais là. Les tâches ménagères ne m'occupent pas à plein temps, loin de là, et comme je n'ai rien d'autre à faire, je m'ennuie ! Je ne vois pas ce qu'il y a de mal à marcher un peu dehors !

À ma grande joie, Omar se ravisa.

— Je n'aime pas trop ça, mais, si tu me promets de ne pas trop t'éloigner, tu as ma permission. Fais bien attention à ce qu'il n'y ait pas de soldats dans les parages. Tu peux aussi aller voir les personnes âgées à qui nous achetons du lait, si tu t'ennuies. Ce couple est très gentil.

Dorénavant, j'allais moi-même chercher le lait tous les matins à la petite ferme située de l'autre côté de la rue, alors que jusqu'à présent c'était les fils du propriétaire qui se chargeaient de le déposer devant la porte. Me rendre chez les voisins me prenait deux minutes, mais je traînais toujours en chemin afin de passer un peu plus de temps dehors. Quand Omar partait plusieurs jours d'affilée ou que j'avais trop le mal du pays, je repassais voir les fermiers une seconde fois en fin de journée. Nous buvions du café, mangions ou regardions la télévision. C'était merveilleux, bien que nous ne puissions pas discuter ensemble. La « grand-mère », ainsi que je l'appelais, avait une soixantaine d'années et était bossue, et comme son mari, un berger, était lui aussi âgé, j'avais le droit de lui adresser la parole. Dans la journée, quand il s'occupait de ses animaux, j'aidais la grand-mère à cueillir les cerises et les baies du jardin.

— Aïcha, criait-elle tous les matins, le lait !

Dès que j'entendais sa voix, je me sentais revivre. Chez elle, il y avait toujours de l'animation, la radio était allumée toute la journée et des gens venaient acheter du lait et des légumes. La grand-mère me couvait du regard en souriant de sa bouche quasi édentée, comme si j'étais sa propre fille. Cette musulmane de Bosnie portait le costume traditionnel, c'est-à-dire un pantalon large et une sorte de fichu tzigane sur la tête. Au fil des mois, elle m'enseigna le bosniaque et j'appris rapidement des mots simples comme « bonjour »,

« s'il vous plaît », « merci », « café », « sucre », « lait », « chaise », « table ». Peu à peu, je parvins à communiquer avec les autres habitants du quartier. Ils connaissaient mon prénom ainsi que le travail de mon mari. On me saluait dans la rue et, parfois, une femme frappait à ma porte pour m'expliquer avec force gestes qu'elle et ses enfants vivaient dans le besoin. Alors je notais son adresse et la donnais à Omar.

Des tonnes de vivres étaient acheminées à Zenica par des associations, dont la nôtre, qui avait également loué un immense entrepôt pour y stocker des produits de première nécessité. La distribution des colis alimentaires avait ensuite lieu sur la place du marché une fois par mois, ce qui demeurait insuffisant pour un grand nombre de familles. Omar m'y emmena pour que je voie la vitesse à laquelle les camions étaient vidés. Quant à moi, bien que je ne joue officiellement aucun rôle au sein de cette association, je devins la porte-parole des femmes qui n'avaient pas de mari pour défendre leurs intérêts. Seuls des musulmans fondamentalistes comme Omar travaillaient à l'AHB, donc ils ne leur parlaient pas, et aucune d'entre elles n'aurait osé s'adresser directement à eux, ce qui, en revanche, était possible avec moi. Elles me disaient ce dont elles manquaient et je transmettais l'information à Omar, qui ensuite entreprenait les démarches nécessaires. En leur servant d'intermédiaire, je parvins à m'intégrer.

— Je vois que tu es bien plus heureuse quand tu as de quoi t'occuper, me dit Omar un soir. J'ai encore une mission à te confier. Nos frères sont en train de convertir le deuxième entrepôt que nous avons loué en lieu de prière, et je voudrais que tu nous confectionnes des rideaux et des coussins. Ce serait possible ?

— Mais oui, bien sûr ! m'exclamai-je, impatiente de me mettre au travail. Vous avez une machine à coudre ? Peut-être que nous pourrions aussi trouver quelques femmes pour m'aider…

J'étais aux anges, ravie de me rendre utile. Mais Omar n'avait pas terminé.

— Comme tu le sais, ici, les enfants ne vont quasiment plus à l'école depuis le début de la guerre, donc nous leur ferons aussi cours dans cette salle.

— Tu vas reprendre l'enseignement, toi aussi ?

— Oui, je serai en charge des jeunes adultes.

— Tu donneras des cours de mathématiques ?

— Non, j'enseignerai le Coran le soir et je continuerai à travailler pour l'association dans la journée. Au fait, je dois repartir demain matin, mais seulement pour deux ou trois jours.

Je n'aimais pas qu'Omar parte sans préciser où. La dernière fois, il était rentré habillé en treillis, une caméra dans une main et une kalachnikov dans l'autre, après que je l'eus vu descendre d'une Jeep occupée par des moudjahidin armés. Il m'avait expliqué que ces frères musulmans combattaient aux côtés de l'armée bosniaque et qu'il les avait simplement accompagnés jusqu'à la ligne de front.

— En tout cas, je suis contente que vous fondiez une école dans cette mosquée. Les enfants représentent l'avenir, et rien ne remplace une bonne instruction.

Autant, à l'époque, j'estimais que la création de cette école était aussi importante que la distribution de vivres, autant aujourd'hui je sais à quoi m'en tenir. En réalité, ces deux initiatives relevaient du djihad, de la guerre sainte: Omar et les moudjahidin voulaient propager un islam radical dans tout le pays en commençant par Zenica, en vue de créer un État fondé sur la charia. La Bosnie était censée devenir un bastion de l'islam en Europe.

Les moudjahidin essayèrent tout d'abord de gagner la guerre par les armes. Mais lorsque celles-ci se révélèrent insuffisantes, ils attirèrent les enfants et les adolescents dans cette école coranique afin de les rallier à leur cause.

D'après les experts, en Allemagne et dans d'autres pays d'Europe, certaines de ces écoles, lorsqu'elles sont tenues par des extrémistes, alimentent les réseaux terroristes. Le fait que des jeunes se laissent endoctriner ou non dépend de nombreux facteurs: lorsqu'ils ont un emploi et qu'ils se sentent intégrés, le risque est faible. Mais, en Bosnie, il n'y avait ni travail ni nourriture, la guerre faisait rage, le chaos régnait et, sans l'élan de solidarité de la communauté internationale, des milliers de civils seraient morts de faim. À cause des bombardements, nombreux étaient ceux qui vivaient dans l'angoisse, et toutes les familles ou presque avaient des morts à déplorer. Enfin, certains musulmans se radicalisèrent suite aux atrocités commises par les Serbes.

La plupart des gens n'aspiraient qu'à une chose: vivre en paix. Mais comme ils n'avaient même pas de quoi se nourrir, ils envoyaient volontiers leurs fils dans ces écoles coraniques où, au moins, on s'occupait d'eux et on leur donnait un repas chaud. Quant à leurs filles, ils leur faisaient porter le foulard, les personnes voilées étant avantagées lors des distributions de vivres. Certaines femmes arrivaient même intégralement voilées pour repartir avec une brouette remplie de denrées alimentaires. Elles trébuchaient souvent sur leur long manteau, et l'on remarquait à leur démarche qu'elles n'étaient pas habituées à cet accoutrement. Une fois à l'abri des regards, elles enlevaient tout et on les revoyait, une cigarette à la main, en train de se moquer de ces idiots de moudjahidin qu'elles avaient réussi à duper.

Il m'arriva moi aussi de tomber dans le panneau. Un jour, une femme et ses trois enfants, secoués par de fortes quintes de toux, frappèrent à ma porte.

— On m'a dit que tu pouvais m'aider. Mes enfants sont malades, ils ont besoin de médicaments, nous n'avons rien à manger...

Elle fondit en larmes. Je lui demandai de patienter, me rendis dans la cuisine, rassemblai toute la nourriture que je trouvai et la lui apportai. La femme me remercia et dévala l'escalier en courant, suivie de ses enfants. J'en parlai le soir même à Omar, qui éclata de rire.

— Tu es bien crédule ! Ils ont certainement fait semblant d'être malades. Cela dit, ces gens-là sont vraiment dans le besoin, et Dieu te récompensera pour ta générosité. Tu as tout donné à cette inconnue, ou il reste quelque chose à manger pour ton mari ?

— Quelques œufs, du pain et du lait.

— C'est largement suffisant. Tu es quelqu'un de bien, Aïcha. Au fait, je t'ai trouvé une aide ménagère, une sœur bosniaque qui a tout perdu et qui a besoin d'argent. Elle arrivera demain matin de bonne heure.

À l'époque, Omar se montrait encore affectueux et attentionné. Ces moments ravivaient les sentiments que j'éprouvais pour lui et me redonnaient des forces. J'oubliais alors mes frustrations et mes déceptions, je me sentais de nouveau protégée et aimée. Sinon, je l'aurais certainement quitté depuis longtemps.

Je fis la connaissance de Djamila le lendemain matin. Elle avait la quarantaine, comme moi, mais elle était plus robuste : au premier coup d'œil, on voyait qu'elle était habituée à travailler dur. Ce jour-là, elle portait un pantalon large, un long chemisier et un foulard noué sur la nuque. Elle avait un regard chaleureux, ainsi qu'une voix rauque et très grave, presque virile.

— *Salam aleikoum*, Aïcha ! Je m'appelle Djamila et je suis là pour t'aider. Alors qu'est-ce que je dois faire ?

Je la fis entrer et lui désignai les tapis.

— Il faut les secouer et les brosser dehors. Je l'aurais bien fait toute seule, mais, avec ça, ce n'est pas évident, répondis-je en montrant mon long manteau.

Djamila hocha la tête et se mit tout de suite au travail.

Comme je l'appris peu après, elle venait d'un village situé près de Sanski Most, à environ deux cents kilomètres de Zenica, et elle avait trois enfants : une fille adulte à la chevelure rousse qui refusait de porter le voile, au grand dam d'Omar, et deux jeunes fils charmants. Après que son mari eut été tué à la guerre, elle avait dû fuir son village devant l'avancée de l'armée serbe, à pied, avec ses deux fils. Comme elle ne possédait plus rien à part les vêtements qu'elle avait sur le dos, sa fille l'avait accueillie et ils vivaient à présent tous les quatre dans un studio. Djamila et moi devînmes vite amies. Elle venait tous les jours et, une fois le travail terminé, nous bavardions beaucoup, ce qui me permit de faire de grands progrès en bosniaque. De plus, elle connaissait toutes les combines et me disait qui avait vraiment besoin d'aide, tandis que je l'écoutais, ravie.

— La femme qui a frappé à ta porte hier n'est pas quelqu'un de bien, m'expliqua-t-elle un jour. Elle revend les colis alimentaires au marché noir et elle prostitue sa fille. La prochaine fois, ne lui donne rien.

Mais notre relation était plus profonde : dès qu'elle sentait que j'étais triste ou qu'Omar et moi nous étions disputés, elle m'offrait une cigarette que je fumais en cachette, car cela m'était également interdit. Petit à petit, elle devint ma complice et m'apprit à contourner les interdits qu'on m'imposait.

— J'aimerais tellement sortir me promener ou faire un tour au supermarché, lui dis-je un après-midi. Mais mon mari ne veut pas, je ne peux aller nulle part sans être accompagnée.

— Quand Djamila est avec toi, par définition, tu es accompagnée, répondit-elle avec la légère impertinence qui la caractérisait. Allons-y, Aïcha.

Le soir venu, je racontai à Omar que nous avions dû sortir faire des courses en urgence, une autre fois, que j'étais allée chez le médecin.

— Tu ne peux passer ton temps à t'occuper de moi, lui expliquai-je. C'est un soulagement pour toi que Djamila m'accompagne.

Omar se trouva bien obligé de m'autoriser ces petites escapades. Bientôt, j'eus même le droit de prendre la voiture, à condition toutefois de fournir une excuse valable.

Djamila et moi étions très soudées. Cette femme était passée maître dans l'art de la survie et s'estimait heureuse d'avoir réussi à échapper aux soldats serbes.

— Tu vois, Aïcha, les Serbes m'ont pris ma maison et dorment dans mon lit, mais je vais bien, me dit-elle un matin autour d'une tasse de café. Les Casques bleus m'ont emmenée dans un gymnase où se trouvaient cent, deux cents, peut-être trois cents femmes dont la plupart étaient agonisantes. Des jeunes filles voulaient en finir car ces porcs de Serbes leur avaient fait subir les pires horreurs, et elles étaient désespérées. On avait pu sauver leur corps, mais leur âme était coincée en enfer. Elles ne pouvaient plus supporter la vue d'un homme. Dès qu'un bénévole entrait dans le gymnase, elles croyaient qu'il venait les chercher pour les violer à nouveau, alors elles se mettaient à hurler comme des animaux que l'on conduit à l'abattoir. Ah, si tu les avais entendues…

Les récits de Djamila me prenaient à la gorge. Je me remémorais le terrible film qu'Omar m'avait montré en Allemagne, ainsi que la jeune fille qui avait récemment frappé à ma porte, accompagnée de sa mère. Je ne sais plus ce que cette dernière voulait, je ne me souviens que de cette jeune fille, de sa figure couverte de blessures mal cicatrisées qu'on lui avait infligées dans un camp serbe, où elle avait été détenue et violée pendant des semaines. Depuis sa libération, elle n'avait pas prononcé un seul mot et se grattait en permanence les bras et le visage jusqu'au sang. Je n'étais pas parvenue à communiquer avec elle : elle regardait dans le vide et je voyais dans ses yeux l'enfer qu'elle avait traversé. Cependant, l'enfer était partout.

7

L'été 1997 fut marqué par la reprise des négociations. Ma vie était elle aussi devenue plus facile, depuis que je pouvais compter sur le soutien de Djamila. Je commençais à me sentir chez moi à Zenica. Je ne me sentais plus aussi isolée qu'à mon arrivée, loin de là. Un matin, Omar me demanda si je souhaitais l'accompagner en Allemagne.

— Oh oui ! répondis-je en laissant échapper un cri de joie.

— Mais ne sois pas déçue si nous nous contentons de faire l'aller-retour, prévint-il. En revanche, tu pourras acheter tout ce que tu veux car nous prendrons la grosse Jeep de l'association.

Il faisait très chaud et, sur l'autoroute, la circulation devint très dense à partir de l'Autriche. Lorsque nous passâmes la frontière allemande, j'eus une pensée pour ma famille, à qui je n'avais jamais écrit depuis mon départ.

— J'ai mauvaise conscience, dis-je à Omar. J'aurais dû donner de mes nouvelles à mon père, à mon frère et à mes sœurs depuis longtemps. Il faudrait que je les appelle.

— J'éviterais, à ta place. Peut-être une autre fois, quand nous aurons le temps de leur rendre visite.

— Tu as raison, soupirai-je, mais j'aimerais quand même savoir comment ils vont.

— Ce sera pour la prochaine fois. Aujourd'hui, nous allons à Munich. Je vais te déposer chez Esmer, que tu connais déjà. Elle est allemande, comme toi.

— Ah oui, je me souviens : elle est mariée à Samir et, avant, elle s'appelait Birgit. Je suis contente de les voir. Au moins, avec eux, je vais pouvoir parler allemand.

Esmer s'était converti à l'islam de son propre chef et n'avait rencontré Samir que plus tard, à la mosquée. Les deux enfants qu'elle avait eus d'un premier mariage vivaient avec leur père. Avec Samir, elle avait eu deux autres enfants et en attendait un troisième.

— Aïcha, c'est bien ça ? s'exclama-t-elle. Bienvenue, assieds-toi, mets-toi à l'aise. Je veux que tu me dises tout sur la Bosnie. Je trouve ça vraiment courageux de ta part de t'être installée là-bas. Moi, j'aurais trop peur, surtout pour les enfants. Jamais je ne pourrais les emmener vivre dans un pays en guerre. Dieu merci, ce n'est pas le genre d'idée qui viendrait à l'esprit de mon mari.

— Nous sommes en sécurité à Zenica. Comme les Serbes sont loin, nous ne risquons presque rien. Mais les civils, eux, sont vraiment dans une situation préoccupante, et la nôtre n'est pas brillante non plus.

Quand Esmer et moi nous retrouvâmes seules, je pus utiliser sa salle de bains et me débarbouiller à l'eau chaude, ce qui était devenu pour moi un luxe absolu. Mais Esmer n'avait pas non plus la télévision.

— Samir est contre, me dit-elle quand je lui demandai pourquoi. Et Omar ?

— Lui aussi, qu'est-ce que tu crois ?

Nous éclatâmes de rire simultanément.

— En tout cas, tant que nos maris respectifs ne sont pas là, nous pouvons faire ce que nous voulons, reprit Esmer, et les enfants sont trop petits pour nous dénoncer. Donc si tu veux téléphoner à quelqu'un, peut-être à tes parents…

— Ma mère est morte, répondis-je.

Comme je mourais d'envie d'appeler mon père, je composai son numéro d'une main tremblante, mais je raccrochai dès que j'entendis sa voix.

— Je ne peux pas lui parler, dis-je à Esmer, qui m'interrogeait du regard. Ça ne servirait à rien, il ne comprendrait pas.

— Je connais ça : depuis que je me suis convertie à l'islam, je n'ai plus aucun contact avec ma famille. « Tu ne seras pas la bienvenue chez nous tant que tu porteras le foulard », voilà ce qu'on m'a dit.

Mais, moi, personne ne m'avait rejetée. J'avais disparu du jour au lendemain, sans aucune explication. Mes proches devaient me haïr.

— J'ai mauvaise conscience d'avoir abandonné mon père trois semaines après la mort de ma mère, expliquai-je à Esmer. En ce qui concerne mon frère et mes sœurs, ce n'est pas si grave, mais je redoute quand même leur réaction. Du coup, je n'ose pas leur donner signe de vie.

— Tu n'as pas la nostalgie du bon vieux temps, quelquefois ? demanda Esmer prudemment. Moi, si. Je ne regrette pas mon choix, mais mon mari a beaucoup changé récemment.

— Le mien aussi.

Nous échangeâmes un regard. Alors que j'allais raconter à Esmer à quel point Omar était devenu autoritaire, quelqu'un frappa à la porte et, tout de suite après, une clé tourna dans la serrure. Elle posa un doigt sur sa bouche et, d'un même geste, nous remîmes toutes les deux notre voile en place avant que les deux hommes n'entrent dans le salon.

— Si tu veux faire les courses, Aïcha, c'est maintenant, déclara Omar. Après, nous devrons rentrer.

— Il y a un supermarché pas très loin d'ici, dit Esmer.

— Tu veux venir avec moi ? lui demandai-je.

— Je peux ? répondit-elle en regardant son mari.

— Tu as assez de choses à faire ici, répondit celui-ci.

Omar proposa donc de m'accompagner. Lorsque Esmer alla dans la cuisine nous préparer des sandwichs, je la suivis, mais nous nous contentâmes de parler de la pluie et du beau temps. Esmer avait visiblement peur de son mari.

— Tous mes vœux de bonheur pour toi et ton enfant. Que Dieu vous protège, lui dis-je en partant, après l'avoir serrée dans mes bras.

Cette fois-ci, Omar se montra particulièrement généreux et me tendit six billets de cent marks flambant neufs.

— Ce sont des vrais ? demandai-je. On dirait qu'ils viennent d'être imprimés. J'espère que tu ne les as pas fabriqués toi-même !

Omar étant de bonne humeur, il se contenta de ricaner.

— Les affaires marchent très bien. Je viens de les retirer à la banque. Achète tout ce que tu veux, mais fais vite. Je t'attends dans la voiture.

Faire les courses dans ce supermarché fut une expérience indescriptible : en effet, je dépensai une somme folle tout en étant fixée du regard comme une lépreuse. Comme en Suisse, j'entendis un grand nombre de remarques désobligeantes et gardai pour moi les réponses tout aussi désagréables que j'aurais pu formuler. Je sortis avec trois chariots pleins, soulagée que ce calvaire soit terminé, et laissai Omar charger le tout dans la voiture.

Cette fois-ci, à la frontière qui séparait l'Allemagne de l'Autriche, nos passeports furent contrôlés plus attentivement. Les douaniers nous firent descendre et commencèrent à inspecter la voiture.

— Ça risque de prendre des heures, chuchotai-je à Omar.

D'un regard, il m'ordonna de me taire.

— Qu'est-ce que c'est? demanda un des douaniers en désignant un carton.

— Un fax pour le bureau de notre association basée en Bosnie.

— Et ça?

— Des sucreries pour les écoliers.

Comme la voiture ne contenait que des fournitures de bureau et des achats effectués au supermarché, on finit par nous laisser repartir et la suite du trajet se déroula sans encombre. Lorsque nous arrivâmes à Zenica, Omar m'ordonna de rentrer immédiatement à l'intérieur et insista pour décharger la voiture lui-même. Pendant que je préparais le dîner, il monta dans l'appartement les caisses remplies de chocolat, de couches-culottes, de serviettes hygiéniques, de savons, de crayons de couleur et de cahiers de coloriage. Mais au bout d'un moment, comme je ne le voyais pas revenir, je sortis voir ce qu'il faisait.

Il n'était pas seul, un moudjahid se tenait à côté de lui. Tous deux munis de tournevis, ils étaient en train de démonter le revêtement intérieur de la voiture. Puis je vis Omar tendre une liasse de billets à l'autre homme, qui la glissa dans un sac en plastique. Je décidai de rentrer, cela valait mieux.

— Aïcha, qu'est-ce que tu faisais dehors ? Je t'avais pourtant dit de rester ici, dit Omar à son retour, fou de rage. Pourquoi tu ne m'as pas obéi ?

— Je veux savoir d'où vient l'argent que tu as sorti de la voiture. Tu as braqué une banque ou quoi ?

— Le but de notre voyage à Munich, c'était d'aller chercher des dons, je te l'ai déjà dit.

— D'accord, mais tu t'es absenté deux heures, au maximum. Tu ne vas pas me faire croire que tu as récolté autant d'argent à la mosquée en si peu de temps.

— Cette fois-ci, il y en avait pour un million cinq cent mille marks, rétorqua Omar en souriant, fier de lui. Voilà ce que les musulmans ont donné pour le djihad. Cette somme provient de toute l'Allemagne, et même d'Arabie Saoudite. Je t'explique : des films semblables à celui que tu as vu sont projetés dans les mosquées afin d'informer les gens et de les encourager à nous soutenir. Ensuite, l'argent est récolté et déposé à la banque et, moi, je le retire.

— Attends un peu. Si c'était bien légal, tout ça, tu n'aurais pas besoin de te cacher. Pourquoi on ne peut pas virer cet argent directement sur le compte de l'association ? Pourquoi tu mentionnes le djihad alors que tu travailles pour une association caritative ? Et pourquoi tu donnes l'argent à un moudjahid alors que ces dons sont destinés aux pauvres ? Ils sont censés servir à acheter de la nourriture !

— Mais enfin, Aïcha, le djihad et l'humanitaire, ça revient au même !

— De ton point de vue, peut-être, mais je suis prête à parier que les donateurs allemands ne se montreraient pas aussi généreux si tu leur disais ça.

Le visage d'Omar se ferma, ses traits se durcirent. Dans ces moments-là, mon mari me faisait peur, mais je ne me laissai pas décontenancer.

— Pas la peine de me regarder méchamment. Maintenant, dis-moi une chose : est-ce que cet argent sera dépensé à des fins humanitaires ?

— Oui, répondit Omar, et pour d'autres choses d'égale importance. Satisfaite ?

Je ne l'étais pas, mais je hochai la tête. Qu'entendait-il par « d'autres choses d'égale importance » ? Parlait-il d'armes ? Combattait-il lui aussi aux côtés des moudjahidin ? Finalement, je n'osai pas l'énerver davantage et remis ces questions à plus tard.

À cette époque, Omar allait souvent chercher des gens à l'aéroport de Split et m'emmenait avec lui, la plupart du temps. Je pensais qu'il me laissait l'accompagner pour que je sorte de Zenica, et j'en étais ravie. Les hommes que nous accueillions étaient habillés à l'occidentale et ressemblaient à des hommes d'affaires ou à des touristes. J'ignorais leur identité, puisque Omar ne daignait pas me les présenter. Ils montaient dans la voiture en faisant mine de ne pas me voir et ne m'adressaient jamais la parole, même pour me saluer. Pour eux, je n'existais pas. Pour ma part, je devais garder le silence tout le long du trajet car, selon la tradition, il était inconvenant qu'une musulmane fasse entendre le son de sa voix :

la volupté qui s'en dégageait aurait pu mettre ces pauvres hommes dans tous leurs états.

C'est ce qu'Omar m'avait expliqué alors qu'il recevait des amis dans le salon et que je riais avec Djamila dans la cuisine.

— Ah bon, ça les excite ? Si des éclats de voix suffisent à titiller ce qu'ils ont entre les jambes, ils n'ont qu'à se mettre du coton dans les oreilles ! m'étais-je exclamée.

Comme cette remarque m'avait valu une gifle, je m'efforçais dorénavant de tourner sept fois ma langue dans ma bouche avant de parler.

Dans la voiture, je m'asseyais la plupart du temps à côté d'Omar, mais quand la personne que nous allions chercher à l'aéroport avait un statut important, je devais prendre place à l'arrière. Où que je sois assise, je n'avais le droit de parler que lorsque nous étions seuls ou que nous ramenions des femmes. Cette interdiction s'appliquait alors à nos passagères, ce qui compliquait considérablement les choses. Par exemple, lorsqu'elles voulaient s'arrêter pour aller aux toilettes, elles me le faisaient comprendre par gestes, tout en prenant soin de ne pas gesticuler dans tous les sens non plus. Quand elles avaient un enfant, elles le chargeaient de nous transmettre ce qu'elles désiraient, mais seulement en cas d'urgence. Par conséquent, elles se taisaient la plupart du temps. Les hommes discutaient entre eux, mais je n'aurais pas su dire s'ils échangeaient des banalités ou s'ils parlaient affaires, puisque la conversation se déroulait exclusivement en arabe.

Toutefois, je les observais à travers mon *niqab*. Je revis certains d'entre eux plus tard habillés en moudjahidin, cartouches à la ceinture et kalachnikov au poing. Et pourtant, ces hommes qu'Omar allait chercher à Split, seul ou avec moi, avaient tous obtenu des visas en qualité de membres d'une organisation humanitaire. Autrement, ils n'auraient jamais pu entrer en Bosnie. Ils venaient des pays arabes, d'Europe, du monde entier pour combattre aux côtés de l'armée bosniaque, et non pour distribuer des vivres. Je compris plus tard qu'Omar me laissait uniquement l'accompagner car ma présence lui permettait de passer les contrôles sans encombre.

Un matin, Gabi nous téléphona. Avant que je ne puisse placer un seul mot, elle en vint tout de suite au fait.

— Tu sais où est mon mari ? cria-t-elle dans le combiné. Doris, il ne donne plus de nouvelles et je suis morte d'inquiétude. Dis-moi ce qui s'est passé, tu es sûrement au courant !

En effet, Omar m'avait informée qu'Ahmed, grièvement blessé au combat, était hospitalisé à Zenica et, depuis, je m'attendais à ce que Gabi nous téléphone. Je devais alors lui dire qu'Ahmed était malade, sans évoquer l'échange de tirs, et surtout la dissuader de venir en Bosnie.

— Hammi est à l'hôpital et je devrais rester là à me tourner les pouces ? hurla-t-elle. Tu as perdu la tête ! Mais quel genre d'amie es-tu, Doris ? Tu ne m'as même pas prévenue, je n'aurais jamais cru ça de toi.

— Gabi, si j'avais pu, je l'aurais fait mais je ne peux pas appeler à l'étranger de chez moi. Pour ça, il faut aller au bureau de poste en voiture.

— Et alors, pourquoi tu ne l'as pas fait ?

— Tu n'imagines pas la vie que je mène ici. Ce n'est pas si simple que ça d'aller à la poste, et encore moins pour moi. Ici, les femmes ne peuvent pas sortir seules dans la rue, nous sommes dans une zone qui grouille de soldats. Et détrompe-toi : il ne suffit pas de claquer des doigts pour entrer en Bosnie.

— Ah oui ? Dis à ton mari que j'arrive par le prochain bus !

— C'est impossible, Gabi. Tu ne passeras pas la frontière, il te faut un visa…

— Alors demande à Omar de m'en procurer un ! D'ailleurs, où est-il ? J'ai déjà essayé d'appeler au siège de l'association, mais personne ne décroche. Si je ne l'ai pas au téléphone d'ici ce soir, je serai devant chez vous après-demain, quoi qu'il en coûte.

Gabi inspira profondément et prit une voix plus douce. Elle semblait sur le point de fondre en larmes.

— Je t'en supplie, Doris, raconte-moi exactement ce qui s'est passé.

— Je n'ai pas vu ton mari. Tout ce que je sais, c'est qu'il ne va pas bien mais que ses jours ne sont pas en danger. D'après Omar, il va se rétablir, mais ça va prendre du temps.

— Donc il a besoin de moi à ses côtés. Doris, tu ne laisserais pas Omar seul dans un moment pareil, n'est-ce pas ?

— Bien sûr que non.

J'étais émue d'entendre mon ancien prénom dans presque chacune des phrases que Gabi prononçait. On ne m'avait pas appelée ainsi depuis longtemps, puisqu'en Bosnie on ne me connaissait que sous le nom d'Aïcha. Je fus prise d'un accès de tristesse lorsque je pensai à ce qu'était devenue cette Doris. Cependant, elle n'avait pas totalement disparu : qu'est-ce qu'elle aurait fait ? Elle aurait pris l'initiative. Voilà pourquoi j'appelai Omar au numéro secret que je ne devais utiliser qu'en cas d'urgence.

— Gabi arrive, annonçai-je. Il faut que tu lui procures un visa.

Finalement, nous allâmes la chercher quelques jours plus tard en Allemagne. Ce fut encore l'un de ces voyages éclair, et cette fois, Omar parvint à dénicher 100 000 marks de dons en un clin d'œil. À notre arrivée à Heilbronn, Gabi avait déjà pillé le supermarché pour nous faire gagner du temps.

— Qu'est-ce que vous avez à traîner ? Allez, en route, dit-elle, pressée.

Omar me jeta un regard que je compris immédiatement. Gabi s'était convertie à l'islam un an après moi mais refusait toujours de se conduire comme l'exigeait la tradition. En effet, elle portait ce jour-là un chemisier tellement transparent qu'on voyait son soutien-gorge, ainsi qu'un pantalon bouffant aux couleurs vives.

— Tu ne veux pas te changer ? demandai-je avec tact. En Bosnie, tu vas te faire remarquer avec ce genre de vêtements, ça va choquer les gens…

— Je me fiche complètement de ce que les autres pensent. Mais ne t'inquiète pas, j'ai pris un foulard et des affaires de rechange. Je connais le règlement, je serai sage comme une image.

Le trajet se déroula sans accroc. Une fois arrivés à Zenica, comme Gabi ne tenait plus en place, nous la conduisîmes directement à l'hôpital. Sur le parking, elle se couvrit enfin la tête, noua son foulard sur la nuque, à l'image des femmes bosniaques et tziganes, puis enfila une petite veste par-dessus son chemisier. Omar l'accompagna. Quant à moi, je les attendis dans la voiture.

Dans cet hôpital, les moudjahidin blessés se trouvaient tous dans le même service. J'imaginais la tête que feraient ces musulmans pratiquants qui voulaient mourir en martyrs, lorsqu'ils verraient Gabi débarquer dans cet accoutrement «inconvenant». Parviendrait-elle à voir Ahmed ? Vingt minutes plus tard, elle remonta dans la voiture et garda le silence jusqu'à l'appartement.

— Dès que les médecins nous en donneront l'autorisation, nous hébergerons Ahmed quelques jours, le temps d'organiser son retour en Allemagne, m'expliqua Omar lorsque nous nous retrouvâmes en tête à tête.

Il me demanda également d'inculquer à Gabi quelques règles de conduite, puis se rendit à la mosquée. Je décidai de m'entretenir tout de suite avec elle et la trouvai effondrée sur le lit de la chambre d'amis.

— Ça ne lui a même pas fait plaisir de me voir, me dit-elle en sanglotant. Tu aurais dû voir son regard, quand il m'a demandé de partir. Tu crois qu'il ne m'aime plus ?

— Il t'aime plus que jamais, mais il devait sauver la face devant les autres, c'est tout. La prochaine fois que tu iras le voir, je te prêterai un manteau et un *niqab*.

— Je serais même prête à faire ça pour mon Hammi, soupira-t-elle. Je pensais qu'il était parti vous remettre des vidéos. Si j'avais su qu'il voulait se battre, j'aurais essayé de le retenir ! Il faut être fou pour vouloir aller au front ! L'Afghanistan ne lui a donc pas suffi ?

Dix jours plus tard, Ahmed fut transféré à Split, d'où il prit l'avion pour rentrer en Allemagne, où Gabi connaissait un médecin à domicile qui le soignerait. Ahmed mit du temps à guérir de ses blessures, mais, dès que ce fut chose faite, il revint en Bosnie, cette fois non pas comme combattant, mais comme agent de liaison.

En 1995, les trois mille moudjahidin qui se trouvaient en Bosnie disposaient de leurs propres unités de combat, dirigées par leurs propres officiers. Bon nombre d'entre eux étaient des vétérans de la guerre d'Afghanistan. Parmi les nouveaux arrivants, certains ne venaient que pour être formés dans un camp d'entraînement, puis combattre pour le djihad pendant quelques semaines, avant de rentrer chez eux et de reprendre leur ancienne vie, comme si de rien n'était. D'autres restaient sur place, dont un jeune Allemand mort au combat peu avant notre installation à Zenica. Dans cette ville se trouvait l'un des quartiers généraux les plus importants des moudjahidin, ainsi que des camps d'entraînement aux alentours. Quant à mon mari, il était effectivement l'un des leurs, comme je le compris en 1995, lors d'une terrible journée d'automne.

8

Ces événements survinrent fin octobre ou début novembre, en tout cas peu avant la signature des accords de Dayton. Un matin, Omar me donna l'ordre de m'habiller en vitesse car nous devions partir.

— Mais Djamila ne va pas tarder à arriver, protestai-je.

— Non, je l'ai prévenue que nous nous absentions.

— D'accord. Où allons-nous ? demandai-je.

Comme je n'obtins pas de réponse, j'obéis à Omar en prenant mon temps.

Les voyages avec mon mari avaient perdu tout leur charme. Je connaissais désormais les paysages par cœur et je ne supportais plus de rester assise pendant des heures. De plus, à l'aéroport de Split, quand un avion avait du retard, je devais parfois attendre sur le parking sans pouvoir descendre de voiture. De temps à autre, nous allions également rendre visite à des amis d'Omar à l'occasion de fêtes musulmanes ou de réunions de famille, ce qui ne m'amusait guère, puisque je restais la plupart du temps avec les autres femmes. Certes, je fis la connaissance d'un grand nombre d'entre elles, mais sans pour autant me faire des amies. Ces femmes de moudjahidin, en épouses dévouées, n'avaient que deux sujets de conversation, les enfants ou leur mari, et je préférais largement être seule ou avec Djamila.

Ce jour-là, Omar ne tarda pas à quitter la route principale pour emprunter une piste non goudronnée, en direction de la montagne, pendant une vingtaine de minutes. Lorsque, tout excité, il m'annonça qu'il avait quelque chose à filmer, je ne lui posai aucune question. Je n'avais pas la moindre idée de ce qui m'attendait. J'étais à la fois curieuse et blasée, car je savais pertinemment quel genre de films Omar tournait : ses vidéos étaient ensuite projetées dans les mosquées pour inciter les gens à faire des dons. J'avais déjà regardé un certain nombre de ces reportages de guerre teintés de religion, dans lesquels on voyait des moudjahidin dans des camps d'entraînement, des moudjahidin en route vers le front, des moudjahidin en train de prier, des moudjahidin armés, ou encore des scènes d'enterrements de moudjahidin morts au combat, sans oublier les images de fosses communes, de distributions de nourriture et d'écoles coraniques, sur fond de textes de propagande en arabe.

Nous nous arrêtâmes non loin du village de Guca Gora, dans un endroit où ne se trouvaient que cinq ou six maisons habitées avant la guerre par des bergers qui, depuis, avaient quitté les lieux. De gré ou de force, je l'ignorais.

Les moudjahidin y avaient établi un camp d'entraînement où de nouvelles recrues venues d'Allemagne, des Pays-Bas, de Grande-Bretagne et des pays arabes apprenaient le maniement des armes ainsi que différentes techniques de combat. Situé au sommet d'une montagne, ce lieu était idéal, comme me l'expliqua Omar.

— On se croirait dans une forteresse imprenable. Les gardes aperçoivent de loin quiconque essaie d'approcher.

Je ne l'écoutais qu'à moitié et gardais les yeux fermés en me disant que j'aurais largement préféré rester à la maison.

— Le commandant du camp, un professeur de karaté, vit ici avec toute sa famille, ajouta Omar qui, visiblement, admirait cet homme. Nous sommes arrivés, attends-moi un instant.

Il descendit de voiture, se dirigea vers un groupe de moudjahidin et échangea quelques mots avec eux. J'aperçus alors de nombreuses couvertures militaires kaki suspendues sur des cordes à linge. Comme il bruinait, je me dis qu'elles allaient être trempées. Puis je regardai de plus près : ces couvertures semblaient diviser la grande prairie en plusieurs parcelles, mais de la route, je ne pouvais pas voir ce qui se passait derrière. Deux autres véhicules arrivèrent et plusieurs hommes armés en descendirent, certains habillés à l'afghane, d'autres en tenue de camouflage. Parmi eux, je reconnus les fils du chef des moudjahidin, deux garçons de douze ou treize ans, ce qui me rassura. Il ne pouvait rien arriver de grave si des enfants étaient présents. Lorsque le vent souleva une des couvertures, je vis aussi des femmes en manteau noir.

— Aïcha, descends, va rejoindre les femmes et reste avec elles, c'est bien compris ? dit Omar. J'arrive tout de suite.

J'obéis, tandis que mon inquiétude grandissait. Pour une fois, j'aurais préféré attendre dans la voiture. Il régnait une atmosphère très particulière, y compris parmi les femmes. Elles étaient vingt ou trente à s'être regroupées sur le côté, toutes habillées en noir et voilées de la tête aux pieds, comme moi.

Certaines étaient accompagnées de jeunes enfants, d'autres portaient des bébés dans les bras. Je remarquai qu'aucune n'avait enlevé son voile, contrairement à d'habitude lorsque nous restions entre nous. Toutefois, j'en reconnus plusieurs à la façon dont elles se tenaient. Alors que je continuais à regarder autour de moi, Umu Haiman s'approcha. Nous nous étions déjà rencontrées car son mari, Abu Haiman, travaillait avec Omar. Bien qu'elle se fût toujours montrée gentille avec moi, je ne l'appréciais pas particulièrement. J'avais l'impression qu'elle répétait à son époux tout ce qu'on lui racontait.

— *Salam aleikoum*, Aïcha, chuchota-t-elle. Tu es venue, toi aussi ?

Elle semblait surprise. Je la saluai à mon tour, puis elle me présenta d'autres femmes. Comme d'habitude, elle mentionna non seulement leur nom mais aussi leur pays d'origine, mais elle parlait si bas et si vite que je ne retins rien, à part le fait que j'étais encore une fois la seule Européenne.

Soudain, des hommes firent irruption sur le côté, entre les couvertures, et commencèrent à nous distribuer des armes. Je reculai d'un pas afin de bien leur faire comprendre que je n'en voulais pas. Là, j'aperçus Omar du coin de l'œil. Posté à gauche, sur une petite butte, il filmait deux femmes : l'une saisit un pistolet, l'autre une kalachnikov. Je crus qu'un exercice de tir allait avoir lieu et remerciai Dieu qu'on ne m'ait pas tendu d'arme. Une des femmes donna son bébé à Umu Haiman pour s'emparer d'une mitraillette. Lorsque des ordres concis furent donnés en arabe et que les femmes s'avancèrent, arme au poing, je priai pour qu'Omar s'éloigne.

À gauche, un petit groupe se pressa vers la butte : à travers mon *niqab*, je vis deux moudjahidin qui tenaient, ou plutôt traînaient, un troisième homme qui avait une espèce de sac sur la tête et les mains attachées derrière le dos. Omar le filma en train d'être ligoté à l'arbre, à environ quarante pas de l'endroit où je me trouvais. Ensuite, l'un des moudjahidin se posta sur le côté, et l'autre débarrassa le prisonnier de sa cagoule avant de s'éloigner. Je le dévisageais. Il devait avoir entre trente et trente-cinq ans et ne semblait déjà ne plus faire partie de ce monde. J'entendis encore un ordre, puis les femmes le mirent en joue et des coups de feu retentirent. L'homme tomba à genoux. Encore un ordre. Les femmes s'élancèrent en courant et lui tirèrent une nouvelle fois dessus. On le détacha, puis elles s'approchèrent et continuèrent à faire feu dans ce corps sans vie. Quant à moi, je pris mes jambes à mon cou.

Une femme que je ne connaissais pas me barra la route et m'ordonna par gestes d'aller devant, de saisir une arme et de tirer. Une autre s'approcha et me tendit son pistolet. Je secouai la tête sans rien dire et leur tournai le dos.

Aucun mot ne peut décrire ce que je ressentis au cours de ces quelques minutes. Une peur étouffante, un dégoût inimaginable. De la haine, de la colère, mais aussi de la détresse. Et les coucher noir sur blanc suffit à m'anéantir.

Je voulus prendre la fuite, mais quelqu'un m'entraîna devant. Alors je vis que certaines femmes avaient soulevé leur *niqab* afin de pouvoir cracher sur le corps du prisonnier, tandis que d'autres le piétinaient en hurlant « *Sheitan !* », Satan. Elles jubilaient, elles criaient de joie, contentes d'avoir tué un homme, heureuses de l'avoir expédié en enfer.

Mais le pire était encore à venir. À ma droite, j'aperçus un grand nombre de moudjahidin armés. Il y avait au moins deux fois plus d'hommes que de femmes, et tous regardaient en direction du côté de la butte dissimulée jusque-là par les couvertures. Non loin de l'arbre où l'homme avait été abattu se trouvait un deuxième prisonnier ligoté à un poteau en bois. Un troisième était agenouillé à quelques pas de là, les mains attachées dans le dos.

Je les fixai du regard et priai pour qu'ils soient épargnés, même si je savais au fond qu'ils n'avaient pas la moindre chance. Il régnait un silence de mort, personne ne bougeait. Soudain, un cri: «*Allah Akbar!*», «Allah est grand!». Je fermai les yeux dans l'attente des coups de feu, puis les rouvris au bout de quelques secondes car je n'entendais rien. À côté du condamné, je reconnus le cheikh Abu Abdul Ahmed al-Masri, le chef des moudjahidin, entouré des deux adolescents que j'avais croisés sur le parking. Tout à coup, le prisonnier s'affaissa et quelque chose vola dans les airs: c'était sa tête. Le cheikh l'avait décapité d'un coup d'épée, ses deux fils aînés à ses côtés. Puis vint le tour du troisième homme, qui fut abattu mais avec un intervalle très long entre chaque balle, comme pour prolonger ses souffrances. Les moudjahidin lui tirèrent dessus les uns après les autres, et après chaque coup de feu, j'entendais les cris de joie des hommes et des femmes qui m'entouraient. Mais je ne les regardais pas. Pétrifiée, je ne voyais plus qu'Omar en train de filmer ces exécutions. Ce spectacle me dégoûta jusqu'à la nausée.

Ces images me hantent encore aujourd'hui. Une épée fend l'air, une tête s'envole, retombe brutalement par terre, parcourt quelques mètres en roulant et s'arrête, les yeux fixés sur moi. Puis les hommes se mettent à jouer au football avec et je me réveille en criant. Ou alors je revois le dernier prisonnier tressaillir chaque fois qu'on lui tire dans le bras ou dans la jambe. Il arrive aussi que je me retrouve face au premier homme que les femmes ont abattu. Lui aussi me fixe des yeux, mais son regard n'est pas lourd de reproches. Au contraire, il a une expression paisible, presque gentille, comme s'il savait qu'aucune autre issue n'était possible.

Mais, même lorsque je me réveille en nage après avoir fait ce genre de cauchemar, je ne me dis jamais que j'aurais dû m'emparer d'une arme et tirer autour de moi. Non pas parce que cela aurait été un acte de désespoir et que l'on m'aurait abattue à mon tour, mais parce que je ne suis pas une meurtrière et que je n'en serai jamais une. Toujours est-il que j'ai assisté à ces meurtres. À cause de mon mari, j'ai été témoin de ces atrocités et je fais le serment que ces événements ont eu lieu exactement comme je les ai décrits. Certes, les moudjahidin n'ont pas joué au football avec la tête du deuxième prisonnier et se sont contentés de piétiner le cadavre en signe de mépris, comme les femmes l'avaient fait avec le premier. Mais où est la différence ? Pour moi, ce ne sont pas des êtres humains, ce sont des monstres.

Après la troisième exécution, tout le monde se dispersa. Je tremblais comme une feuille tandis qu'Umu Haiman m'accompagnait jusque chez elle. Une fois à l'intérieur, je retirai mon voile.

— Aïcha, tu es toute pâle. Qu'est-ce qui t'arrive ? Tu veux un café ? me demanda Umu Mahmud, la mère de l'un des plus jeunes élèves de l'école coranique, qui m'avait aidée à confectionner des coussins pour la mosquée.

— Vous êtes toutes des criminelles, votre place est en prison ! Dieu vous punira ! Qu'est-ce qui vous a pris de tirer sur un être humain ? Tu es une meurtrière, et toi aussi, et toi aussi ! hurlai-je en allemand, en pointant du doigt les femmes qui m'entouraient. Vous et vos maris n'êtes qu'une bande d'assassins !

Elles me regardèrent, gênées, et se mirent à discuter entre elles. Puis Umu Jasmin, qui parlait un peu anglais, s'approcha de moi. Lorsqu'elle me toucha le bras, je la repoussai.

— Ne me touche pas, meurtrière ! criai-je cette fois en bosniaque.

— Tu ne comprends pas, Aïcha. Je vais t'expliquer ce qui s'est passé, ces hommes…

Umu Jasmin ne trouvait pas le mot en anglais mais, de toute façon, je refusai de l'écouter plus longtemps. Les femmes qui m'encerclaient me firent asseoir doucement par terre et m'apportèrent un verre d'eau.

— Il ne faut pas te mettre dans des états pareils, Aïcha. Ces trois prisonniers étaient des criminels. Regarde cette femme : elle se retrouve veuve à cause de ces porcs. Ces trois autres femmes ont elles aussi perdu leur mari, et leurs enfants devront grandir sans leur père. Tu ne trouves pas qu'elles ont eu raison de se venger ?

Umu Mahmud et Umu Jasmin essayèrent tour à tour de me convaincre, d'autres femmes s'immiscèrent dans la conversation, mais je n'écoutais plus personne. Une jeune femme arborait un sourire radieux, comme heureuse et fière d'avoir abattu quelqu'un. Les trois autres me regardaient, l'air de guetter mon approbation.

— Vous êtes toutes devenues folles, laissez-moi tranquille ! répétai-je en allemand. Je ne suis sûre que d'une chose : le jour où Allah vous jugera, je préfère ne pas être à votre place.

Je ne prononçai pas un mot durant tout le trajet du retour. Nous ramenions également deux veuves, Umu Tarik et Umu Eris, accompagnées de leurs enfants, qui avaient elles aussi fait feu sur le prisonnier serbe. Après les avoir escortés jusqu'à la porte de leur maison, je remontai en voiture et laissai libre cours à ma colère. Je me fichais que l'on me voie ou que l'on m'entende. Lorsque je m'en pris physiquement à Omar, il me gifla si violemment que ma tête heurta la portière de la voiture dans un fracas assourdissant. Furieux, il cria quelque chose en arabe et redémarra en trombe, tandis que je sanglotais.

— Rentre à l'intérieur, me dit-il devant chez nous. Et gare à toi si tu prononces un seul mot tant que nous sommes dehors.

À peine avait-il fermé la porte de l'appartement derrière nous que je me ruai sur lui tout en criant et en pleurant.

— Qu'est-ce qui t'a pris de m'emmener voir une exécution ? C'est ça que tu fais quand tu t'absentes ? Tu filmes des gens en train de se faire assassiner, à moins que tu ne les tues de tes propres mains ? Tu es un assassin ! Un assassin !

— Ferme-la, à la fin! hurla Omar en tentant de me maîtriser. Tu ne comprends absolument rien, tu es contre nous. Je t'ai fait confiance, et voilà que tu piques une crise d'hystérie. Maintenant, tais-toi et écoute-moi!

Mais comme aucun de nous n'avait l'intention de se calmer, Omar me prit à bras-le-corps et m'enferma à clé dans la chambre. Je hurlai et tambourinai contre la porte en vain. Alors, je me jetai sur le lit tout en continuant à pleurer. Quelques heures plus tard, Omar entra mais n'osa pas approcher, de peur que je m'en prenne de nouveau à lui.

— Aïcha, ils se sont rendus coupables de la mort de plusieurs de nos frères. C'est ma faute, j'aurais dû t'y préparer, ne pas te mettre devant le fait accompli. Les autres femmes en avaient été informées avant. Crois-moi, celles qui ont pu avoir une arme étaient heureuses de pouvoir venger leur mari. Quant aux autres, elles considéraient cette exécution comme une épreuve de courage.

— Et j'étais censée y participer aussi? m'exclamai-je en bondissant vers lui. Tu vas peut-être pouvoir m'expliquer dans quoi tu m'as impliquée, Omar? Je refuse d'être mêlée à tout ça et de vivre plus longtemps avec toi. Je veux qu'on divorce et que tu me ramènes en Allemagne sur-le-champ!

— Impossible, pas tant que tu es dans cet état-là. Tu dois d'abord retrouver tes esprits. Tu as raison, Aïcha, je te dois des explications. Est-ce que tu acceptes de m'écouter?

Je hochai la tête et me rassis sur le lit, encore tremblante de colère et de dégoût.

— Ces trois hommes auraient pu sauver leur peau, mais ils ont refusé. Tu sais, on ne les a pas exécutés comme ça, du jour au lendemain. On les a traduits en justice après plusieurs semaines de détention. À l'issue du procès, le juge les a reconnus coupables et a estimé qu'ils méritaient la peine de mort. Puis on leur a proposé de se convertir à l'islam. S'ils avaient accepté et prononcé la profession de foi musulmane : « Il n'y a d'autre Dieu que Dieu et Mahomet est Son prophète », ils seraient encore en vie. Mais ils ont préféré se rallier à Satan.

— C'est vous qui êtes du côté de Satan.

Sur ces mots, je me tournai vers le mur pour ne plus voir Omar. Au bout d'un moment, je l'entendis quitter la pièce et refermer la porte derrière lui, mais pas à clé cette fois-ci.

Je ne sortis pas de cette chambre pendant plusieurs jours. Entre deux sanglots, je réfléchissais à la façon dont je pourrais m'enfuir. Désormais, les clés de la voiture n'étaient plus accrochées au clou près de la porte, car Omar les gardait à présent dans sa poche. J'aurais tellement voulu que Djamila soit là : comme elle connaissait beaucoup de monde dans la région, elle aurait su où me cacher. Mais elle ne vint pas. J'ignorais si Omar le lui avait interdit, ou si elle n'était de toute façon pas en ville, car elle allait parfois voir de la famille dans un autre village. Quant à mon mari, je refusais de lui adresser la parole, à part pour lui répéter que je voulais rentrer en Allemagne.

— Ce sera chose faite une fois que tu te seras calmée, je t'en fais la promesse.

Voilà ce qu'il se contentait de répondre, avant d'aller dormir dans le salon.

Un matin, quatre ou cinq jours après les exécutions, je guettai son départ. Quand je l'entendis partir en voiture, j'attendis encore cinq minutes, habillée de mon manteau et de mon *niqab*. Puis j'ouvris la porte de l'appartement, vérifiai qu'il n'y avait personne dans la rue et descendis l'escalier. Le temps était au froid et à la bruine, mais cela m'était complètement égal. Je quittai Zenica à pied, sans un sou en poche, mais je n'osai pas me rendre chez Djamila, qui habitait tout près du point de ralliement des moudjahidin. Je pris la direction de Sarajevo et traversai le village suivant peu de temps après. Je ne regardais ni à droite ni à gauche, j'essayais de me fondre dans le paysage. Mais, après le troisième village, un véhicule s'arrêta à ma hauteur. Omar en descendit et se planta devant moi.

— Tu vas où comme ça, Aïcha ?

Sa voix tremblait de colère. Avant que je puisse dire ou faire quoi que ce soit, il me prit par le bras, me poussa vers la voiture, ouvrit la portière du côté passager et me jeta à l'intérieur. Je fondis en larmes.

— Tu mériterais une bonne correction, dit-il d'un ton glacial. Qu'est-ce que tu croyais, que tu allais marcher jusqu'à Sarajevo ? Que j'allais te laisser partir ? Tu es si bête, Aïcha. Tu venais à peine de sortir qu'on m'a prévenu par téléphone. Tout le monde t'a vue ! Tu n'as pas honte ?

Sans répondre, je me collai à la vitre afin d'être le plus loin possible de lui.

— C'est la première et la dernière fois que tu fais une chose pareille. Je te conduis immédiatement à Bocinja. Là-bas, tu seras sous bonne garde jusqu'à ce que tu redeviennes raisonnable.

Je connaissais déjà Bocinja, une vallée habitée uniquement par des moudjahidin et leurs familles.

Une fois là-bas, je ne parviendrais jamais à prendre la fuite. Quelques kilomètres plus loin, la voiture fit une embardée sur une route de montagne, dans un virage particulièrement serré. Désespérée, je profitai qu'Omar freinait pour ouvrir la portière et essayer de me jeter dans le vide. J'étais déjà à moitié sortie lorsque Omar me rattrapa par le bras.

— Ne fais pas ça, tu es folle ! s'écria-t-il.

D'une main, il me hissa dans la voiture, referma la portière puis parcourut encore quelques mètres avant de se garer sur le bas-côté. Alors il posa les coudes sur le volant, se prit la tête dans les mains, comme s'il s'apprêtait à pleurer ou à prier, et ne bougea plus d'un pouce. Je restai assise à sa droite, silencieuse, sous le choc, pétrifiée à l'idée d'avoir frôlé la mort.

— Écoute-moi bien, Aïcha, finit-il par dire en se tournant vers moi. Tu es ma femme, et je jure devant Dieu de ne jamais te faire de mal. Je veux faire ma vie avec toi. Et toi, tu me détestes au point de vouloir me quitter ainsi ?

— Tu viens de me sauver la vie, comment pourrais-je te détester ? répondis-je au bout d'un moment en choisissant mes mots avec le plus grand soin. Mais après ce qui s'est passé à Guca Gora, je ne sais pas si je peux continuer à vivre avec toi. J'aimerais rentrer en Allemagne pour réfléchir à notre avenir.

J'avais le visage ruisselant de larmes.

— Je t'en prie, Aïcha, ne pleure pas. Remercie plutôt Dieu d'avoir guidé ma main. C'est Lui qui t'a sauvée. Je te jure de te reconduire moi-même en Allemagne, si c'est ce que tu exiges de moi. Mais je voudrais d'abord que tu te calmes et que nous en rediscutions, d'accord ?

— Oui, répondis-je. Mais, s'il te plaît, ramène-moi à la maison. Je te promets de ne plus chercher à m'enfuir.

9

Mes sens s'étaient aiguisés depuis que je vivais voilée. Je reconnaissais les femmes qui portaient le *niqab* à leur démarche ou à leur port de tête. Quant aux hommes, je parvenais à les identifier grâce à leur voix, même lorsqu'ils se trouvaient dans la pièce d'à côté. Aussi, lorsque le téléphone sonna quelques jours plus tard en l'absence d'Omar, je décrochai et reconnus la voix d'Abu Mustapha. Je ne lui avais jamais adressé la parole, mais Omar l'avait déjà invité une fois à venir passer la soirée avec lui. Sa femme avait pris place à mes côtés avec le petit Mustapha, qu'elle allaitait encore.

— Est-ce qu'Abu Omar est là ? demanda Abu Mustapha en anglais.

Les moudjahidin appelaient mon mari Abu Omar al-Masri, ce qui signifiait « Omar l'Égyptien ».

— Non, répondis-je.

— Vous avez regardé la BBC aujourd'hui ?

Quelle drôle de question ! Certes, nous avions une télévision et même une antenne parabolique, mais Abu Mustapha aurait dû se douter que je n'avais pas l'autorisation de m'en servir. Seuls Omar et ses invités pouvaient s'installer devant et regarder les chaînes internationales. De plus, avant de sortir, mon mari la débranchait puis emportait le câble ou le cachait en lieu sûr. Ainsi, il savait que je ne profiterais pas de mon temps libre pour regarder la télévision, ce que je n'aurais certainement pas manqué de faire si j'en avais eu l'occasion.

Je répondis donc de nouveau par la négative.

— Et tu as des nouvelles du cheikh Abu Abdul Ahmed ? Il est toujours en vie ? demanda-t-il, angoissé.

Il parlait du chef des moudjahidin, l'homme qui avait décapité le prisonnier serbe.

— Je l'ai vu passer devant chez nous, hier, répondis-je, m'efforçant comme toujours de formuler des phrases aussi brèves que possible.

— Dès que ton mari sera de retour, dis-lui d'appeler Londres. C'est important.

À peine Abu Mustapha avait-il raccroché que je contactai Omar au siège de l'organisation. Au son de sa voix, je compris immédiatement qu'il s'était passé quelque chose.

— Ç'a été un vrai massacre, mais je ne peux pas t'en parler maintenant, se contenta-t-il de dire. À tout à l'heure.

Cinq moudjahidin qui roulaient sur une route départementale à bord d'une Jeep avaient été abattus dans une embuscade. Le cheikh était assis à l'avant, à côté du chauffeur, ses trois gardes du corps derrière lui. Lorsque la Jeep s'était approchée d'un poids lourd, la bâche de celui-ci s'était soulevée et des soldats cachés dessous avaient criblé la voiture de balles, tuant sur le coup le cheikh et ses accompagnateurs. Comme la Jeep appartenait officiellement à l'organisation humanitaire, Omar alla la chercher pour la ramener à Zenica. On dénombra en tout deux cent quatre-vingt-sept impacts de balles, et les sièges, imbibés du sang des cinq hommes, étaient devenus marron foncé. J'ai vu cette voiture, j'ai effleuré du doigt l'un des impacts. « La violence appelle la violence », pensai-je, tout en remerciant Dieu qu'Omar ne se fût pas trouvé dans cette voiture.

— Notre cheikh a été tué par des Croates, par des bandits qui croient que, privés de leader, nous quitterons le pays, m'expliqua Omar ce soir-là. Mais ils se trompent. Jamais nous n'abandonnerons les Bosniaques aux mains de ces infidèles. Jamais !

— Mais en temps de paix..., objectai-je.

— Le bout de papier qui a été signé à Dayton n'a pas la moindre valeur. Pourquoi les musulmans devraient partager le pouvoir avec d'autres ? Seule compte la volonté d'Allah, et s'Il appelle les croyants au djihad en Bosnie, nous devons Lui obéir. Ici, nous fonderons un véritable État islamique.

Comment Omar pouvait-il prétendre connaître la volonté de Dieu ? D'où lui venait cette certitude que Dieu réclamait le djihad ? Moi aussi je lisais le Coran ainsi que d'autres livres islamiques – de toute façon, je n'avais rien d'autre à faire –, mais j'en avais une interprétation tout à fait différente. J'apprenais par cœur des versets qui démontraient le contraire de ce qu'Omar prétendait. L'islam m'ouvrait à un Dieu de miséricorde, d'amour et de compassion, et non à un Dieu de haine, qui ordonnait aux hommes de s'entretuer et d'enfermer leurs épouses chez elles à double tour ! Mais le moment était mal choisi pour entamer un débat théologique.

— Un État islamique ? Mais le traité que le président Izetbegovic a signé stipule que des élections démocratiques auront lieu...

— Alija Izetbegovic est de notre côté, c'est notre frère. Je le connais, il n'acceptera jamais de diriger le pays aux côtés des Serbes et des Croates, et il ne contrecarrera jamais les souhaits des moudjahidin. Au contraire, en plus de nous faire don du village de Bocinja, il a demandé à son gouvernement de fournir des passeports bosniaques à nos frères et à nos sœurs venus de l'étranger. D'ailleurs, nous en avons un aussi.

— Pour quoi faire ? répliquai-je. Le mien me convient tout à fait. Et si tu crois que j'ai l'intention de demander la nationalité bosniaque…

— Pourquoi tu t'énerves comme ça ? Un passeport bosniaque, c'est bien pratique pour aller chez le médecin ou passer les barrages routiers.

Ces explications, pourtant limpides, me laissaient perplexe. Lorsque Omar me rapporta ce passeport bosniaque peu de temps après, je refusai de l'utiliser. Un jour, je fus contrôlée par la police alors que je conduisais un groupe de femmes à l'hôpital. Je montrai mes papiers allemands ainsi que l'attestation de l'AHB, et on me laissa passer immédiatement.

Je découvris bien plus tard ce qu'Omar trafiquait avec ces passeports. À l'automne 1997, il m'informa qu'il devait aller à Sarajevo demander un nouveau visa, car le sien n'était plus valable. Mais quand je voulus vérifier la date d'expiration du mien, impossible de mettre la main sur mon passeport.

— Tu as dû le perdre, ou alors on te l'a volé, me dit-il. Ne t'inquiète pas, tu t'en procureras un nouveau.

Je n'y pensai plus, et il me vint encore moins à l'esprit qu'Omar avait pu le subtiliser pour le donner à quelqu'un d'autre. J'ignorais tout de ses activités et je continuais à espérer qu'avec la paix, notre vie reprendrait son cours normal.

Lorsque Omar partait en déplacement deux, trois ou quatre jours de suite, il m'informait très rarement de sa destination. Une fois, il prétendit revenir du Koweït, une autre fois du Qatar. Une autre fois encore, il me passa le bonjour de la part d'un frère syrien que j'avais rencontré en Allemagne. À l'époque, ces voyages ne me paraissaient nullement suspects, car Omar voulait devenir journaliste et les déplacements faisaient partie du métier. Toutefois, comme la probabilité d'être contrôlé à la frontière augmentait à chaque nouveau tampon sur le passeport, mon mari déclara à l'ambassade allemande qu'il avait perdu ou qu'on lui avait volé le sien, ce qui lui permit d'en obtenir un parfaitement vierge. Il était essentiel que ses nombreux voyages dans les pays arabes passent inaperçus, puisqu'ils avaient pour but de préparer le djihad.

De leur côté, le président Alija Izetbegovic et son gouvernement attribuèrent un très grand nombre de visas bosniaques, si bien qu'après les attentats du 11 septembre on leur reprocha d'en avoir procuré un à Oussama ben Laden, alors qu'il était déjà recherché par Interpol. Parmi les moudjahidin de toutes nationalités qui vivaient en Bosnie, certains obtinrent des papiers flambant neufs qui leur permirent d'aller par exemple en Tchétchénie, où une autre guerre sainte faisait rage. Omar avait lui aussi un visa pour cette destination, mais j'gnore s'il s'y est finalement rendu. Le président Izetbegovic, décédé en 2003, est aujourd'hui considéré par les uns comme un chef d'État pacifiste et tolérant qui a œuvré en faveur d'une société multiculturelle, et comme un menteur et un hypocrite par les autres, qui l'accusent d'avoir soutenu en secret le djihad. Le fait est qu'il venait en aide aux moudjahidin dès qu'il le pouvait.

— Demain, nous irons à Split et nous y passerons la nuit, donc prépare le nécessaire, m'annonça Omar début décembre, peu après les obsèques du cheikh.

— Pour quoi faire ?

— Nous devons y conduire deux femmes et leurs enfants respectifs.

Mais il omit de préciser qu'il s'agissait d'Umu Eris et d'Umu Tarik, avec qui nous étions rentrés à Zenica le jour des exécutions.

Dès que je les aperçus, je me remémorai les scènes d'horreur dont j'avais été témoin. Et elles, que ressentaient-elles ? Portaient-elles toujours le deuil de leur mari ? Lorsqu'elles repensaient aux prisonniers qu'elles avaient exécutés, éprouvaient-elles des remords ou de l'indifférence ?

Umu Eris était égyptienne et Umu Tarik, algérienne. Alors qu'elles avaient accompagné leur mari en Bosnie, elles devaient à présent rentrer au pays, veuves. Elles prendraient l'avion de Split à Istanbul et s'envoleraient ensuite respectivement pour Le Caire et Alger. Ce détour avait pour seule utilité de brouiller les pistes. Une fois en Turquie, elles obtiendraient un nouveau passeport, afin que leur pays d'origine ne sache rien de ce séjour en Bosnie et ne fasse pas le rapprochement avec le djihad. Ce que j'ignorais à l'époque.

À Split, nous prîmes deux chambres d'hôtel, une pour les femmes et leurs enfants, l'autre pour Omar et moi. Umu Eris, dont le véritable prénom était Zaynab, avait quelques rudiments d'anglais. Umu Tarik, qui s'appelait Safiya et que j'aurais plus tard l'occasion de connaître un peu trop à mon goût, parlait quelques mots de bosniaque. L'avion de Zaynab décollait le lendemain matin et celui de Safiya, le surlendemain. Une musulmane n'ayant pas le droit de dormir seule à l'hôtel, je passai la deuxième nuit dans sa chambre et nous bavardâmes un peu. Safiya était folle de chagrin d'avoir perdu son mari.

— Comme mon mari est mort en martyr, Allah lui a ouvert les portes du paradis.

Elle me faisait de la peine, aussi essayai-je de la réconforter un peu. Mais si jeune et déjà veuve, seule avec son fils en Algérie, que pouvait-elle encore attendre de la vie ?

— Tu es si gentille avec moi, Aïcha. Je voudrais t'offrir quelque chose pour te remercier.

— Merci, Safiya, mais je ne veux rien. Rien du tout. Mais si tu tiens à faire quelque chose pour moi, alors prie, car ma vie n'est pas simple non plus. Je ne comprends pas comment mon mari peut travailler dans l'humanitaire tout en côtoyant des moudjahidin.

— Je vois que tu n'es pas heureuse et que tu as du mal à supporter tout ça, soupira Safiya. Je prierai pour toi, mais dis-toi que tu as toujours ton mari à tes côtés et que vous finirez peut-être par vous réconcilier. Le mien n'est plus, il ne me prendra plus jamais dans ses bras…

Le lendemain matin, Safiya me promit une dernière fois de prier pour moi et pour mon couple. Sur ce, je lui souhaitai bon voyage et ne pensai plus à elle pendant un an.

— Tu m'avais promis de me ramener en Allemagne. Quand allons-nous enfin nous mettre en route ? demandai-je à Omar après la prière du soir, alors que nous étions assis sur le canapé.

Nous étions en janvier 1996. Je n'avais pas tenté de fuir à nouveau, j'avais essayé de m'adapter autant que possible à ma nouvelle vie, mais je ne me sentais toujours pas sereine. Certes, Omar et moi parvenions encore à communiquer et je sentais qu'il m'aimait, mais j'avais l'impression qu'un fossé se creusait entre nous.

— Bientôt, me répondit-il tout en me regardant, préoccupé. Très bientôt. Tu es toujours aussi malheureuse avec moi, Aïcha ? Tu veux me quitter ?

Moi-même, je n'en savais rien. Je voulais réfléchir, être seule quelques jours, loin de ce pays qui n'était théoriquement plus en guerre, mais toujours aussi instable. Rien n'avait changé : on voyait des soldats partout, les incidents se multipliaient, on continuait à déplorer des morts et personne ne se sentait en sécurité.

Je voulais également prendre de la distance par rapport à cet homme aux multiples visages : je me serais séparée sur-le-champ du moudjahid Abu Omar, qui essayait de me dominer et qui s'était déjà montré violent, mais pas du mari qui me prenait la main dans la sienne en m'assurant que, bientôt, tout allait s'arranger. Et je tenais absolument à rester auprès de l'amant attentif qui me faisait tendrement l'amour, comme pour dissiper tous mes doutes.

Au catéchisme, le prêtre nous avait martelé que la sexualité était quelque chose de sale et que la procréation devait être le seul et unique but des rapports sexuels. Je me rendis compte à quel point le christianisme prohibait le plaisir lorsque je commençai à comparer avec l'islam. En effet, pour les musulmans, non seulement l'amour et la sexualité sont sacrés, mais l'acte sexuel est fait pour être apprécié, et si l'un des partenaires se sent frustré, il ou elle peut demander le divorce. Comme l'a dit le Prophète : « Quand deux êtres humains s'unissent lors de leur nuit de noces, Allah les lave de tous leurs péchés. » Quant à Omar, il parvenait facilement à me reconquérir avec de telles phrases : « Au ciel, une récompense nous attend pour chaque acte sexuel. » Ou encore : « Tu sais, Aïcha, les plaisirs terrestres sont un avant-goût du paradis. » Voilà pourquoi il me fallut des années pour réussir à le quitter. Je me disais que, si je perdais cet homme, je resterais seule jusqu'à la fin de mes jours et je n'aurais plus jamais le droit d'aimer, ce qui me terrifiait.

Une semaine plus tard, tôt le matin, Omar reçut un appel. Il parlait en arabe, mais je tendis l'oreille lorsque je surpris le mot « Lindau ». Après qu'il eut raccroché, je lui demandai si j'avais bien compris.

— Oui, répondit-il. C'est décidé, Aïcha : après-demain, nous partirons pour l'Allemagne, pour Lindau. Mais ne prends pas trop d'affaires car nous nous y rendrons en bus. Une voiture que quelqu'un a donnée à l'association nous attend là-bas.

— Une minute, tu as déjà oublié que je ne me contenterais pas d'un simple aller-retour ? Tu m'avais promis de me laisser du temps pour réfléchir.

— Et tu en auras, car tu seras hébergée par une famille musulmane qui te préparera une chambre d'amis. Tu y seras seule et tu pourras réfléchir en toute tranquillité à ton avenir.

— Et toi, qu'en penses-tu ?

— Tu le sais très bien. Je veux que tu restes à mes côtés, mais je respecterai ta décision.

— Oui, tu me l'as déjà dit. Mais qu'est-ce que tu feras pendant que je réfléchirai ?

— J'attendrai.

Omar ajouta qu'il avait quelques affaires à régler dans les environs, mais rien de bien important. Il avait lui aussi besoin de repos. Il dormit quasiment pendant tout le trajet. Parfois, sa tête tombait sur mon épaule. Comme avant chaque voyage, il s'était rasé de près. Il paraissait détendu, comme l'homme dont j'étais tombée amoureuse. Plus nous nous éloignions de la Bosnie, plus la perspective d'une séparation me semblait absurde.

De Munich, nous prîmes le train jusqu'à Lindau. Là, des amis d'Omar nous attendaient sur le quai de la gare. Les hommes s'embrassèrent chaleureusement. Tandis que je me tenais derrière eux, intégralement voilée, je vis une femme me cracher dessus. Omar et ses amis m'entourèrent pour me protéger.

— Que se passe-t-il ? demanda mon mari.

Le compagnon de cette femme essaya de l'éloigner, mais elle se débattit.

— Ne sois pas si lâche, fais quelque chose ! cria-t-elle d'une voix aiguë. Pourquoi personne ne dit jamais rien à ces étrangers qui se croient chez eux ? Ils viennent même avec leurs esclaves ! Non, mais regarde-moi cette femme !

— Vous êtes en train d'insulter mon épouse, répliqua Omar calmement. S'il vous plaît, arrêtez.

Les gens sur le quai nous regardaient à la dérobée. Certains restaient là, comme pour se mêler à la dispute.

— Allons-nous-en, chuchotai-je à Omar en lui touchant le bras. Cette femme délire, elle a trop bu.

— Et c'est ici que tu veux absolument vivre, me rétorqua-t-il en allemand. Mais tu vois comment on te traite ?

Lorsque la femme eut enfin tourné les talons, les amis d'Omar prirent nos bagages et nous les suivîmes jusqu'à la sortie, sous les regards tour à tour compatissants ou méprisants des badauds. Je ne me sentis en sécurité qu'une fois montée en voiture. Bien que la réaction de cette femme m'ait blessée au plus haut point, je pouvais concevoir qu'elle me perçoive comme une menace. J'avais moi-même l'impression d'être une étrangère dans cette ville charmante située au bord du lac de Constance. Cette agression verbale m'avait tellement bouleversée que je n'avais plus les idées claires. Tout en nettoyant mon manteau des crachats de cette femme, je me demandai ce qu'il me serait arrivé si les hommes n'avaient pas été là pour me protéger. Je ne pouvais pas vivre seule dans ce pays. Tant que je serais habillée de la sorte, on ne m'accepterait pas.

Je me retrouvai de nouveau au bord du gouffre. Je n'appelai personne, ni ma famille ni Gabi, qui n'habitait pourtant qu'à quelques kilomètres de là. Je m'en remettais entièrement à Omar et ne sortais de la chambre que pour aller dans la salle de bains. En fait, je n'attendais qu'une chose : qu'il me ramène à Zenica. Certes, j'avais toujours à l'esprit les terribles événements de Guca Gora, mais durant ce court séjour en Allemagne, je me sentais tellement perdue que je me cramponnais littéralement à Omar.

Au bout de trois ou quatre jours, je me forçai à sortir de la maison pour aller acheter des produits de première nécessité. Omar m'accompagna, comme je le lui avais demandé.

La nuit suivante, alors que je ne cessais de me retourner dans mon lit sans pouvoir trouver le sommeil, j'entendis des voix d'hommes étouffées en train de parler en arabe. Je ne les reconnus pas, à l'exception d'Omar et de notre hôte. Je ne compris pas un mot, mais je supposai qu'il s'agissait des hommes qui devaient nous apporter la nouvelle voiture. Lorsque Omar m'annonça le lendemain matin que nous pouvions rentrer, une Jeep blanche déjà chargée, avec le volant à droite, était garée devant la maison. D'après lui, ce don provenait de Grande-Bretagne.

Aucun de nous n'avait envie de parler. Je fermai les yeux et ne me réveillai que lorsque Omar s'arrêta sur un parking afin que j'enlève mon *niqab*. Comme nous approchions de la frontière, je ne devais garder que mon foulard.

Dix minutes plus tard, alors que nous nous trouvions toujours du côté allemand de la frontière, notre voiture fut soudain cernée par des policiers qui semblaient nous avoir attendus. Lorsque je vis une arme braquée sur moi, je poussai un cri.

— N'aie pas peur, Aïcha, chuchota Omar.

— Pas un geste ! hurlèrent les policiers. Sortez du véhicule !

Ils ouvrirent les deux portières en même temps et nous extirpèrent de la voiture. Tout se passa en quelques secondes, comme dans un film. On nous ordonna de lever les mains, avec interdiction d'échanger un seul mot, avant de nous séparer immédiatement. Mais quand je vis qu'on emmenait Omar, je me débattis.

— Lâchez-moi, je veux rester avec mon mari !

— Garde ton calme, Aïcha, tout va s'arranger, répondit Omar.

Alors qu'il disparaissait dans un bureau, on me poussa dans une autre pièce, puis dans un couloir qui menait à une petite salle où ne se trouvait qu'une policière. Sans m'expliquer pourquoi, celle-ci me dit de me déshabiller entièrement, bien que j'aie mes règles, puis enfila des gants en latex afin d'examiner tous mes orifices. Le tout sans que je puisse faire la moindre objection.

— Vous pouvez vous rhabiller, me dit-elle quand elle eut fini.

Dans sa grande bonté, elle m'autorisa à aller chercher une nouvelle serviette hygiénique dans la voiture. Après m'avoir photographiée et relevé mes empreintes, un autre policier finit par m'apprendre que la Jeep avait été volée. J'étais pétrifiée, au bord de l'évanouissement. Depuis que nous étions arrivés en Allemagne, je me sentais constamment oppressée, mais cette angoisse atteignit son paroxysme lorsque je me retrouvai dans ce poste de police. Je n'avais aucune idée de ce qu'il advenait d'Omar, et je craignais plus pour sa vie que pour la mienne. C'était épouvantable.

Pendant des heures, je suppliai les policiers qui m'interrogeaient de me laisser voir Omar.

— Je n'ai rien fait, je n'ai pas volé de voiture et mon mari non plus. Il a une attestation fournie par notre association. Il travaille pour l'AHB, l'Aide humanitaire pour la Bosnie. Il peut tout vous expliquer.

— Nous le soupçonnons non seulement de vol, mais aussi de trafic d'armes et de terrorisme, me répondit-on. Donc il vaudrait mieux que vous nous disiez la vérité, sinon vous tomberez pour complicité. Mais, dès que vous serez prête à coopérer, les choses rentreront dans l'ordre, pour vous en tout cas.

— Je coopère, puisque je réponds à toutes vos questions. Mon mari est membre d'une organisation humanitaire, c'est un musulman qui aide les Bosniaques. Point. Nous vivons là-bas depuis un an et demi, vous pouvez vérifier !

— D'où vient cette voiture ?

— Aucune idée, on nous en a fait don pour l'association. Si vous la fouillez, vous ne trouverez pas d'armes, mais du chocolat et des cadeaux pour les enfants, ainsi que des produits d'hygiène pour les femmes, rien d'autre.

— Ce véhicule a été volé à Londres. Où votre mari a-t-il passé la journée d'hier ?

— Il était avec moi. Hier après-midi, nous sommes allés ensemble au supermarché. Nous avons gardé le ticket de caisse avec la date dessus. Vous pouvez me croire, il était avec moi, car je n'aurais jamais pu transporter ces courses toute seule.

On me posait sans arrêt les mêmes questions, auxquelles je donnais sans arrêt les mêmes réponses. On m'interrogea également sur les personnes qui nous avaient hébergés. Je dis la vérité, à savoir que je les avais juste entraperçues, puisque j'avais passé le plus clair de mon temps dans ma chambre, et que je ne connaissais même pas leur adresse. Je ne mentis pas une seule fois. Quand les policiers m'apportèrent du café et un morceau de pain, je refusai d'avaler quoi que ce soit et demandai des nouvelles d'Omar.

— Qu'avez-vous fait de lui ? Je veux le voir pour m'assurer qu'il va bien. Je vous en prie, amenez-moi auprès de lui, suppliai-je en vain.

Finalement, on m'enferma dans une sorte de cellule pourvue d'une minuscule fenêtre grillagée. Je priai Dieu pour qu'Il nous vienne en aide, puis m'allongeai sur une couchette étroite et m'endormis en pleurant, comme une enfant.

Le lendemain, j'étais réveillée depuis longtemps lorsqu'un policier vint m'ouvrir.

— Vous pouvez y aller, votre mari vous attend dehors.

Un instant plus tard, je sortis à l'air libre et clignai les yeux à cause de la lumière du soleil. Omar souriait et semblait sain et sauf, mais exténué. Je me jetai dans ses bras, soulagée.

— *Alhamdulillah*, Aïcha, s'écria-t-il gaiement. Tu vois, Dieu nous a libérés. Tout est arrangé, nous allons repartir en taxi.

Bien entendu, la police avait confisqué la voiture pour la rendre à son propriétaire, mais aucune charge ne fut retenue contre nous. On n'avait rien trouvé de suspect à l'intérieur, seulement nos effets personnels et les courses de la veille. Omar et moi avions fourni les mêmes réponses aux mêmes questions, sans nous consulter auparavant.

— Ils ne pouvaient pas prouver que j'avais volé cette voiture, puisque j'étais avec toi hier. Ton témoignage m'a tiré d'affaire et je t'en remercie, murmura-t-il alors que notre taxi démarrait.

Encore sous le choc, je ne pus dire un mot et me contentai de regarder par la vitre du taxi.

10

Une question me brûla les lèvres durant tout le trajet de la frontière autrichienne jusqu'à Zenica, mais je dus me retenir de la poser car nous n'étions jamais seuls. Nous prîmes tout d'abord le taxi, puis le bus, et enfin un moudjahid nous ramena chez nous en Jeep. J'entrai vite dans l'appartement, attendis avec impatience qu'Omar pose nos bagages par terre, puis me lançai :

— Tu savais que c'était une voiture volée ?

Je m'étais préparée à une longue conversation. L'arrestation et la nuit passée en cellule semblaient avoir durement éprouvé mon mari. Il était resté muet durant tout le voyage, ne murmurant que par intermittence, comme s'il priait. À la frontière bosniaque, il s'était soudain tourné vers moi.

— On ferait peut-être mieux de rentrer en Allemagne, m'avait-il dit, avant de se murer dans le silence.

Étant moi-même très préoccupée, je ne pouvais me réjouir de ce revirement. Était-ce possible ? Nous laisserait-on rentrer de nouveau dans ce pays ? Les policiers allemands qui nous avaient arrêtés continuaient à nous suspecter, comme l'un d'eux me l'avait clairement fait comprendre. Comment réagiraient mon père, mon frère et mes sœurs en apprenant que j'étais désormais fichée comme criminelle ?

Je réitérai ma question.

— Nous en discuterons plus tard, Aïcha, il faut que j'aille à la mosquée, se contenta de répondre Omar avant de se diriger vers la porte.

— Attends une seconde, je veux qu'on parle ! objectai-je. Tu rentreras vers quelle heure ?

— Dans la soirée.

C'était l'heure de la prière. J'espérais qu'Omar reviendrait tout de suite après et qu'il répondrait enfin à ma question. Comme l'attente me rendait nerveuse, je fis un peu de rangement et ne manquais pas d'aller à la fenêtre dès que j'entendais un bruit de moteur. Plusieurs heures après, Abu Musa, un leader des moudjahidin qui jouissait d'un respect tout particulier, ramena Omar à la maison. Je compris que mon mari lui avait demandé conseil, et je remarquai au premier coup d'œil qu'il n'était plus aussi abattu. Cette fois-ci, je commençai par lui demander s'il désirait une tasse de thé.

— Non, merci. J'en ai déjà bu tout à l'heure.

— Et, maintenant, tu peux me dire si tu savais pour la voiture ?

— Aïcha, on estime à 20 % la proportion de voitures volées qui circulent dans les Balkans. Ça change quoi, que je l'aie su ou pas ? Nous n'avons pas eu de chance, voilà tout. C'est Allah qui a voulu mettre notre foi à l'épreuve.

— Eh bien, pour moi, ça change tout ! Je n'ai jamais volé, et je veux pouvoir en dire autant de mon mari. Réponds-moi, tu le savais, oui ou non ?

Mais Omar secoua la tête et changea de sujet.

— Nous allons vivre à Bocinja. Abu Musa et moi y avons choisi une belle maison qui va te plaire.

Avant la guerre, Bocinja était principalement habité par des Serbes de Bosnie. Cette localité située entre Maglaj et Zavidovici s'étendait sur huit à dix kilomètres. Les moudjahidin s'étaient installés dans les maisons restées vides depuis la fuite des Serbes – ou leur expulsion.

Je pensai à Umu Mahmud, à sa datcha isolée en bordure de forêt. Par la fenêtre, on voyait des arbres à perte de vue. Derrière, une pente raide ponctuée d'arbres et de buissons. Devant, un petit jardin et une prairie. Lorsque je lui avais demandé si elle ne s'y sentait pas un peu seule, elle m'avait montré ses enfants.

— Ils sont toujours là pour me tenir compagnie en l'absence de mon mari, m'avait-elle répondu.

Mais, moi, je n'avais pas d'enfants. J'approchais de la quarantaine et tous les mois j'espérais être enfin enceinte, en vain.

— Je refuse d'aller à Bocinja après m'être donné tant de mal pour m'habituer à Zenica, protestai-je. Tu ne peux pas exiger ça de moi. Dans le bus, tu as évoqué la possibilité de rentrer en Allemagne, alors qu'en est-il ?

— Il n'en est rien, tu as sûrement mal entendu. À Bocinja, nous aurons une maison pour nous tout seuls et même un jardin où tu pourras planter ce que tu voudras.

— Le village est beaucoup trop isolé à mon goût. Ici, je vois du monde, au moins !

— La plupart de nos frères et de nos sœurs vivent là-bas, et d'autres ont également l'intention de s'y installer. Tu ne seras pas seule et nous nous verrons plus souvent, puisque j'aménagerai un bureau dans notre maison.

Omar m'énuméra les noms de nos futurs voisins, tous des moudjahidin et leurs épouses voilées de noir. Certes, je connaissais la plupart d'entre elles de vue, mais je ne les considérais pas comme des amies.

— Ma seule amie dans ce pays, c'est Djamila et tu lui as interdit de remettre les pieds ici !

— Tu avais perdu la tête. Dans ton état, tu aurais pu lui raconter des choses qui ne la concernaient pas !

— Ça veut dire qu'elle peut revenir ?

— Oui, tant que nous vivons ici et que nous avons assez d'argent.

— Et pour Bocinja ? Je n'ai aucune envie d'aller habiter là-bas.

— Aïcha, ça suffit. J'en ai décidé ainsi et tu viendras avec moi. Nous y irons ce week-end et nous ferons le point sur ce dont tu auras besoin pour aménager la maison.

— À propos, à qui l'as-tu achetée ? demandai-je, méfiante. Tu as un acte de vente qui prouve qu'elle t'appartient vraiment, ou tu l'as volée, comme la voiture ? Et qu'est-ce qui me dit que vous n'avez pas tué ces pauvres gens ?

— Ce village a été déserté par ses habitants et Alija Izetbegovic nous a donné la permission de nous y installer. C'est assez légal à ton goût ? Et ne recommence pas avec cette histoire de voiture !

Je ne pouvais pas fuir la vérité plus longtemps : l'homme que j'avais épousé neuf ans auparavant n'avait ni volé ni tué, mais il fréquentait des criminels et m'impliquait dans de sombres histoires. Si on l'arrêtait, je tomberais pour complicité. Mon seul espoir, c'était qu'il finisse par prendre ses distances avec le djihad. Il s'était déjà tellement métamorphosé que je finirais peut-être par provoquer un autre changement, cette fois-ci positif.

Au début, je ne passai que les week-ends dans notre maison de Bocinja, car Omar m'avait autorisée à garder l'appartement de Zenica. Mais ce que j'interprétais comme une concession de sa part se révéla n'être en fait qu'une tactique. En effet, le bureau de l'association se trouvait en ville et les moudjahidin avaient plus que jamais besoin de cette couverture, comme je ne le compris que bien plus tard. Depuis la fin de la guerre, la communauté internationale réclamait le départ des moudjahidin étrangers, mais ces derniers n'avaient aucunement l'intention de quitter le pays. Au contraire, ils comptaient y établir une base islamique. Bocinja, une enclave réservée aux moudjahidin et à leurs familles, était la première étape. Plus loin dans la vallée, des hommes étaient formés au combat dans des camps d'entraînement. De là devait se propager un islam radical, que les guerriers de Dieu voulaient imposer au reste du monde. Le village obéissait aux lois de la *charia*, ce qui, pour les femmes, signifiait un retour à un obscurantisme digne du Moyen Âge.

À Zenica, je ne pouvais franchir le seuil de la porte sans être voilée de la tête aux pieds, mais j'avais encore le droit d'aller rendre visite aux voisins et de faire les courses moi-même. Avec Djamila, je me rendais régulièrement au marché où je croisais des femmes qui n'étaient pas liées aux moudjahidin, qui se réjouissaient de la paix et qui fêtaient le moindre retour à la normale. Fumer une cigarette, se laver au savon, entendre une nouvelle chanson à la radio, acheter des sous-vêtements pour leurs enfants, un paquet de café ou un flacon de shampoing, ces choses toutes simples qui suffisaient à leur bonheur étaient considérées à Bocinja comme les manifestations d'un luxe superficiel, voire pernicieux.

Le village était gardé par des guerriers de Dieu lourdement armés qui patrouillaient jour et nuit. Ils arrêtaient tous les véhicules inconnus à l'endroit où la route bifurquait pour mener à Bocinja. De plus, impossible de bouger le petit doigt sans être observé. Quand j'allais rendre visite à ma voisine, cette grande bavarde d'Umu Islam, j'avais constamment l'impression d'être surveillée. Et lorsque j'enfreignais le règlement, ce qui arrivait fréquemment, Omar en était aussitôt informé.

— Aïcha, on t'a vue sortir sur la terrasse ce matin, me reprocha-t-il l'après-midi même.

— Oui, j'ai bien le droit d'y étendre mon linge, répliquai-je.

Apparemment, j'étais sortie avec un accoutrement indécent. En effet, je n'avais pas cru nécessaire de revêtir mon manteau et mon *niqab* pour aller sur cette terrasse qu'on ne pouvait d'ailleurs pas voir de la rue, mais uniquement d'une datcha légèrement surélevée.

— Pour apercevoir quelque chose, il faut vraiment le vouloir, me défendis-je. J'y ai passé tout au plus cinq minutes. Et comme c'était l'heure de la prière, les hommes étaient tous à la mosquée, non ?

— Ne me parle pas sur ce ton, Aïcha. Tu ne sortiras plus sur cette terrasse sans être voilée, et pareil pour le jardin, conclut Omar.

Même par beau temps, je n'avais pas le droit de soulever mon voile pour sentir le soleil sur mon visage, à cause des soldats qui patrouillaient entre les arbres.

Un samedi, je m'ennuyais tellement que je décidai de rendre visite à Umu Mahmud, qui vivait de l'autre côté de la vallée. Les clés de la voiture à la main, j'allai voir Omar, qui jardinait, et lui demandai sa permission.

— Attends, je vais t'y emmener moi-même, dit-il. Je n'aime pas trop que tu conduises ici, c'est mal vu. Donne-moi les clés.

— Je ne reste pas une seconde de plus ici si je n'ai plus le droit de prendre la voiture ! m'exclamai-je, furieuse. En cas de problème, il faut que je puisse aller chercher de l'aide. Toi et ta bande de voyous êtes bien trop occupés à jouer à la guerre…

Omar ne supportait pas que j'emploie ce genre d'expressions et je le savais, mais cette fois-ci cela m'avait vraiment échappé. Comme le dialogue était rompu, je rentrai à la maison. Le soir, lorsqu'il me réclama de nouveau les clés de voiture, je me montrai plus diplomate.

— Umu Samira, qui habite un peu plus haut, ne va pas bien. Elle en est à un stade avancé de sa grossesse et, d'après sa gynécologue, l'accouchement sera difficile. Elle n'aura qu'à m'appeler de sa terrasse pour que je la conduise à l'hôpital de Zenica. Tu vois bien que j'ai besoin de la voiture, à moins que tu ne préfères que le bébé meure.

— Si Dieu veut qu'elle et son enfant vivent, Il y veillera, répliqua Omar, impassible.

— Oui, mais le Coran dit aussi qu'on doit aider son prochain. Demande donc à l'imam.

J'obtins finalement gain de cause et pus continuer à conduire, mais pas autant que je le souhaitais. Vêtue de mon *niqab*, j'emmenais les femmes enceintes passer des échographies à l'hôpital de Zavidovici, Maglaj ou Zenica. Sur le chemin du retour, je nous accordais une petite pause dans un supermarché, mais à condition d'être accompagnée de femmes de confiance. En effet, ces petites escapades n'étaient pas du goût de certaines qui, aussi bornées que leur mari, croyaient que cela leur vaudrait d'être expédiées en enfer.

Mais, naturellement, Omar finit tout de même par l'apprendre.

— Tu es une vraie rebelle, me dit-il alors.

Je pris cela pour un compliment, car c'était la preuve que je ne baissais pas les bras.

— Je suis désolée, murmurai-je pour la forme.

— Qu'est-ce qui m'a pris d'épouser une femme aussi désobéissante ?

Cependant, il n'était pas vraiment en colère et m'attira vers lui.

— Viens là, Aïcha. Montre-moi ce que tu as acheté avec notre argent.

À Bocinja, nous habitions dans une maison vraiment très spacieuse, dont l'ancien propriétaire serbe avait dû appartenir à la classe aisée. Quand on venait de Zenica, on voyait en premier la mosquée et le cabinet de la gynécologue, ouvert un jour par semaine. Il y avait également une station-service désaffectée et un ancien bureau de poste reconverti en épicerie. À notre arrivée, le téléphone ne fonctionnait pas du tout, puis nous pûmes appeler à l'intérieur du village, évidemment pas pour bavarder un peu comme on le faisait en Europe, mais seulement en cas d'urgence. À côté de chez nous se trouvaient deux autres maisons occupées par Umu Haiman, Umu Islam et leurs familles. Quant à Umu Samira, elle vivait dans une résidence secondaire située un peu plus haut.

Au rez-de-chaussée, nous avions une vaste cuisine, un petit salon, une chambre, une grande salle de bains et des toilettes. Le tout datait des années 1980 mais était encore en bon état. Au premier étage se trouvaient une petite pièce tout le temps fermée à clé, ainsi qu'une chambre d'amis et notre chambre à coucher. Enfin, Omar avait aménagé son bureau sous les toits, dans une grande pièce aux fenêtres masquées par des volets roulants. Avant de s'absenter, il ne manquait jamais de fermer la porte à double tour et de poser la clé toujours au même endroit, en haut de l'armoire située dans le couloir.

Omar y avait installé un véritable studio de télévision avec une table de montage et plusieurs magnétoscopes. Très fier, il m'avait expliqué l'utilisation de tous ces appareils. La plupart du temps, je voyais les films de mon mari lors de la phase de montage. Il me demandait parfois conseil, comme ce fut le cas quelques semaines après notre emménagement, alors qu'il travaillait sur un film traitant des fosses communes. On voyait des cadavres en décomposition sur le bord d'une route, puis une Bosniaque en pleurs, entourée de ses enfants.

— Comment tu trouves le début ? me demanda Omar.

— Ces images sont insoutenables mais, à ta place, je les ferais durer plus longtemps. Je mettrais également l'accent sur votre école. Je pense que ça incitera plus les gens à donner que des scènes d'exercices militaires.

Omar réalisait également des reportages qui parlaient de la vie et de la mort des « martyrs », comme les moudjahidin appelaient ceux tombés pour le djihad. Leurs photos étaient accompagnées d'extraits du Coran et de textes en arabe qu'Omar me traduisait. Mais, dès que j'en avais l'occasion, je le poussais à évoquer davantage le travail de l'association.

Je n'avais pas le droit de pénétrer dans cette pièce en son absence, mais je passais outre à cette interdiction. Le plus souvent, je me contentais de jeter un rapide coup d'œil à l'intérieur tout en prenant garde à ne pas laisser de traces de mon passage. Un jour, tandis qu'Omar assistait à la prière du vendredi, je trouvai sur son bureau des photos de moudjahidin tués au combat, toutes prises en gros plan. Il y avait des hommes de tous les âges, y compris de très jeunes. Certains étaient amaigris, comme morts d'épuisement, d'autres semblaient paisibles, presque sereins car, d'après Omar, ils avaient enfin rencontré Dieu. Je regardai longuement ces portraits, sans pouvoir détacher mon regard d'une photo en particulier, celle d'un jeune moudjahid à l'expression innocente. Avait-il eu le temps de connaître l'amour avant de mourir ? Croyait-il vraiment que soixante-douze vierges l'attendaient au paradis d'Allah ?

À la fin de l'année 1996, Omar vint me chercher à Zenica pour me ramener à Bocinja. Nous ne nous étions pas vus depuis plusieurs jours et je comptais profiter de ce week-end pour faire le point avec lui sur notre avenir et sur un éventuel retour en Allemagne.

La guerre était finie depuis un an déjà, et je ne voyais pas pourquoi nous devions rester plus longtemps en Bosnie. De plus, je m'imaginais qu'il renoncerait un jour au djihad, à condition que je parvienne à le soustraire à l'influence de ses frères moudjahidin. Je refusais toujours d'admettre que mon mari avait choisi cette vie-là de son propre chef.

— Qu'allons-nous devenir, Omar ? lui demandai-je après le dîner, alors que nous étions confortablement installés sur le canapé. Pas aujourd'hui, pas demain, mais dans les prochains mois ? Cela fait déjà deux ans que nous sommes ici et je m'inquiète parfois à propos de notre avenir. D'accord, tu élèves des poules et des lapins, mais à long terme…

— Dieu veillera sur nous et si telle est Sa volonté, je me lancerai bientôt dans une nouvelle entreprise, répondit-il.

J'étais extrêmement surprise qu'il semble lui aussi se soucier de notre avenir.

— Ah bon ? Quel genre d'entreprise ?

— Il est encore trop tôt pour en parler. Je dois encore m'entretenir avec mes donateurs. Mais n'aie pas peur, Aïcha, tu ne manqueras de rien. Dieu y veillera.

— Justement, nous n'allons pas tarder à manquer de tout, rétorquai-je. L'argent que tu m'as donné la dernière fois a été dépensé depuis belle lurette, et c'est tout juste si j'ai pu payer Djamila. Nous n'avons presque plus de provisions, et tu dis toi-même que le montant des dons ne cesse de baisser. Cette nouvelle entreprise serait basée en Allemagne ?

— Qu'est-ce qui te fait croire que j'ai envie de rentrer là-bas ? Tu as déjà oublié l'accueil qu'on nous a réservé la dernière fois ?

— D'après toi, ce n'était qu'une épreuve divine imposée par Allah. Je ne tiens pas plus que ça à vivre en Allemagne, mais il se trouve que ma famille est là-bas et qu'elle me manque.

— Je suis triste de te voir ainsi, répondit Omar, pensif. J'espérais que tu deviendrais amie avec les femmes de Bocinja et que tu serais heureuse avec moi, mais ce n'est apparemment pas le cas. Toutefois, si tu penses que ton bonheur est en Allemagne, alors tu devras y retourner seule. Moi, de toute façon, je resterai ici. Combien de temps encore, je ne peux pas te dire. Je vais là où Dieu m'appelle, que ce soit en Allemagne ou ailleurs.

— Mais je veux qu'on continue à vivre ensemble ! Cela compte plus pour moi que tout le reste.

— Alors reste avec moi, Aïcha. C'est exactement ce que je souhaite, dit-il en me prenant dans ses bras.

Dans ces moments-là, j'aimais mon mari plus que tout et je fermais les yeux sur les choses qui me déplaisaient.

Cet hiver-là, il n'y eut presque plus de dons. Avec l'accord d'Omar et l'aide de Djamila, je commençai donc à vendre les bijoux en or que mon mari m'avait offerts en Égypte. Mes bagues, mes colliers et mes bracelets se retrouvèrent ainsi les uns après les autres sur le marché noir de Zenica.

— Prends aussi ma chaîne, proposa un jour Omar. Elle ne me sert à rien, étant donné que les hommes n'ont pas le droit de porter de bijoux. Et veille à en tirer un bon prix.

Grâce à l'argent de cette vente, j'achetai à manger tout d'abord pour les familles que j'aidais, pour Djamila et pour nos voisins, puis pour nous. Mais, très vite, nous nous retrouvâmes de nouveau à court. En 1997, Omar quitta l'association qui, de toute façon, renonçait à ses activités les unes après les autres, et, à ma grande tristesse, je dus abandonner l'appartement de Zenica, alors que je m'y sentais enfin chez moi. Certes, je n'avais pas de vrais amis dans cette ville à part Djamila, mais beaucoup de gens me connaissaient de vue, me disaient bonjour et me demandaient comment j'allais. De plus, je discutais désormais sans problème en bosniaque avec les autres femmes.

— Nous n'avons plus les moyens de garder ce logement, expliquai-je à Djamila le jour du déménagement.

Celle-ci se tenait devant moi, comme frappée par la foudre. Elle ne pouvait se résoudre à me laisser partir.

— Nous avons la maison à Bocinja, et comme Omar compte travailler un jour à Sarajevo, il veut y louer un appartement.

— Ne va pas à Sarajevo, ce n'est pas une ville pour toi, répondit Djamila. Tu ne connais personne là-bas, et en plus les gens n'aiment ni les moudjahidin ni les femmes habillées en *niqab*. Dès qu'ils te verront, ils comprendront que tu fais partie de leur groupe.

Elle désigna d'un geste méprisant les frères qui chargeaient nos effets personnels dans la voiture.

— Reste ici. Chez moi, on est un peu à l'étroit, mais il y aura toujours assez de place pour toi.

Nous ne pûmes nous empêcher d'éclater de rire. Son appartement était déjà bien trop petit pour les quatre personnes qui y habitaient ! Nous nous serrâmes dans les bras l'une l'autre, puis Djamila fondit en larmes.

— Arrête de pleurer, nous nous reverrons bientôt. Il te suffit de prendre le bus pour venir me rendre visite à Bocinja. De toute façon, je compte sur toi pour m'aider à entretenir la maison et le jardin.

— Si Dieu le veut, je viendrai dès que tu me feras signe, même demain s'il le faut. Personne sur cette Terre ne pourra m'en empêcher. Mais comment j'irai à Sarajevo ?

— Pour l'instant, je suis toujours à Bocinja, et rien n'est encore sûr concernant le travail d'Omar.

Je jetai un dernier coup d'œil à l'appartement presque vide. Puis, comme Omar m'appelait, je laissai retomber mon *niqab* devant mon visage et descendis l'escalier. Devant la maison se tenaient plusieurs femmes venues me dire au revoir avec leurs enfants, ainsi que la grand-mère d'en face, son mari et quelques voisins. Je pleurais à chaudes larmes sous mon voile.

— Reviens vite à Zenica, ma fille. Notre maison est aussi la tienne, me dit la grand-mère tandis que son mari secouait tristement la tête.

Omar était pressé de partir, mais une dernière femme accourut.

— Sans toi, mon époux ne serait plus de ce monde. Qu'allons-nous devenir ? gémit-elle. Je t'en prie, Aïcha, dis-nous que tu reviendras. Nous avons tellement besoin de toi.

Elle était mariée à un diabétique qui s'était retrouvé à court d'insuline pendant la guerre, à cause de l'embargo. J'avais réussi à m'en procurer par l'intermédiaire de Gabi, et le jour où je la lui avais apportée, cette femme avait failli me baiser les pieds en signe de reconnaissance.

Je montai en voiture. Quelques mètres plus loin, deux femmes sur le bord de la route me crièrent: «Au revoir, Aïcha, que Dieu te protège! Et rends-nous visite très bientôt!»

— Ces gens t'aiment tant, fit Omar. Qu'est-ce que tu as fait pour qu'ils t'apprécient à ce point?

Il était à la fois admiratif et jaloux de l'affection que l'on me témoignait. En effet, personne ne lui avait dit au revoir aussi chaleureusement, pas même notre propriétaire. Il trouvait également suspect que j'aie été en contact avec autant de monde et devinait qu'en son absence, j'avais pris de petites libertés avec le règlement. Cela serait-il possible au village des moudjahidin? J'y réfléchis en silence durant tout le trajet et repensai à Djamila, qui m'avait fait part d'une solution toute trouvée: «Si tu ne te plais pas à Bocinja, tu fiches le camp, tout simplement, et tu rentres en Allemagne. Tu as aussi des amis là-bas, n'est-ce pas?»

11

Je déprimais de plus en plus à Bocinja. Bien qu'Omar et moi vivions à nouveau sous le même toit, nous ne cessions, Omar et moi, de nous éloigner l'un de l'autre. Il travaillait dans son studio et recevait des invités que je n'avais pas le droit de voir et dont il me confiait les épouses en attendant, comme on laisse des paquets encombrants dans une consigne. Omar faisait de même avec moi lorsque nous étions invités chez quelqu'un. Le fait que nous, les femmes, soyons d'accord ou pas n'y changeait rien. On ne nous posait même pas la question, car seule comptait la volonté de l'homme. Je préparais le thé pour les invités, et nous surveillions les enfants tout en échangeant des banalités, du moins quand la barrière de la langue ne l'empêchait pas. Bon nombre de ces femmes, venant de l'étranger, ne parlaient pas le bosniaque, et pour ma part je ne comprenais pas l'arabe. Je revêtais instinctivement le masque de la parfaite maîtresse de maison dès que l'une d'entre elles frappait à ma porte, mais personne ne savait ce qui se cachait derrière.

En effet, lorsque je me retrouvais seule, j'avais l'impression de tomber dans un puits sans fond tout en étant la spectatrice de ma propre chute. Je passais des heures assise sur une chaise à me dire que cette situation ne pouvait pas durer plus longtemps et que je devais sortir de cette dépression, mais sans parvenir à prendre les choses en main. Un enfant m'aurait sauvée. Pourquoi Dieu refusait-Il de nous faire ce cadeau ? Pourquoi me privait-Il de ce bonheur ? Parfois, je souffrais même physiquement de voir les enfants des autres femmes jouer autour de moi. Omar me réconfortait et tentait de chasser ces idées noires, mais plus le temps passait, plus mon espoir de tomber un jour enceinte s'amenuisait. Et lorsqu'il finit par disparaître tout à fait, je me sentis encore plus inutile et désespérée. Je ne souhaitais plus qu'une chose, en finir. J'avais besoin d'aide de toute urgence.

Un jour, Omar alla chercher plusieurs hommes à l'aéroport de Split. Alors que je l'attendais sur le parking, comme toujours, j'entendis quelqu'un parler allemand. On aurait dit mon frère ! Je me retournai et vis cette personne charger sa valise dans le coffre de sa voiture. Je bougeai le rétroviseur afin de pouvoir l'observer en toute discrétion. Non seulement cet homme parlait comme Karl, mais il lui ressemblait aussi beaucoup : il faisait à peu près la même taille, il avait les cheveux bruns et légèrement ondulés et le même accent du sud de l'Allemagne, ce qui m'émut aux larmes. Quelques instants plus tard, Omar revint avec deux hommes qui montèrent à l'arrière. Quand je remis le rétroviseur en place, je vis l'un d'eux ouvrir sa chemise parce qu'il souffrait de la chaleur. Il avait plusieurs liasses de billets collées à la poitrine avec du ruban adhésif et je compris qu'il avait fait passer cet argent en cachette à la douane.

— D'où venaient ces deux hommes ? demandai-je à Omar le soir venu.

— D'Istanbul.

— Pourtant, ils ne sont pas turcs. Ils sont originaires de quel pays ?

— Ça t'intéresse à ce point ? répondit-il en me jetant un regard méfiant.

— Je m'intéresse surtout à l'argent que l'un d'eux avait dissimulé sous sa chemise. Je l'ai surpris dans le rétroviseur sans le vouloir. Tu sais si on en touchera une partie ? Je n'ai même plus de quoi acheter un sac de pommes de terre.

— Ce sont des dons en provenance d'Arabie Saoudite. Là-bas, beaucoup de personnes fortunées soutiennent le djihad. Je te rapporterai des pommes de terre demain.

— Je voudrais aussi du sucre, de la farine, du café, de la lessive…

J'énumérai tout ce qui me passait par la tête, tout en pensant à autre chose.

— Tu sais quoi ? Tout à l'heure à l'aéroport, j'ai vu un homme qui ressemblait étrangement à mon frère. Je n'ai pas donné signe de vie à mes proches depuis trois ans, ils doivent tous être furieux contre moi. J'ai trop honte pour téléphoner à mon père ou à mes sœurs, mais je pourrais essayer d'appeler Karl. Je l'ai aidé plusieurs fois par le passé…

— Qu'est-ce que tu veux lui demander ?

— J'aimerais reprendre contact avec lui, tout simplement. Ça m'étonnerait qu'il me raccroche au nez.

— Tu as forcément quelque chose derrière la tête. Tu comptes lui dire où tu vis et ce que je fais ?

— Ça ne m'est même pas venu à l'esprit. Je me sens constamment malade et fatiguée, je déprime à longueur de journée. Si Karl ne m'en veut pas trop, il m'invitera peut-être chez lui.

— Tu veux t'éloigner de moi.

— Pas longtemps, juste quelques jours, le temps de me reposer.

— Je ne sais pas si c'est une bonne idée, je vais y réfléchir.

Une semaine plus tard, Omar m'autorisa à téléphoner à Karl, mais uniquement en sa présence.

— Fais attention à ce que tu dis, Aïcha. N'oublie pas qu'officiellement nous travaillons pour une organisation humanitaire et que je suis aussi journaliste. Ton frère n'a pas besoin d'en savoir plus.

— Je ne pense pas qu'il s'intéresse particulièrement à ta vie. Tu le connais, entre son entreprise, sa famille et ses amis, il est déjà bien assez occupé. En plus, je ne vois pas de quoi tu as peur. Tu ne me dis jamais ce que tu fais de tes journées, et tu ne daignes pas répondre aux questions que je te pose. Tu parles arabe avec tes frères, et quand bien même je passerais la journée à écouter aux portes, je ne comprendrais pas un traître mot. Tu devrais pourtant savoir que je ne parle jamais sans savoir, encore moins au téléphone.

J'avais compris depuis bien longtemps que je ne devais évoquer sous aucun prétexte les événements terribles dont j'avais été témoin. De toute façon, si j'avais parlé des exécutions ou de notre arrestation à la frontière, soit on m'aurait prise pour une folle, soit on ne m'aurait tout simplement pas crue. Par le passé, j'avais déjà renoncé à reprendre contact avec ma famille à cause de tous ces tabous. Je craignais de devoir subir un interrogatoire en règle et j'étais sûre que Karl, n'étant pas curieux de nature, n'en ferait rien. Toutefois, je dus prendre mon courage à deux mains avant d'oser lui téléphoner. Une fois prête, je priai Omar de me conduire au bureau de poste.

— C'est vraiment toi, Doris ? fit Karl après une longue pause. Tu m'appelles d'où ?

— De Yougoslavie, répondis-je d'une toute petite voix.

— Mais c'est la porte à côté !

Karl poussa un cri de joie et dit à sa famille d'approcher.

— Les enfants, Brigitte, venez ici ! C'est Doris, elle est de retour !

— Pas encore, mais bientôt.

J'étais si soulagée que j'éclatai de rire. Karl me demanda mon numéro et me rappela. Un peu plus et il organiserait une grande fête avec le reste de notre famille pour mon retour.

— Alors tu reviens quand ?

— Je ne sais pas encore, peut-être dans deux semaines…

— Et pourquoi pas plus tôt ? Rentre maintenant, Doris. Tu seras notre invitée. Tu as besoin d'argent pour prendre le train, ou tu veux que je vienne te chercher quelque part ?

— Karl, s'il te plaît, écoute-moi. Je traverse une période difficile et j'ai vraiment besoin de me reposer, tu comprends ? Donc je préférerais que tu ne parles de ma venue à personne. Plus tard, peut-être.

— Tout va bien entre Omar et toi ? Vous êtes toujours ensemble ?

Comme mon mari se tenait à côté de moi, je me contentai de répondre que j'étais un peu malade, mais surtout extrêmement fatiguée.

— J'ai juste besoin de repos, rien de plus.

— Sache que nous avons même un studio indépendant dans notre maison et qu'il sera prêt à temps. Tu arriveras quand ? Après-demain ?

— Non, plus tard, dès qu'Omar pourra me conduire en Allemagne. Tu veux lui parler ?

— Passe-le-moi. Et gare à toi si tu ne viens pas.

Karl avait parfaitement compris mes insinuations. Il discuta quelques instants avec Omar, puis ce dernier me rendit le combiné.

— Je lui ai dit que vous étiez tous les deux les bienvenus à Tübingen, que vous pouviez rester aussi longtemps que vous le souhaitiez et que je m'occuperais de toi, dit Karl. C'est bien ce qu'il voulait entendre ?

— Parfait, répondis-je. Et promets-moi de ne parler de ma venue à personne.

— Je tiendrai ma langue jusqu'à ton arrivée, à condition que tu ne tardes pas trop. Mais je vais devoir le leur dire aux autres tôt ou tard. Papa te croit morte, impossible de prononcer ton prénom en sa présence sans qu'il fonde en larmes. Quant à Gerda, à une époque, elle était obnubilée par l'idée de diffuser un avis de recherche à la télévision. Je te dis tout ça pour que tu te rendes compte à quel point tu nous as manqué. Reviens vite, petite sœur, je t'attends !

Quelques semaines plus tard, nous partîmes effectivement pour l'Allemagne. Mais je n'étais pas à la fête, car Omar ne m'adressait plus la parole depuis plusieurs jours. Lorsque je lui demandai de se montrer un peu plus aimable avec moi, il explosa :

— Tu veux peut-être que je te donne une médaille alors que tu t'éloignes de moi ? Tu retournes vivre chez les infidèles…

— Non, je vais simplement voir mon frère, l'interrompis-je.

— Oui, tu vas arrêter de mettre ton *niqab* à cause de lui, et il faudrait en plus que je l'accepte. Comment être sûr que tu vas vraiment séjourner chez lui ? Comment être sûr que tu ne vas pas courir les rues comme une traînée ? Tu es toujours ma femme !

— Je dormirai chez lui et je ne sortirai pas, je te le jure. Je veux seulement faire le point sur moi, sur nous, sur l'avenir de notre couple.

Omar ne dit rien. Nous restâmes assis côte à côte comme deux étrangers, avant de recommencer à nous disputer à propos de la foi, de ma conception du mariage, de ma manie de toujours tout remettre en question. Je finis par me taire et par serrer les dents afin de ne pas arriver les yeux gonflés d'avoir trop pleuré. Je n'arrivais même pas à me réjouir à l'idée de revoir Karl car je redoutais qu'Omar ne me fasse une scène devant lui.

À Tübingen, mon frère, ma belle-sœur et leurs deux filles, Sabrina et Cora, sortirent de la maison pour nous accueillir. Les retrouvailles furent très chaleureuses, ils me serrèrent dans leurs bras et m'embrassèrent. Karl et Omar se serrèrent la main puis portèrent mes bagages dans le petit studio. Pour ma part, je m'extasiai devant les enfants pour garder une contenance. Comme Karl et Brigitte avaient préparé un petit repas, Omar resta une heure par politesse, mais l'ambiance était si tendue que je ne pus rien avaler. Mon mari, lui, se contenta d'un peu de pain et de fromage, puis se leva dès que Brigitte commença à débarrasser la table.

— Je suis désolé, mais je dois reprendre la route, annonça-t-il. Merci beaucoup pour ton accueil, Karl.

Je le raccompagnais jusqu'à la voiture alors que le voisin, curieux, jetait un coup d'œil par-dessus la clôture. Je me sentis soudain nue sans mon accoutrement habituel et fixai le sol du regard afin que personne ne me voie pleurer. Cette séparation, même si je la souhaitais, me faisait terriblement souffrir.

— Ça ne m'enchante pas de te laisser seule ici, mais c'est toi qui vois, dit Omar. Combien de temps allons-nous rester séparés ?

— Je t'en prie, je viens juste d'arriver. Deux semaines, trois semaines, peut-être plus, le temps que je remette de l'ordre dans mes idées, le temps que je sache si je peux continuer à vivre avec toi ou non.

— Puisse Allah te montrer le chemin. Mais ne tarde pas trop à prendre ta décision. Bien sûr, je serais triste si tu décidais de me quitter, mais sache que je ne resterai pas seul longtemps. J'épouserai une autre femme, une veuve qui a déjà des enfants et à qui il manque un mari pour prendre soin d'elle.

— À t'entendre, on dirait que nous sommes déjà divorcés ! Je ne supporte pas que tu me parles comme ça !

Omar secoua la tête et monta en voiture.

— Je t'appellerai une fois par semaine. Tiens, prends ça, dit-il en me tendant une feuille de papier sur laquelle figuraient des noms et des numéros de téléphone. Si tes sœurs musulmanes te manquent et que tu souhaites aller à la mosquée, contacte une de ces personnes. Elles connaissent ton existence et t'accueilleront à bras ouverts.

Après son départ, je me tapis dans ma chambre comme un animal blessé dans sa tanière et me couchai en m'enfouissant sous les couvertures jusqu'à la tête. Au-dessus, j'entendais les cris des enfants ainsi que les voix étouffées de Karl et de Brigitte, qui devaient déjà regretter de m'héberger. J'avais un comportement asocial, j'arrivais chez eux comme une mendiante, je me faisais servir sans dire merci et je me retirais sans même expliquer que j'avais besoin de sommeil. Ils n'allaient sûrement pas tarder à me mettre à la porte ! Quant à Omar, il était parti. Le reverrais-je un jour ? Persuadée d'être seule au monde, je pleurai jusqu'à l'épuisement.

À mon réveil, je trouvai Karl assis sur le lit. Il me demanda s'il devait appeler un médecin.

— Non, pour l'amour du ciel, répondis-je. Je vais mal à cause d'Omar, c'est tout.

— Ça se voit. Qu'est-ce qu'il t'a fait ? Tu es pâle et amaigrie, comme si tu venais de passer des semaines dans un cachot, au pain sec et à l'eau. Je t'ai apporté des tartines que Brigitte a préparées, ainsi que des chips et du chocolat, au cas où tu tiendrais absolument à rester seule ici. Là-haut, il reste aussi de la soupe et des pâtes.

— Ne m'en veux pas, Karl, mais je ne peux vraiment rien avaler. Je réessaierai demain. Tu n'imagines pas ce que ça me fait de t'avoir en face de moi après tout ce temps.

— Nous sommes là, si tu as envie de parler. Sinon, tu peux rester ici jusqu'à ce que tu ailles mieux. D'accord ?

— Oui.

Mais je souffrais de crises d'angoisse et mon état ne s'améliorait pas. Au cours des jours et des semaines qui suivirent, Karl et Brigitte tentèrent plusieurs fois de me convaincre d'aller chez le médecin, en vain.

— Je ne suis pas malade. Au contraire, je reprends des forces depuis mon arrivée. Ne vous inquiétez pas pour moi. La vie en Bosnie est épuisante. Tu ne vas pas me croire, Karl, mais j'avais même appris à couper du bois quand j'étais à Zenica. Eh oui, nous utilisons un poêle pour nous chauffer, pas comme ici où il vous suffit d'allumer un radiateur. Et dans le village où je vis maintenant…

J'embellissais la réalité, je parlais des difficultés de vivre dans un pays ravagé par la guerre comme de vacances à la dure. Je gardais pour moi le fait que je cultivais des pommes de terre dans notre potager de Bocinja parce que nous n'avions rien d'autre à manger, et je n'évoquais pas non plus la scène monstrueuse que cela m'avait value : en effet, un moudjahid m'avait surprise dans une position considérée comme extrêmement choquante. D'après lui, lorsque je jardinais, je me penchais tellement que les passants étaient tous choqués par mon postérieur tendu vers la rue.

— Si la vision d'une masse informe de vêtements noirs suffit à éveiller le désir chez tes frères, ils ne peuvent s'en prendre qu'à eux-mêmes, avais-je répondu aux reproches d'Omar. Au lieu de détourner le regard, ils attrapent des torticolis à force de guetter tout ce qui peut les exciter !

J'avais une fois de plus récolté une gifle pour mon insolence, mais je n'en parlai pas non plus à Karl et à Brigitte. Je préférais résumer mes problèmes de couple à quelques divergences d'opinion et à des conflits somme toute assez banals dont j'endossai la responsabilité.

— Nous avons trop peu de temps à consacrer l'un à l'autre. Omar n'y peut rien, je n'arrive pas à me contenter des rares moments passés ensemble et j'en demande toujours plus. C'est tout. À part ça, je vais très bien. La vie que je mène là-bas m'a endurcie. Croyez-moi, je me porte comme un charme.

Un médecin aurait peut-être pu m'aider à me soulager de mes souffrances psychologiques, mais comment payer les consultations ? Le peu d'argent qu'Omar m'avait laissé n'aurait jamais suffi, et je n'étais plus assurée depuis que nous avions quitté l'Allemagne. De plus, n'ayant pas de lieu de résidence fixe, je ne pouvais pas non plus chercher un emploi.

Je me sentais déracinée. Comme lors de mon précédent séjour en Allemagne, je doutais de ma capacité à me débrouiller seule ici. Certes, je ne portais pas le voile chez mon frère, mais j'avais l'impression de l'avoir intériorisé, à l'instar des autres règles édictées par la *charia*. Je n'aurais jamais osé adresser la parole à un inconnu, même lors d'un entretien d'embauche. De toute façon, Omar avait brûlé mes diplômes, alors qui aurait accepté de m'engager ?

Je pensais sans cesse à lui, à notre vie. Tout ce que nous avions vécu ensemble défilait devant mes yeux, mais les bons moments laissaient de plus en plus la place aux crises, aux disputes et aux cris.

Chaque fois qu'il me téléphonait, il me demandait si j'allais mieux.

— Non, pas encore, répondais-je inlassablement. Et toi, ça va ?

— Oui, mais j'ai beaucoup de travail. Je te rappellerai la semaine prochaine.

Parfois, il disait aussi qu'il avait rendez-vous à la mosquée ou en ville, si bien que nos conversations étaient le plus souvent écourtées. J'avais caressé l'espoir que cette séparation nous permettrait de retrouver notre complicité d'antan, mais elle eut finalement l'effet inverse. Omar ne me disait jamais que je lui manquais et ne le sous-entendait pas non plus. De leur côté, mon frère et ma belle-sœur se montraient toujours aussi compréhensifs. Ils étaient toujours là, prêts à m'écouter, tout en me laissant tranquille dès que je ressentais le besoin de m'isoler un peu pour réfléchir.

Au bout d'un mois, j'informai Omar que j'avais repris des forces.

— *Alhamdulillah !* s'exclama-t-il. Tu comptes rentrer bientôt ? Il y a quelque chose dont j'aimerais te parler, mais pas au téléphone.

— Ça me concerne aussi ? demandai-je, prudente.

— Oui.

Impossible d'en savoir plus.

Depuis deux semaines, je m'efforçais de trouver mes marques. J'aidais ma belle-sœur à s'occuper de la maison, j'accompagnais ses deux filles au jardin d'enfants et j'allais les chercher le soir, ce qui était aussi une occasion de sortir et de vivre comme une femme normale. Mais, après tout ce que j'avais vécu en Bosnie, je me sentais en Allemagne comme dans un pays étranger, beaucoup de choses m'échappaient. Pourquoi les gens étaient-ils constamment mécontents et stressés ? Personne n'avait été assassiné sous leurs yeux, ils ne couraient pas le risque qu'une grenade explose à deux pas de chez eux ou que leur voiture soit la cible de tirs. On ne voyait nulle part des véhicules blindés remplis de soldats avec des gilets pare-balles. Les gens avaient les moyens de faire leurs courses dans des magasins bien achalandés.

Un jour, Brigitte me demanda de l'aider à trier les habits de ses filles. Face à cette montagne de chaussettes, de culottes, de T-shirts et de pantalons, je pensai aux enfants de Djamila et à leurs vêtements rapiécés. Ma belle-sœur, elle, ne raccommodait jamais rien. Elle jetait les chaussettes dès qu'elles étaient un peu usées au talon et utilisait les T-shirts délavés pour faire la poussière. Les fillettes avaient également des étagères et des coffres remplis de jouets, mais, au lieu d'en profiter, elles discutaient déjà de leurs prochains cadeaux ! J'étais écœurée par une telle avidité. L'argent semblait être la seule chose qui comptait. Je ne pouvais pas en parler à Karl et Brigitte, ils ne m'auraient pas comprise. Omar, lui, si. J'avais hâte de bavarder plus longuement avec lui, car nos brèves conversations hebdomadaires me frustraient.

— Un homme ne peut pas rester seul trop longtemps, me dit-il lors de son appel suivant.

Cette phrase pouvait avoir deux significations : ou bien il espérait que je revienne vite, ou bien il sous-entendait quelque chose qui ne me plaisait pas du tout. Omar avait-il rencontré quelqu'un d'autre ? Cela me paraissait impossible puisqu'il suivait à la lettre la *charia*, qui interdisait tout contact entre un homme et une femme non mariés. Toutefois, cette pensée m'angoissait tellement que je décidai de lui poser la question sans détour. Mais je n'obtins pas de réponse franche, Omar étant passé maître dans l'art d'esquiver les sujets brûlants et de parler par allusions, afin de me déstabiliser.

— Je ne peux rien te dire de plus. Quand rentres-tu à la maison ?

— Je ne sais pas, répondis-je. En tout cas, pas maintenant. Bientôt, peut-être.

— Sache que je t'attendrai.

Cette dernière phrase me toucha, mais je continuais à hésiter.

Peu de temps après, mon frère invita toute la famille à l'occasion de son anniversaire. Ces retrouvailles me mirent très mal à l'aise. Pour mon père, mes sœurs et leurs maris, je semblais revenue d'entre les morts, et Karl alla jusqu'à ouvrir une bouteille de champagne pour trinquer à ma santé. Mon malaise grandit au fil des heures. J'avais l'impression d'être le mouton noir de la famille à cause du choix que j'avais fait. J'étais à table en leggings et en T-shirt, je riais quand quelqu'un racontait une histoire drôle, mais il m'était trop difficile de jouer le rôle de l'ancienne Doris. Je répondais évasivement aux questions que l'on me posait, et personne n'était dupe lorsque je tentais d'embellir la réalité. Alors que je racontais qu'Omar devait plumer lui-même ses poules car je détestais le faire, Gerda m'interrompit d'un ton pour le moins agressif :

— Si tu te sens si bien que ça dans ton village, pourquoi tu reviens nous voir avec ta mine de chien battu ? Et pourquoi ton mari n'est pas avec toi ? Il est trop occupé à garder ses bêtes, à moins qu'il ne se soit encore trouvé quelqu'un d'autre ?

— Nous avons quelques soucis en ce moment, répliquai-je. Tu veux peut-être des détails ?

— Comme tu n'as pas jugé nécessaire de nous informer de ton départ, je n'attends plus rien venant de toi ! De toute façon, je ne comprends pas que tu restes avec Omar !

Lorsque Karl ordonna à Gerda de me laisser tranquille, Caro prit le relais.

— Dis-moi juste une chose, Doris : tu es partie de ton plein gré ou il t'a forcée ?

— Personne ne m'a obligée à faire quoi que ce soit. On pourrait changer de sujet, s'il vous plaît ?

— Oh oui ! s'exclama Wolfgang, mon neveu. Là où tu vis, il y a de vrais chars d'assaut ?

— Oui, partout. Moins aujourd'hui, mais au début, j'en voyais tout le temps.

Mon neveu, fasciné, insista pour que je lui raconte des anecdotes. Manifestement, je m'y prenais mieux avec les enfants qu'avec les adultes.

Au moment du départ, Caro et Gerda me serrèrent l'une après l'autre dans leurs bras. Puis mon père me proposa à nouveau d'emménager chez lui, comme il l'avait fait après le décès de ma mère.

— Papa, tu sais bien que c'est impossible, répondis-je. Mais compte sur moi pour venir te rendre visite.

Ces moments difficiles m'incitèrent à prendre contact avec les femmes musulmanes dont Omar m'avait laissé les coordonnées. Je fus accueillie à bras ouverts, et elles allèrent jusqu'à me confectionner des pâtisseries, alors qu'elles ne me connaissaient pas. Il régnait une atmosphère chaleureuse et bien plus détendue qu'à l'anniversaire de mon frère. Certaines d'entre elles se confiaient à propos de leur vie de couple sans que personne les interrompe sèchement avec une phrase comme : « Divorce, si tu n'es pas heureuse avec ton mari », ou une autre de ces formules types que j'avais trop entendues récemment et qui me blessaient à chaque fois. Auparavant, j'aurais pu répondre quelque chose de semblable à une amie qui se plaignait de son conjoint, mais je savais maintenant que rien n'était jamais aussi simple. Il m'était aussi inconcevable de divorcer d'Omar que de continuer à vivre avec lui.

J'ouvris mon cœur beaucoup plus facilement en présence de ces femmes musulmanes et leur fis part des difficultés que je rencontrais avec mon mari, de la sévérité des règles de la *charia* et de la solitude qui me rongeait. Après m'avoir écoutée avec la plus grande attention, elles me demandèrent si j'aimais encore mon époux.

— Je ne sais pas. D'ailleurs, comment sait-on qu'on aime quelqu'un ?

Elles éclatèrent de rire.

— Est-ce qu'il te manque ? demanda une femme d'âge mûr. Quand il ne dort pas à tes côtés et que tu te retournes dans ton lit, est-ce que tu le cherches ?

— Oui, ça m'arrive toutes les nuits.

— Alors tu dois beaucoup l'aimer, répondit une jeune femme, pensive. Moi, je suis bien contente quand mon mari n'est pas là : au moins, ses ronflements ne m'empêchent pas de dormir !

Après cet après-midi très bénéfique, je rentrai dans l'appartement sans dire à mon frère où j'étais allée. Ma décision était prise, je retournerais auprès d'Omar.

Celui-ci, ravi, laissa échapper un tonitruant « *Alhamdulillah !* » au téléphone et me donna quelques instructions pour les derniers jours.

Une semaine plus tard, je rendis de nouveau visite aux musulmanes, qui me tendirent une enveloppe remplie d'argent qu'elles avaient récolté pour la Bosnie.

— Tu as fait le bon choix, dit l'une d'elles. Le bonheur se lit sur ton visage.

— Je suis heureuse, et je vous remercie pour votre aide.

Comme je redoutais la réaction de mon frère, j'attendis la veille de mon départ pour lui annoncer la nouvelle. Karl en resta d'abord bouche bée, puis se mit à me crier dessus :

— Tu mériterais une bonne gifle ! Comment tu peux me faire ça ? Tu étais une vraie loque à ton arrivée, et on ne t'a pas guérie pour que tu repartes aussitôt ! Barre-toi si ça te chante, mais ne remets plus jamais les pieds ici !

Il claqua la porte derrière lui. Plus tard, Brigitte entra et essaya de me faire changer d'avis, en vain.

— Il n'y a qu'une seule façon de te l'expliquer, Brigitte. J'aime Omar autant que, toi, tu aimes Karl. Tu le quitterais s'il tombait gravement malade ou s'il sombrait dans l'alcoolisme ?

— Bien sûr que non, répondit-elle. Je ferais tout mon possible pour que ça s'arrange, mais votre situation n'a rien à voir…

— Si. Tu te souviens combien Omar et moi étions heureux à notre retour d'Égypte ?

— Oui, mais cette époque est révolue. Sabrina n'était pas encore née, donc ça fait au moins six ans, voire sept. Et, d'après ce que tu dis, ton mari n'est pas malade, il a juste choisi un mode de vie différent. Tu penses qu'un changement est encore possible après tout ce temps ?

— J'espère au moins qu'il va essayer de nous faciliter la vie. Au téléphone, il a fait allusion à deux ou trois choses dont il voudrait me parler. Je ne sais pas encore de quoi il s'agit, mais peut-être qu'il envisage une reconversion professionnelle.

— S'il devient journaliste et que ses reportages sont de bonne qualité, il pourra les vendre à des chaînes de télévision allemandes.

J'étais consciente que les films de propagande d'Omar étaient exclusivement destinés à un public musulman, mais naturellement je ne dis rien.

— Ça ne fait pas partie de ses projets. Enfin, ce n'est pas bien grave, du moment que nous nous entendons mieux.

— Une séparation peut parfois être bénéfique pour un couple, dit Brigitte. Et si ça ne s'arrange pas entre vous, sache que tu peux revenir ici quand tu veux, Doris. Pour l'instant, Karl est très en colère contre toi, mais tu le connais, il va finir par se calmer.

Le lendemain, Karl semblait en effet avoir tout oublié. Il salua Omar comme il l'aurait fait avec un vieil ami et alla jusqu'à lui taper sur l'épaule.

— Tu seras toujours la bienvenue ici, petite sœur, quoi qu'il arrive ! me dit-il en me prenant dans ses bras.

— Tu es adorable. Comment te remercier ?

— Prends bien soin de toi et reviens nous voir bientôt, c'est tout ce que je souhaite.

Je montai en voiture et baissai la vitre. Karl se pencha.

— Omar, veille bien sur ma sœur, dit-il. Quant à toi, Doris, écris-nous ou appelle-nous. Ne nous laisse plus jamais sans nouvelles, entendu ?

12

Omar fut poli avec mon frère et sa famille, mais je ne pus m'empêcher de remarquer sa gêne lorsque Karl lui tapa sur l'épaule. Quant à moi, il ne me prit même pas dans ses bras – d'ailleurs, il ne le faisait plus depuis des années, et ne me prenait la main qu'en de rares occasions. Il ne se montrait affectueux qu'une fois à la maison, ainsi que l'islam l'exigeait. Aussi, je ne m'attendais à aucun geste de tendresse de sa part lorsque nous prîmes la route. Je savourais d'autant plus le fait d'être assise à côté de lui, de le sentir si proche, si fort, et de respirer le parfum habituel que j'aimais tant. Je ne ressentais même pas le besoin de parler, je me contentais de regarder ses mains sur le volant. Je fus donc surprise lorsqu'il alluma le clignotant et qu'il se gara sur le bas-côté. Puis, sans un mot, il se tourna, m'entoura de ses bras et m'attira vers lui.

— Aïcha, Aïcha, enfin te revoilà !

Au bout de quelques instants seulement, il me repoussa comme pour éviter que le désir ne l'envahisse. Ce fut un moment si beau et si intense que je retombai aussitôt amoureuse de lui. Il m'offrit un sac rempli d'abricots, de dattes et de grappes de raisin, ainsi qu'un nouveau manteau et un beau *niqab*, qu'il me demanda d'enfiler immédiatement.

— Cela m'aidera à maîtriser mes pulsions, dit-il. Si tu savais comme j'ai hâte que nous soyons enfin chez nous, que nous fêtions dignement nos retrouvailles !

Moi aussi, je comptais les heures. Omar me parla des aménagements effectués dans la maison et dans le jardin, et me passa le bonjour de la part de nos frères et des sœurs musulmans, tous ravis de mon retour à Bocinja. À son tour, il m'écouta me plaindre que les Allemands n'étaient jamais satisfaits de leur sort alors qu'ils vivaient dans l'opulence.

— Ils croient pouvoir acheter le bonheur, répondit-il. En vérité, c'est Dieu qu'ils convoitent aussi ardemment, mais ils ne s'en rendent pas compte. Seule la véritable foi est satisfaisante.

Puis je lui rappelai qu'il désirait me parler de quelque chose.

— Pas maintenant, pas dans la voiture, répondit-il.

Il me raconta que les moudjahidin avaient ouvert un nouveau commerce à Bocinja, nous n'aurions donc plus besoin de nous rendre à Zenica ou à Maglaj. Il m'avait également trouvé deux fillettes pour m'y accompagner au cas où je devrais aller dans ce magasin en son absence. Le reste du temps, il s'occuperait lui-même des courses.

— Je ne comprends pas bien où se trouve cette boutique. Si c'est à côté de la mosquée, je pourrai y aller seule, ce n'est même pas à cent mètres…

Mais j'avais presque oublié tout ce règlement absurde ! Le magasin étant tenu exclusivement par des hommes, une femme n'avait pas le droit d'y entrer seule ; et si elle ne pouvait pas faire autrement, elle devait être accompagnée soit par un proche de sexe masculin, soit par des enfants.

— Vous ne pourriez pas vous arranger pour ouvrir le magasin deux heures par jour aux femmes, de sorte que nous puissions faire nos courses tranquillement ?

— En quoi ça te dérange de montrer à des fillettes ce que tu veux acheter ?

— C'est plus compliqué que de dire moi-même ce que je veux, mais je ferai un effort. À part ça, du nouveau pour ton travail ? Comment vont les affaires ? Tu vois bientôt le bout du tunnel ?

— Je ne vois pas de quoi tu parles, nous n'avons jamais eu de problèmes. Dieu nous offre tout ce dont nous avons besoin. En tout cas, je suis content. Pas toi ?

— Si.

Un « mais » me brûlait les lèvres. Pourrais-je de nouveau endurer les privations ? Me plierais-je à la *charia* sans trop de difficultés ? J'évitai d'en parler par crainte d'une dispute et changeai de sujet.

Omar et moi fîmes tous deux des efforts. Après notre retour en Bosnie, il se montra presque aussi affectueux et attentionné qu'au début de notre relation. Il me félicitait lorsque je parvenais à respecter le règlement et me rapportait parfois une pastèque ou d'autres fruits frais, alors que nous ne pouvions pas acheter grand-chose en dehors des denrées alimentaires de base. Nous ne cessions de nous rapprocher, jusqu'au jour où il essaya de me vanter les mérites de la polygamie.

— J'ai beaucoup réfléchi en ton absence. La solitude doit te peser, ici.

Très touchée, je m'apprêtais à le remercier, mais il ajouta brusquement que ce serait peut-être une bonne idée de cohabiter avec une deuxième femme.

— Comment ça? demandai-je, extrêmement méfiante.

— Justement, je vais t'expliquer, répondit-il de la voix douce qu'il prenait lorsqu'il cherchait à m'amadouer. Longtemps avant notre séparation, une idée a germé dans mon esprit et a mûri peu à peu. Si Allah nous avait donné un bébé, tu aurais été plus heureuse, Aïcha. Mais Il n'en a pas décidé ainsi, alors que certains enfants n'ont plus de père...

— Tu voudrais adopter un orphelin? C'est une excellente idée.

— Comme l'a dit le Prophète: «Celui qui prend en charge un orphelin sera logé à mes côtés au paradis.» Mais ce n'est pas ce que j'avais en tête. Tu vois, Aïcha, Dieu aime les enfants et moi aussi, et ça fait longtemps que je songe à en avoir moi-même.

— Et tu en es arrivé à quelle conclusion? demandai-je, la bouche sèche, tout en ravalant mes larmes. Tu veux divorcer parce que je ne t'en ai pas donné?

— Non, je t'aime et je ne te quitterai jamais. Mais j'ai peut-être une solution pour nous deux: je pourrais épouser une veuve qui a déjà des enfants.

Je bondis d'indignation.

— Si tu fais ça, autant me reconduire en Allemagne sur-le-champ! Si tu crois que je vais accepter de vivre en polygamie, tu te trompes! Nous ne sommes pas en Arabie Saoudite, nous vivons à Bocinja, en Europe, au cas où tu ne l'aurais pas remarqué!

— Je craignais que tu ne réagisses ainsi, Aïcha, dit-il en se levant pour me prendre la main. S'il te plaît, essaie de voir les choses autrement : tu ne serais plus seule, l'autre femme t'aiderait à t'occuper de la maison et vous pourriez élever les enfants ensemble.

— Non, non et non ! criai-je en le repoussant.

— Peut-être que tu changeras d'avis. Le Prophète a dit…

— Je me fiche de ce qu'il a dit ! Nous vivoons au XXe siècle !

— Mais, de nos jours aussi, il y a des veuves et des orphelins qui aimeraient avoir un foyer.

Je refusai d'en discuter plus longtemps. Omar n'insista pas ce soir-là, mais finit tout de même par m'assurer qu'il ne se remarierait pas sans mon accord, ce qui me calma un peu. En réalité, il avait pris sa décision depuis longtemps, et c'était l'orgueil qui le poussait à me faire changer d'avis.

— Tu te souviens du cheikh qui a été abattu avec quatre de nos frères ? me demanda-t-il quelques jours plus tard, l'air de rien. Sa veuve est égyptienne, comme moi. Le cheikh, qu'il repose en paix au paradis d'Allah, appelait de ses vœux une fille, après avoir eu cinq garçons. S'il avait eu encore un fils, il se serait cherché une deuxième épouse.

— J'espère que tu n'es pas sérieux, Omar. Tu ne songes tout de même pas à épouser une femme qui a déjà eu six enfants ?

— Pourquoi pas ? « Quiconque caresse la tête d'un orphelin et ne fait cela que pour Allah aura à son actif, pour chaque cheveu sur lequel sa main est passée, de bonnes actions », dit le Coran.

— Cela ne signifie pas que tu dois les adopter ! Si cette femme a besoin d'aide, je n'ai rien contre le fait de prendre en charge un de ses enfants. Ça me ferait même plaisir, au contraire. Mais il est hors de question que tu l'épouses !

— À vrai dire, je pensais à Umu Tarik, l'Algérienne que nous avons conduite à l'aéroport de Split, répondit Omar calmement. Son mari est lui aussi mort en martyr.

En effet, je me souvenais d'elle et de son fils, un petit garçon adorable. Le désarroi de cette jeune veuve m'avait touchée, mais en cet instant, je ne ressentis qu'une immense colère en repensant à ses mains qui me tendaient une arme.

— Omar, cette femme a participé aux exécutions de Guca Gora. Quand tu prononces son nom, j'ai l'impression de revivre cette terrible journée. Je t'ai trop souvent réveillé la nuit à cause de mes cauchemars. Je vais mieux depuis quelque temps et j'aimerais continuer à vivre avec toi sans repenser constamment à ces scènes d'horreur.

— Oublions tout ça, Aïcha. Tu m'as dit que vous aviez beaucoup bavardé toutes les deux à Split. Vous pourriez devenir amies. Et pense aussi à son fils. Cet orphelin a besoin d'un foyer.

Je me rappelai immédiatement les cris de joie que les deux jeunes garçons avaient poussés lors de la décapitation du prisonnier. Je les considérais comme deux petits monstres, mais Omar ne m'aurait jamais comprise.

— Umu Tarik est rentrée en Algérie, auprès de sa famille, objectai-je. Elle n'a pas besoin de nous.

— Son père est pauvre et il a trois filles sous son toit. Cela l'aiderait beaucoup qu'un homme prenne en charge son petit-fils et la mère de celui-ci.

— Comment tu sais tout ça ? Tu l'as contactée sans rien me dire ? demandai-je, furieuse.

Il fit signe que non. D'après lui, le père avait demandé aux moudjahidin si l'un d'eux accepterait d'épouser sa fille à l'issue de la période de deuil. Mais je compris que mon mari, non content de toutes ces informations sur Umu Tarik, s'était également renseigné au sujet d'Umu Eris, l'Égyptienne.

Omar tentait continuellement de me déstabiliser afin de venir à bout de ma résistance. Il me lisait des extraits du Coran portant sur la polygamie et ne manquait pas une occasion de me parler du Prophète et de ses nombreuses épouses, dont plusieurs veuves. Un jour, il me raconta que lorsque l'une d'elles l'avait mis en garde contre son caractère jaloux, le Prophète avait répondu qu'Allah l'en guérirait.

— Et Aïcha a toujours été son épouse préférée, je sais, rétorquai-je avant d'enchaîner sur une autre histoire. Un jour, Mahomet a demandé à Aïcha : « Quel mal y aurait-il, ô Aïcha, si tu mourais avant moi, si je t'ensevelissais, si je priais pour toi et te déposais dans la tombe ? » Tu sais ce qu'elle a répondu ? « Oui, tu veux, en revenant de mon enterrement, faire un nouveau mariage. »

— J'en parlerai à l'imam, conclut Omar.

Un jour, Umu Musa, Saïda de son prénom, m'invita à prendre le café chez elle. Comme elle était mariée au chef des moudjahidin de Bocinja, les autres femmes lui vouaient un respect tout particulier. À mon arrivée, certaines d'entre elles étaient déjà présentes, et l'on me présenta aux villageoises que je ne connaissais pas. Saïda me tendit une tasse de café et approcha une assiette de biscuits. Nous parlâmes de choses et d'autres pendant quelques minutes, puis elle en vint au fait.

— C'est vrai que ton époux veut se remarier et que tu le lui as interdit, Aïcha ?

Toutes les autres femmes interrompirent leur conversation et me regardèrent.

— En effet, répondis-je. Mais pourquoi abordes-tu ce sujet ? Es-tu au courant de quelque chose que j'ignore ?

— Oh non, mais cette question nous concerne toutes, ton mari n'est pas le seul à vouloir épouser une veuve. D'autres ont même déjà sauté le pas. D'ailleurs, je voulais te proposer d'en discuter avec ces femmes, qui partagent toutes les deux la vie d'Abu Ibrahim depuis de nombreuses années. Comme elles ne parlent que l'arabe, je te servirai d'interprète si tu as des questions à leur poser.

J'eus la nette impression que cette rencontre avait été arrangée par Omar afin de me faire changer d'avis. Ce que les deux femmes me racontèrent était trop beau pour être vrai. Oui, elles étaient pleinement satisfaites de cette situation. Oui, elles s'appréciaient beaucoup et trouvaient très pratique de pouvoir élever leur ribambelle d'enfants ensemble. Au début, Umu Ibrahim, la première épouse, avait eu comme moi du mal à accepter la décision de son mari. Puis elle avait fini par céder et ne voyait maintenant que des avantages au fait de cohabiter avec une deuxième femme. Toutefois, Umu Ibrahim, la plus âgée des deux, était la seule à s'exprimer. L'autre, qui se prénommait Bint, en était à un stade avancé de sa grossesse. Timide, elle ne semblait guère heureuse et fixait le sol des yeux, comme si elle avait peur d'Umu Ibrahim.

— Demande à Bint si elles se répartissent équitablement les tâches ménagères, dis-je à Saïda en désignant la jeune femme.

Ma question provoqua l'hilarité générale. On me chuchota à l'oreille qu'Umu Ibrahim passait ses journées vautrée dans le canapé à donner des ordres à Bint, ce que plusieurs femmes démentirent à leur tour. Après avoir écouté plusieurs anecdotes, je tapai dans mes mains pour me faire entendre dans ce brouhaha.

— Une seule chose m'intéresse : vos maris vous ont-ils chargées de me vanter les mérites de la polygamie ?

Saïda s'emporta.

— Mais non, qu'est-ce que tu vas imaginer ? Tu vois un piège là où il n'y en a pas, et ta méfiance m'attriste. Je t'ai bien dit que tu n'étais pas la première d'entre nous à devoir y réfléchir. Un grand nombre de nos maris sont morts au combat : leurs femmes doivent-elles pour autant vivre seules jusqu'à la fin de leurs jours ?

— Comment ça se passe en Allemagne ? me demanda une jeune Tunisienne qui parlait un peu ma langue. Quand un homme meurt, que devient sa veuve ?

Je me levai après m'être contentée de répondre qu'il existait une allocation de veuvage. J'étais bien décidée à partir car j'en avais vraiment assez, mais Saïda me retint.

— Ça me fait de la peine que tu t'en ailles déjà. Nous cherchons à t'aider, Aïcha. Nous avons grandi là-dedans, nous savons que c'est forcément beaucoup plus dur pour toi que pour nous.

En me raccompagnant jusqu'à la porte, elle me raconta l'histoire d'une Syrienne dont le mari était menacé d'expulsion. Il avait alors résolu le problème en prenant une veuve bosniaque pour deuxième épouse.

— Si Omar se remarie, ce sera le début de nos problèmes, justement. Chez nous, la bigamie est interdite par la loi.

Sur ces mots, je rentrai chez moi et essayai de chasser le plus vite possible cet après-midi de ma mémoire.

Une semaine plus tard, Omar m'envoya chez Umu Samira car il attendait des visiteurs importants dont je devais ignorer l'identité. Or je finissais souvent par l'apprendre, puisque ces invités déposaient leurs épouses chez les femmes du village, et elles portaient bien entendu le même nom que leur mari. Un certain nombre d'entre eux étaient recherchés par Interpol mais, évidemment, je n'en savais rien à l'époque. Ces femmes parlaient volontiers de leur mari, dont j'appris ainsi les relations qu'ils entretenaient avec le mien. Mais la plupart du temps, la conversation tournait autour des enfants. Ce fut le cas ce jour-là.

Je restai plus longtemps que prévu. Comme le trajet habituel m'aurait pris plus de dix minutes, je décidai de couper à travers la forêt. Mais il avait plu, aussi je me pris les pieds dans mon long manteau, glissai sur le sol mouillé, tombai et criai si fort que les hommes, qui se trouvaient dans le bureau d'Omar, m'entendirent. Mon pied me faisait atrocement souffrir, je ne pouvais pas me relever, mais les femmes n'osaient pas descendre. Abu Samira sortit, mais, au lieu de me venir en aide, il appela Omar. Bientôt, trois ou quatre moudjahidin se trouvaient sur la terrasse qui surplombait d'à peine quelques mètres l'endroit où j'étais tombée. Mais aucun d'entre eux ne vint à mon secours, puisqu'il leur était interdit de me toucher. Finalement, Omar monta dans sa Jeep, rejoignit la butte en marche arrière, descendit jusqu'à moi, me prit sur son dos et se fit hisser sur la terrasse par les autres hommes.

— Ça n'arrive qu'à toi, ce genre de choses ! s'écria-t-il, contrarié. Et comme je n'ai pas le temps de te conduire chez le médecin, tu vas devoir attendre !

En effet, je passai trois jours à la maison à écouter les bruits qui émanaient du studio, ainsi que les allées et venues des invités saoudiens. Lorsque Omar me conduisit enfin chez le médecin, celui-ci constata que j'avais le pied cassé et me posa un plâtre. Mais cet accident eut des conséquences positives : une fois le plâtre enlevé, je dus me rendre à Zenica deux fois par semaine pour y suivre une rééducation. Comme Omar était rarement disponible, je m'y rendais souvent avec d'autres femmes qui devaient elles aussi consulter un médecin. Bien sûr, je profitai de ces rares instants de liberté pour rendre une brève visite à mon ancienne voisine, la vieille grand-mère, ainsi qu'à Djamila, que je n'avais plus revue depuis mon installation à Bocinja. Parfois, j'allais aussi au supermarché. Mon portefeuille était souvent vide, mais j'étais heureuse de voir les rayons se remplir à nouveau.

À présent, mon mari travaillait dans une concession automobile située à Sarajevo et financée par des fonds en provenance d'Arabie Saoudite. Il avait loué un trois pièces dans lequel je me sentais plus enfermée que jamais. De plus, Djamila avait raison : les habitants de cette ville n'aimaient pas les femmes en *niqab*. Lorsque je descendais de voiture, on me lançait des regards tellement antipathiques que je n'osais plus sortir seule. Toutefois, j'évitais de me plaindre ; j'étais persuadée que ce nouveau travail permettrait enfin à Omar de prendre ses distances avec les moudjahidin. Vendre des voitures était une occupation légale et constituait à mes yeux le premier pas vers un retour à la vie normale, et Omar lui-même me confortait dans mes illusions.

— Les affaires vont bien, prétendit-il un midi, alors qu'il passait à la maison en coup de vent. D'ailleurs, j'ai invité des clients à dîner ce soir. Tu pourras nous préparer quelque chose ?

Je ne vis jamais ces hommes, ni lors de leur première visite ni lors des suivantes. Ils prenaient toujours place dans le salon ou dans le bureau. Soit je déposais les plats sur la table avant leur arrivée, soit je frappais à la porte et Omar venait les chercher dans la cuisine. Cuisine où je devais rester au cas où il aurait encore besoin de moi. Comme je n'avais ni radio ni télévision pour m'occuper, j'écoutais les voix qui parvenaient jusqu'à moi. Les hommes ne parlaient qu'en arabe. Je repérais quelques mots çà et là, et parfois même des bribes de phrases. Même si je ne parvenais pas à suivre la conversation, cela suffit à m'ouvrir les yeux. Le mot « djihad » revenait très souvent, on parlait de martyrs, de la Tchétchénie… Omar participait donc toujours à la guerre sainte ! Toutefois, quand j'y repensais, il n'avait jamais prétendu le contraire, je m'étais fait des idées toute seule ! Je décidai de découvrir ce qui se tramait dans cette entreprise.

— Je serais curieuse de voir ton garage, dis-je à Omar quelques jours plus tard, alors que nous n'avions pas d'invités.

— Nous pouvons sortir nous promener si tu veux, mais sans aller au bureau, j'y passe déjà bien assez de temps. Nous en profiterons aussi pour faire des courses.

Une balade en ville avec Omar, le rêve ! D'habitude, il ne prenait le temps de sortir avec moi que lorsque j'étais sur le point de craquer. Toute à mon bonheur, je décidai de me pencher sur son entreprise une autre fois. Il me montra tout d'abord de nombreuses maisons bombardées dans le centre-ville, et m'expliqua quelles armes étaient à l'origine de ces dégâts. Sa maîtrise du sujet ne me surprit guère, puisqu'il avait accompagné les moudjahidin au front pendant plusieurs mois.

Omar m'apprit également que pour pouvoir se chauffer pendant la guerre, les habitants de Sarajevo avaient dû brûler leurs meubles, leurs volets, leur parquet, les arbres et tout le bois qui leur tombait sous la main.

Mais alors que nous étions au supermarché, il se montra soudain très pressé. Il paya à toute vitesse et se mit à marcher avec nos achats à un mètre devant moi, allant jusqu'à ignorer les insultes d'un jeune qui nous souhaita d'aller en enfer, nous et nos coreligionnaires. Cependant, comme Omar maîtrisait beaucoup moins bien le bosniaque que moi, il ne comprit sans doute pas. Je continuai à le suivre, et nous n'échangeâmes plus un mot jusqu'à notre retour à la maison.

À peine avions-nous franchi la porte de l'appartement qu'Omar m'annonça sa décision d'épouser Safiya, Umu Tarik.

— Et mon avis ? Tu m'avais promi d'en enir compte, m'écriai-je. Tu n'as pas le droit, je ne te laisserai pas faire.

— Arrête de compliquer les choses, Aïcha, tu me mets sans cesse des bâtons dans les roues. Pourquoi tu t'obstines ?

Furieuse qu'il inverse ainsi les rôles, je me saisis d'une tasse de porcelaine posée sur la table et la lançai contre le mur. Il haussa les épaules et sortit.

Ensuite, Omar disparut pendant une semaine. Je ne savais pas où il se trouvait et ne pouvais appeler personne avec le téléphone que nous avions à Sarajevo. Il ne s'était jamais absenté aussi longtemps sans donner de nouvelles, pas même après une dispute. Je ne dormais plus, convaincue qu'il était parti rejoindre Safiya. Je ne cessais de penser au divorce. Quitter mon mari, d'accord, mais pour aller où ? Ma première tentative de fuite s'était soldée par un échec retentissant. Quant à Omar, il ne prenait même plus la peine de fermer la porte à clé lorsqu'il s'absentait, certain de me retrouver exactement là où il m'avait laissée. Ce fut encore le cas cette fois-ci.

Un soir, il me téléphona d'Algérie.

— Je viens de me marier à la mosquée. Prépare la chambre d'amis, Aïcha. Nous serons bientôt de retour. Tout va bien se passer.

À leur arrivée deux jours plus tard, Safiya me salua, absolument ravie de me revoir. Son fils, à présent âgé de trois ans, était toujours aussi mignon. Nous nous assîmes tous les quatre dans la cuisine, puis Safiya déclara qu'elle avait sommeil. Avec Tarik, elle se retira dans le salon, qui tenait également lieu de chambre d'amis. Le petit garçon revint quelques minutes plus tard en pyjama et se cramponna à Omar, qui le prit par le bras et le ramena auprès de sa mère. Je retins ma respiration tout en fixant des yeux la porte restée entrouverte. S'il reste plus longtemps dans cette pièce, je les tue tous les deux, pensai-je. Au bout d'une trentaine de secondes, Omar sortit et referma la porte derrière lui.

— Moi aussi, je suis fatigué, dit-il. Viens, Aïcha, allons nous coucher.

Il me prit dans ses bras et me fit l'amour, comme à chaque retour de voyage.

— Comment tu envisages la suite ? lui demandai-je après. Ce soir avec moi, demain avec elle ?

Ma colère était retombée pour laisser place à un profond désespoir. Omar ne répondit pas et ne tarda pas à ronfler légèrement. Encore une fois, je ne pus fermer l'œil de la nuit.

Je ne sais plus comment s'est déroulée la journée du lendemain, mais je l'ai vraisemblablement passée avec Safiya et Tarik. Le soir, Omar rentra à la maison, nous dit bonsoir et caressa la tête de Tarik. Je détournai le regard devant ce spectacle insupportable. Croyait-il vraiment accéder au paradis de cette façon-là ? C'était la question que je me posais, tandis que nous jouions à la petite famille unie. Puis il me souhaita une bonne nuit, prit l'enfant dans ses bras, suivit Safiya dans le salon et ferma la porte derrière lui. Encore une fois, je retins ma respiration tout en comptant les secondes, même si je savais qu'il ne ressortirait pas. Maintenant, il va faire l'amour avec elle comme il l'a fait avec moi hier soir, pensai-je. Alors je craquai et brisai la vaisselle que Safiya et moi venions de laver et d'essuyer, puis je me jetai de toutes mes forces contre la porte du salon et l'enfonçai. Hors de moi, je remarquai à peine qu'Omar me frappait. Je ne sentais rien, je hurlais comme une possédée. Il me tira jusqu'à la salle de bains et essaya de m'y enfermer, mais là aussi je démolis la porte. J'aurais pu détruire tout ce qui me tombait sous la main et je ne sais pas ce que j'aurais fait à Safiya si elle s'était trouvée en travers de mon chemin. Finalement, Omar me roua de coups jusqu'à ce que je perde à moitié connaissance.

Le lendemain, Safiya essaya de renouer le dialogue. Elle m'apporta de l'eau glacée et y plongea une compresse qu'elle appliqua sur mon visage contusionné.

— Ne me touche pas, grommelai-je.

— Cette situation me chagrine, répondit-elle en s'éloignant prudemment. Comme tu t'étais montrée si gentille avec moi à Split, je pensais que nous pourrions devenir amies. Je me fiche qu'Omar partage ton lit, alors pourquoi, toi, ça te dérange ? Notre mari t'a sûrement expliqué comment les choses se passeraient.

Je me tournai vers le mur et l'entendis quitter la pièce. Omar entra quelques instants plus tard.

— Je vais conduire Safiya à Bocinja, donc essaie de te calmer d'ici ce soir. Je peux faire quelque chose pour toi ?

— La renvoyer chez elle, ce serait un bon début ! rétorquai-je.

13

Omar partageait équitablement son temps entre Safiya et moi, conformément aux préceptes du Coran. Il passait une nuit avec moi, puis partait la rejoindre le lendemain en voiture. Ainsi, il fit régulièrement l'aller-retour entre Bocinja et Sarajevo pendant quelques jours. J'étais folle de rage, je l'imaginais constamment dans les bras de Safiya et, quand il rentrait, je me refusais à lui et lui faisais des scènes terribles.

— Cette nuit t'appartient, Aïcha, m'annonça-t-il un soir dès son arrivée. Es-tu prête à partager ton lit avec moi ?

Je me contentai de secouer la tête.

— Je ne te suis pas, tu étais pourtant d'accord pour que je me remarie, dit-il soudain en s'approchant de moi.

— Ce n'est pas vrai, tu mens.

— Je m'en souviens très bien. Tu as dit que tu trouvais Safiya sympathique.

— Cela ne signifiait pas que tu pouvais l'épouser ! Tu m'as manipulée avec tes histoires d'orphelins pour mettre une nouvelle femme dans ton lit. Tu n'es qu'un sale hypocrite !

— Arrête de m'insulter, Aïcha. Je rentre du travail, je suis fatigué et je veux juste me reposer en ta compagnie. Si tu continues à me repousser, je m'en vais !

Pour qu'il parte la rejoindre ? Pas question qu'il passe « ma » nuit avec l'autre. Je ravalai donc ma colère et le laissai me faire l'amour, mais je ne pus m'empêcher de pleurer. Puis il me tint dans ses bras pendant des heures tout en m'assurant qu'il m'aimait, qu'il avait besoin de moi. Le lendemain matin, il me demanda de partir avec lui pour Bocinja.

— Impossible, répondis-je. Si je croise Safiya, je ne réponds plus de rien. Au fait, est-ce qu'elle s'est installée chez nous ?

— Non, tu es la seule femme à avoir le droit d'y vivre. Safiya vit dans une petite maison située derrière la mosquée. Ainsi, tu ne seras pas obligée de la voir si tu ne le souhaites pas. En tout cas, sache qu'elle te passe le bonjour. Elle ne se sent pas bien et espère que tu lui rendras bientôt visite. Maintenant, fais ta valise. Je refuse que tu restes seule ici, c'est bien compris ?

C'était un ordre.

À Bocinja, je n'allais certes pas très bien, mais déjà beaucoup mieux qu'à Sarajevo, car je me sentais moins seule. Saïda, Umu Musa, fut la première à venir me voir. Elle me raconta que Safiya était aussi malheureuse que moi et qu'elle pleurait beaucoup. Cela me surprit, car je l'imaginais en train de savourer son triomphe, et je ne pus cacher le fait que cette nouvelle me réjouissait. D'autres femmes me rendirent visite, et même Umu Haiman, ma voisine très conservatrice, m'apporta des pâtisseries syriennes que sa famille venait de lui envoyer. Ces gestes d'affection me redonnèrent du courage, si bien que je finis par me laisser convaincre d'aller voir Safiya.

Pâle comme un linge, elle vacilla lorsqu'elle nous ouvrit la porte, à Omar et à moi. Je crus d'abord qu'elle redoutait de se retrouver face à moi, or elle était vraiment souffrante. Je lui proposai de l'emmener voir un médecin, mais elle refusa de mettre le nez dehors.

— Quand j'avale ne serait-ce qu'un verre d'eau, je le vomis aussitôt, gémit-elle.

J'avais déjà entendu cela dans la bouche de nombreuses femmes ! J'envoyai Omar à la pharmacie de Maglaj chercher un test de grossesse, tandis que je jouais avec le petit Tarik et aidais Safiya à ranger la cuisine. Lorsqu'il revint, je dus traduire en bosniaque les différentes étapes du test à Safiya. Le résultat était sans appel : elle attendait un enfant. Je sortis dans le jardin, où mon mari était en train de construire un poulailler.

— Félicitations. Cela fait dix ans que j'essaie de tomber enceinte et vous, vous y arrivez du premier coup. Tu vas être père.

Je tournai les talons et rentrai chez moi. Alors qu'Omar se trouvait dans son bureau, j'errai entre la chambre et la cuisine, complètement perdue. Mon mari était censé passer cette nuit-là avec moi, mais je n'en avais aucune envie. Un quart d'heure plus tard, Tarik, accompagné d'une fillette plus âgée, frappa à notre porte en pleurs.

— Que se passe-t-il ? demandai-je.

— Abi, viens vite ! cria le petit garçon. Maman est malade, elle va mourir ! Il faut que tu viennes, Abi !

Omar accourut.

— Le petit t'appelle déjà « papa », lui dis-je, décontenancée. Et cette femme que tu as prise comme épouse devant Dieu ne supporte pas que tu t'absentes plus de cinq minutes. Mais dans quel pétrin tu nous as fourrés, Omar ?

— Elle a besoin de moi...

— Elle est enceinte et elle a des nausées, voilà tout. Va la voir. De toute façon, il est hors de question que je partage mon lit avec toi ce soir. Quant à cette femme, sache qu'elle ne t'apportera rien de bon. Va-t'en, maintenant.

— Je serai de retour dans quelques heures.

— Ne te donne pas cette peine, rétorquai-je en lui claquant la porte au nez.

Je me jetai sur le lit et laissai libre cours à mon chagrin. Puis je me levai, parcourus la maison et frappai les murs avec mes poings, tout en continuant à pleurer. La colère me poussa à monter sous les toits, devant la porte du studio d'Omar. Heureusement, ce dernier l'avait fermée à clé, sinon j'aurais certainement réduit tous ses appareils en miettes. La clé ne se trouvait d'ailleurs pas dans sa cachette habituelle. Je ne trouvai que celle du petit débarras où il entreposait entre autres son matériel de propagande djihadiste. Je ne devais y entrer sous aucun prétexte, mais la dernière fois que j'y avais jeté un coup d'œil, je n'avais aperçu que des livres, des cassettes et des tracts en arabe. Après la guerre, je lui avais demandé d'y enfermer également sa kalachnikov et son pistolet, car je ne voulais pas voir d'armes traîner dans ma maison. Pendant longtemps, je crus qu'il les avait restituées, mais je compris ce jour-là que ce n'était pas le cas. Le pistolet était posé en évidence sur une étagère, à côté de plusieurs boîtes de munitions. Quant à la kalachnikov, elle était appuyée sur un sac de pommes de terre rempli à ras bord. Mais pourquoi Omar se fatiguait-il à le conserver au premier étage, alors que la cuisine se trouvait au rez-de-chaussée ?

Je regardai à l'intérieur et reculai, choquée : ce sac contenait des centaines de grenades. Puis mes yeux se posèrent sur une caisse de bazookas.

Lorsque Omar revint dans la soirée, je l'attendais dans la cuisine, vêtue de mon manteau et de mon *niqab*, une valise à la main.

— Ramène-moi à Sarajevo sur-le-champ. Je ne resterai pas une minute de plus tant que nous aurons ces armes sous notre toit, annonçai-je. Tu as perdu la raison ? Qu'est-ce que tu comptes faire avec ces grenades ? Tu veux tuer qui ? Est-ce que j'ai épousé un assassin ?

Il monta les escaliers quatre à quatre, verrouilla la porte du débarras et se planta devant moi.

— Tu l'as trouvée où, cette clé ? demanda-t-il d'un ton glacial. Depuis quand tu te permets de fouiller dans mes affaires ?

Cette fois-ci, je me dis qu'il allait me battre à mort. Il s'était métamorphosé en l'espace d'une seconde : son regard, le timbre de sa voix, sa posture me glacèrent le sang, je demeurai muette. Alors il me saisit par les épaules et me secoua.

— Ne me mens pas, Aïcha. Tu es entrée combien de fois dans cette pièce ? Qu'est-ce que tu as vu ?

— Rien, bredouillai-je. J'étais tellement furieuse que je voulais tout casser.

— Prie Allah pour qu'Il te délivre de ce mal. Nous ne pourrons plus vivre ensemble si tu refuses de changer. Je te faisais confiance, mais c'est terminé. Qu'est-ce que tu vas faire, te précipiter au commissariat pour me dénoncer ? Ne te donne pas cette peine, car personne ne te croira. Et le temps que la police vienne perquisitionner la maison, tout aura disparu. Va te coucher maintenant.

Bien sûr, je ne pus fermer l'œil de la nuit, craignant que la maison n'explose, et comptai les minutes jusqu'au lendemain matin. Au petit jour, Omar me reconduisit à Sarajevo. Avant de repartir, il me conseilla de lire le Coran et de demander de l'aide à Dieu.

— Moi aussi je prierai pour toi, Aïcha. Le démon de la jalousie s'est emparé de toi. Tu dois t'en guérir car tu te rends malade, tu me rends malade, tu rends tout le monde malade. Seul Allah peut encore sauver ton âme.

Omar avait perdu la tête et, de mon côté, j'étais tout aussi folle de me cramponner à lui ainsi. Je ne pouvais toujours pas me résoudre à le quitter. Mais lorsqu'il me parlait de l'enfer dans lequel j'étais destinée à rôtir pour l'éternité, tout mon être se révoltait contre cette image d'un Dieu assoiffé de vengeance. Allah le miséricordieux, le charitable, le Dieu de l'amour et du pardon, voilà ce qui m'avait séduite dans l'islam, et non le diable et les démons, qui, pour moi, n'existaient pas. La jalousie qui m'agitait n'avait rien de démoniaque, il s'agissait là d'un sentiment humain. Une femme avait le droit de refuser de partager son mari avec une autre femme et de se battre pour sauver son couple. Mahomet était certes polygame, mais le monde avait évolué depuis. De nos jours, les façons de secourir la veuve et l'orphelin ne manquaient pas.

Cette fois-ci, Omar m'enferma à clé dans l'appartement de Sarajevo. Régulièrement, il m'apportait à manger et me demandait si le démon de la jalousie m'avait enfin quittée.

— Tu veux savoir si je suis toujours jalouse ? La réponse est oui, lui rétorquai-je à plusieurs reprises. Tu as l'intention de me retenir prisonnière combien de temps ?

— Jusqu'à ce que je puisse à nouveau te faire confiance, jusqu'à ce que tu sois redevenue toi-même.

— C'est toi qui as changé, Omar, pas moi. Tu as fichu notre mariage en l'air. Moi, je suis toujours la femme que tu as épousée. En tout cas, une chose est sûre : entre nous, plus rien ne sera jamais comme avant !

Omar tenta alors une autre approche et en appela à ma générosité. D'après lui, Safiya était seule, perdue, elle ne se sentait pas bien et demandait tous les jours de mes nouvelles. Même le petit Tarik réclamait sa tante Aïcha. Puis il me fit la liste des femmes qui priaient pour mon salut et me passa le bonjour de leur part.

Omar fit donc tout son possible pour me convaincre de revenir vivre à Bocinja, mais j'avais d'autres projets en tête. Je lui expliquai que c'était encore trop tôt, que j'avais besoin d'être au calme. En fait, je voulais qu'il relâche sa surveillance. Et, effectivement, il arrêta de m'enfermer à clé lorsqu'il s'absentait.

J'en profitai pour descendre voir nos voisins, une mère et son fils étudiant. Je les connaissais tous les deux de vue, mais je ne leur avais jamais vraiment adressé la parole. Comme Omar ne les appréciait pas, je me contentais de leur dire bonjour lorsque je les croisais dans l'escalier. La femme sursauta en me voyant sur le pas de sa porte, mais elle fut rassurée après que j'eus soulevé mon voile pour lui montrer mon visage.

— J'ai besoin d'aide, lui dis-je en bosniaque. Est-ce que je peux utiliser votre téléphone ?

— Je vous en prie, entrez.

Elle m'accompagna au salon, me servit un verre d'eau et partit s'affairer dans la cuisine, tandis que j'appelais l'ambassade d'Allemagne à Sarajevo. J'avais appris le numéro par cœur lors de mon arrivée en Bosnie.

— Il me faut un rendez-vous de toute urgence, et obligatoirement un dimanche, le seul jour où mon mari est absent, expliquai-je, nerveuse.

— Impossible, répondit mon interlocuteur, nous sommes fermés.

Désespérée, j'insistai pour parler à son supérieur, mais il dit que ça ne servirait à rien, que son chef ne ferait que confirmer. Néanmoins, à force de le supplier, de lui donner des ordres, de le menacer, il finit par me mettre en contact avec une femme.

— Je ne peux pas vous expliquer au téléphone, mais sachez que c'est une question de vie ou de mort et que d'autres personnes sont concernées.

— Je comprends, répondit la femme. Je ferai tout mon possible, mais pourriez-vous préciser pourquoi nous devons vous accueillir un dimanche ? Si vous ne pouvez pas parler librement, serait-il possible de nous le faire comprendre par allusions ?

— Mon mari stocke des grenades et des bazookas à la maison. Ça vous suffit comme justification ?

Elle avala sa salive et m'assura qu'on me recevrait le dimanche suivant. Convaincre ma voisine de m'aider fut un jeu d'enfant. Il me suffit de lui expliquer que je voulais m'enfuir loin de mon mari parce qu'il me maltraitait. Elle le savait car elle nous avait souvent entendus nous disputer. Cependant, j'hésitai lorsqu'elle proposa que son fils me conduise à l'ambassade : la *charia* était une partie de moi, si bien que je considérais comme un crime le fait de monter seule en voiture avec un inconnu. Ma voisine comprit immédiatement et promit de m'accompagner.

Sur le chemin qui me menait à l'ambassade, je n'avais qu'un seul espoir : qu'on me sorte de ce cauchemar au plus vite. Mais comment ? J'étais naïve et inexpérimentée. Au cours de ces nombreuses années, Omar avait toujours tout décidé à ma place.

Les fonctionnaires de l'ambassade m'accueillirent avec beaucoup de gentillesse. Une femme et un homme, dont j'ai oublié le nom et la fonction, m'offrirent une tasse de café. J'étais venue avec l'intention de leur raconter mon histoire depuis le début mais, après m'avoir écoutée pendant quelques minutes, ils m'interrompirent et me demandèrent ce que j'attendais d'eux.

— Que vous agissiez. Et de quelle façon exactement, vous le saurez une fois que je vous aurai tout raconté.

Je pus encore prononcer une ou deux phrases avant que l'homme n'intervienne.

D'après lui, l'ambassade d'Allemagne et le ministère des Affaires étrangères ne pouvaient rien pour moi. Nous nous trouvions sur le territoire bosniaque ;

par conséquent, si je voulais porter plainte contre mon mari pour détention illégale d'armes, je devais m'adresser à la police bosniaque. Les fonctionnaires de l'ambassade n'étaient pas habilités à le faire à ma place, et j'étais d'ailleurs la seule à avoir vu ces grenades et ces bazookas.

Je commençai à en donner une description plus précise, mais cette fois-ci ce fut la femme qui m'interrompit.

— Nous vous croyons, mais la guerre est finie. Beaucoup de gens détiennent encore des armes chez eux, et c'est au gouvernement bosniaque et à lui seul de faire régner l'ordre dans ce pays. S'il tolère ces armes…

— Alors que pouvez-vous faire pour moi ? demandai-je, désespérée.

— Si vous êtes bien décidée à divorcer et si vous estimiez être en danger, nous vous réserverons un billet d'avion pour l'Allemagne, à vos frais, bien entendu. Si vous n'avez pas d'argent, nous pouvons vous en avancer.

Je ne répondis pas.

— Êtes-vous bien certaine de vouloir quitter votre mari ? insista mon interlocutrice. Peut-être que votre couple traverse une grave crise et que les choses finiront par rentrer dans l'ordre.

Sur ces mots, je me levai d'un bond, la remerciai et sortis. J'étais très en colère contre elle car elle n'avait rien compris, elle était tranquillement restée assise là sans se donner la peine de m'écouter vraiment. Mais alors, qui me viendrait en aide ? Je me traînai jusqu'à la voiture et m'affalai sur la banquette arrière, à côté de ma voisine. Son fils démarra aussitôt.

— Ça ne s'est pas bien passé? demanda-t-elle, inquiète.

— Si, ça s'est bien passé. Très bien, même.

Ce rendez-vous à l'ambassade avait au moins eu le mérite de me faire comprendre une chose: si personne ne m'aidait, je devrais prendre mon destin en main. Mais comment, je ne le savais pas encore.

Quelques jours plus tard, j'avouai tout à Omar. Mieux valait qu'il l'apprenne par moi, plutôt que par la voisine ou par quelqu'un d'autre. Ainsi, je voulais lui montrer que je n'étais pas totalement à sa merci, que je pouvais encore me défendre. Je redoutais sa réaction, mais il ne fut ni surpris ni furieux. Au contraire, il se moqua de moi.

— Ma pauvre Aïcha, rends-toi donc à l'évidence, tu es dépendante de moi. Oublie tes compatriotes! D'ailleurs, qu'est-ce que tu as bien pu leur raconter sur moi?

Il ne semblait pas inquiet, mais j'eus la nette impression qu'il tenait tout de même à savoir.

— Je leur ai expliqué que tu cachais des armes à Bocinja, répondis-je, agacée.

— Et à part ça?

— Qu'est-ce que j'aurais pu dire d'autre? J'aurais pu parler de tes vidéos, mais à quoi bon? On ne m'aurait pas crue, de toute façon.

Il sourit, satisfait.

— Je savais que tu n'hésiterais pas à me dénoncer. Maintenant, rentre-toi bien ça dans le crâne: tu ne pourras jamais me nuire. Si tu veux porter plainte contre moi, je t'en prie, ne te gêne pas. Je te conduirai même au commissariat si tu le souhaites. Je t'attendrai devant la porte pendant que les policiers te riront au nez. Et même s'ils daignaient perquisitionner la maison, ils ne trouveraient rien. Il n'y a jamais eu d'armes.

— Mais je les ai vues de mes propres yeux !

— Tu as rêvé. Tu étais aveuglée par la jalousie, tu t'es trompée. Le démon qui sévit en toi a inventé ces armes pour te rendre folle. Rentre avec moi à Bocinja et vérifie par toi-même !

En cet instant, je le haïs pour son arrogance, pour ses mensonges et pour l'emprise qu'il exerçait sur moi. Et je me haïs moi-même car je ne parvenais pas à me défendre contre lui. Il ne me frappait pas, il ne me punissait pas ; tout ce qu'il voulait, c'était me convaincre de faire la paix avec lui. Il déformait la vérité jusqu'à ce que je sois complètement déstabilisée.

Soudain, il me prit les mains et me regarda droit dans les yeux.

— Maintenant, fais ta valise, Aïcha. Nous rentrons à la maison, chez nos frères et sœurs. Et pour que tu comprennes où est ta vraie place, j'aimerais que nous fassions ensemble le pèlerinage de La Mecque.

14

Après avoir essuyé cette défaite, je revins soumise à Bocinja, où, à ma grande surprise, les autres femmes me traitèrent avec le plus grand respect. Mais je compris vite pourquoi. En effet, tous les villageois savaient que mon mari avait l'intention de m'emmener à La Mecque, ce qui me faisait remonter dans leur estime. Je savourais le fait d'être au centre de l'attention. Safiya, de son côté, se tenait en retrait, comme si elle avait peur de moi. Elle était pâle et amaigrie. Ses cheveux aux reflets cuivrés qui faisaient sa fierté étaient à présent ternes et fourchus. Elle avait perdu tout son charme, ce que je constatai non sans une certaine satisfaction. J'allai à sa rencontre pour la saluer, bien consciente que les autres femmes assistaient au spectacle.

— Bonjour, Safiya. Tu n'as pas l'air bien. Ton mari te maltraite ou tu es malade ?

Par cette phrase, je montrai clairement que je la considérais comme une inférieure, et non comme une rivale.

— Merci de t'en soucier, répondit Safiya.

Elle était malade depuis quelque temps, mais la doctoresse ne l'avait pas auscultée. Elle refusait désormais d'examiner les patientes musulmanes parce que celles-ci sentaient souvent très mauvais.

— Je lui en parlerai, dis-je spontanément, touchée par les propos de Safiya.

— Tu devrais plutôt en parler aux hommes, tu les connais, répliqua-t-elle.

En effet, les moudjahidin considéraient le parfum et même le savon comme des inventions du diable. Je comprenais le point de vue de la doctoresse, mais, si elle ne venait plus, le village courrait à la catastrophe, ces hommes étant trop rétrogrades pour accepter que leurs épouses aillent consulter à Maglaj ou même à Zenica.

J'en discutai immédiatement avec Omar, uniquement pour m'entendre dire que ce sujet était trop délicat à aborder avec ses amis.

— Vraiment ? Dans ce cas, je m'en chargerai moi-même ! m'exclamai-je. Mais n'aie pas peur, personne n'entendra ma voix !

J'échaffaudai un plan que je décidai toutefois de garder pour moi. Les femmes pouvaient prier dans la galerie supérieure de la mosquée, dans laquelle venaient régulièrement des cheikhs et des théologiens. Ils maîtrisaient parfaitement les préceptes du Coran ainsi que leurs différentes interprétations possibles, et quiconque avait un problème pouvait leur demander conseil, y compris les femmes. Celles-ci écrivaient leur question sur une feuille de papier qu'elles pliaient et laissaient tomber en bas. Puis quelqu'un la ramassait, l'apportait au cheikh qui lisait la question à haute voix et y répondait.

Dès que l'occasion se présenta, je dictai donc quelques mots à Safiya, qui les traduisit en arabe : « Quand une femme doit consulter un médecin, a-t-elle le droit de se laver de façon à ne pas sentir la sueur ? » Lors de sa venue, le cheikh rappela la signification des ablutions rituelles, qui faisaient partie intégrante de la prière. On n'avait pas le droit de se présenter devant Dieu, d'entrer dans une mosquée ni de toucher le saint Coran en étant impur. Aussi, il convenait de nettoyer soigneusement le moindre orifice corporel à l'eau. Les produits chimiques étaient à éviter, mais lorsque l'on sentait fort, on pouvait bien sûr utiliser un savon non parfumé. Le talc permettait lui aussi de camoufler les odeurs de transpiration. Les autres femmes et moi avions obtenu gain de cause.

— Je sais que tu as tout manigancé, me dit ensuite Omar. C'était très habile de ta part, mais prends garde. Il y a des choses que tu ne pourras jamais changer.

Au cours de l'été 1997, j'obtins d'Omar que Djamila vienne à Bocinja pour m'aider à jardiner. Comme nous avions très peu d'argent, je la payais en café ou en nourriture. Un jour, comme il faisait bien trop chaud pour que je travaille dehors affublée de mon manteau, de mon *niqab*, de mes gants et de mes collants, je restai à l'intérieur. Djamila, elle, était plus légèrement vêtue : elle portait un vieux T-shirt, un pantalon large ainsi que son foulard. Alors qu'elle ratissait le jardin, le muezzin lança l'appel à la prière et plusieurs hommes se hâtèrent en direction de la mosquée. Mais l'un d'eux coupa par le jardin et s'approcha de Djamila. Il s'agissait d'Abu Haiman, mon voisin syrien, qui vivait là depuis si longtemps qu'il maîtrisait parfaitement le bosniaque. Je les observai tous les deux de ma fenêtre et ne perdis pas une miette de leur conversation.

— Tu es notre invitée dans ce village où vivent des musulmans pratiquants, dit Abu Haiman. Par conséquent, il serait de bon ton que tu te couvres plus.

— Écoute, mon frère, répondit Djamila de sa voix enrouée par le tabac, je suis dans mon pays. J'y suis née il y a cinquante ans et vous tous qui vous trouvez ici êtes des invités chez moi. Et si je fais ce boulot, c'est parce que vous, les hommes, vous exigez de vos femmes qu'elles s'habillent dans des sacs à patates. Comment sont-elles censées jardiner alors qu'elles n'arrêtent pas de trébucher sur leur manteau débile ?

Elle parlait de plus en plus fort et ne laissait pas Abu Haiman placer un mot, si bien que ce dernier finit par tourner les talons.

— Tu as été géniale, dis-je à Djamila lorsqu'elle rentra, encore tremblante de colère. Tu as raison sur toute la ligne, merci de l'avoir remis à sa place. Cependant, je ne serais pas étonnée que ça me retombe dessus. Je te parie que mon mari rentrera à la maison sitôt la prière terminée.

J'avais vu juste.

— Aïcha, il faut que je te parle seul à seul ! cria-t-il dès qu'il eut franchi le seuil de la porte.

Justement, Djamila prenait sa pause dans la cuisine. Nous échangeâmes un bref regard, puis je me levai et allai voir mon mari. Il me déclara d'un ton glacial que Djamila était désormais *persona non grata* au village.

— Je vais le lui dire, mais c'est à elle de décider ce qu'elle veut faire, répondis-je.

Djamila revint me voir une semaine plus tard, profitant de l'absence d'Omar. Celui-ci passa en coup de vent dans la soirée pour m'informer qu'il dormirait à la mosquée.

— Ton insubordination me fait honte, et je ne dormirai plus ici tant que tu continueras à me désobéir.

Je t'avais pourtant dit que cette femme ne devait plus remettre les pieds chez nous.

— Va dormir où ça te chante, rétorquai-je. Tant que je vivrai ici, Djamila me donnera un coup de main. À part elle, qui le fera ? Sûrement pas ton autre femme, qui passe ses journées à se plaindre !

Je le vis se mettre en route pour la mosquée, certaine qu'il n'irait pas chercher du réconfort auprès de Safiya, devenue un véritable fardeau. Elle se servait constamment de sa grossesse pour le retenir auprès d'elle. Cela l'énervait qu'elle l'appelle en plein travail sous prétexte que Tarik semblait s'être fait mal ou parce qu'elle était tellement malade. Elle ne se privait pas non plus pour le déranger lorsqu'il était censé passer la nuit avec moi, mais il se montrait alors plus compréhensif. Quant à moi, je supportais de moins en moins son petit jeu, ainsi que l'aveuglement d'Omar.

— Tu ne vois pas qu'elle te manipule ? lançai-je à Omar dix jours plus tard, alors qu'il s'apprêtait encore une fois à se précipiter chez Safiya. D'après le Coran, tu dois mettre tes deux femmes sur un pied d'égalité, or tu me réprimandes à la moindre occasion alors que tu lui laisses tout passer. Ce n'est pas la première femme au monde à tomber enceinte !

— Reprends-toi, Aïcha. Tu es jalouse qu'elle porte mon enfant…

— Ramène-moi à Sarajevo, l'interrompis-je brusquement. Tu as raison, au début j'enviais Safiya, mais plus maintenant. Je n'aimerais pas non plus être à ta place, Omar. Tu as beau avoir deux femmes, penses-tu t'être rapproché du paradis ne serait-ce que d'un millimètre ?

Il m'ordonna de me taire, mais j'étais trop en colère pour obtempérer.

— Jamais le Coran n'a interdit aux femmes de penser. Si Dieu nous a dotées d'un cerveau, c'est bien pour que nous nous en servions ! Et Il nous a aussi pourvues d'une bouche pour nous exprimer !

En guise de réponse, il me gifla et se précipita chez Safiya. J'avais la joue brûlante, mais je m'en fichais complètement. En effet, ces affrontements étaient pour moi l'occasion de tester les limites de mon mari. Il m'arrivait même de le provoquer sciemment pour m'entraîner, en quelque sorte. Ainsi, je reprenais peu à peu confiance en moi.

Cette même nuit, Omar me reconduisit à Sarajevo et repartit le lendemain matin sans me dire au revoir, tant il était furieux. Nous étions vendredi, et je ne le reverrais que le lundi suivant. Je passerais donc le week-end toute seule, une perspective qui ne m'enchantait guère.

Le samedi, Gabi m'appela, comme elle le faisait tous les deux mois quand Ahmed lui manquait. Ce dernier était passé peu de temps auparavant à Bocinja avec un sac rempli de cadeaux à mon intention, et j'ignorais où il se trouvait à présent. Je savais seulement qu'il devait acheminer à l'étranger des films qu'Omar venait de terminer. Ahmed était à présent un agent de liaison. Il passait la frontière avec du matériel de propagande, entre autres. Pour entrer dans certains pays, on pouvait laisser les cassettes sur la banquette arrière du véhicule. Plus elles étaient posées en évidence, moins les douaniers étaient susceptibles de s'y intéresser. À d'autres frontières, il fallait les mettre dans de petits emballages en carton et les glisser sous la ceinture ou dans les chaussettes. Sans la boîte en plastique, elles prenaient moins de place, et les douaniers ne les sentiraient pas lors d'une éventuelle fouille corporelle.

Je remerciai tout d'abord Gabi pour le chocolat qu'Ahmed avait apporté, puis je déversai toute la colère que j'avais accumulée au cours des semaines passées. Je parlai de Safiya encore et encore jusqu'à ce que Gabi m'interrompe sèchement.

— Tu n'aurais jamais dû partir vivre en Bosnie, et maintenant il faut que tu trouves un moyen de te sortir de ce pétrin. Tu es au courant pour la plainte ?

— Quelle plainte ? Je ne vois pas de quoi tu parles, répondis-je, blessée de son manque de compassion.

— Personne ne t'a rien dit ? Tu es poursuivie en Allemagne pour vol de voiture.

Sous le choc, je ne pus prononcer un mot. Gabi m'expliqua alors qu'il s'agissait de la Ford Sierra avec laquelle nous avions émigré en Bosnie quatre ans auparavant.

— Ton mari a sans doute oublié que c'était un véhicule en leasing. Il aurait dû résilier le contrat avant de partir et, comme il est à ton nom, c'est toi qui portes le chapeau.

— Donc on m'arrêtera si je pénètre sur le territoire allemand avec cette voiture ?

— Sûrement. Peut-être même si tu rentres par un autre moyen de transport. Je ne sais pas si tu es déjà fichée pour vol. En tout cas, dis à ton mari de régler cette histoire au plus vite.

Après qu'elle eut raccroché, je restai assise là, le combiné à la main, et je réfléchis à la marche à suivre. Devais-je essayer de joindre Omar ? Ne pouvant me résoudre à appeler chez Safiya, je décidai d'attendre jusqu'au lundi suivant.

Une heure plus tard, j'avais changé d'avis. Hors de question d'être considérée un jour de plus comme une criminelle. Mon seul tort était d'avoir confié à Omar les démarches relatives à notre départ d'Allemagne. J'aurais dû me douter qu'il ne s'en était pas occupé convenablement, qu'il s'était contenté de ne plus payer. Il ne s'attardait pas sur ce genre de détails, et je l'entendais déjà me répondre que cela n'avait aucune importance. Mais alors que j'imaginais notre prochaine dispute, j'eus enfin l'idée de m'en charger moi-même. La voiture était garée non loin de l'appartement, sans plaques d'immatriculation. Celles-ci étaient cachées dans le bureau d'Omar, parmi d'autres.

Dans la nuit de samedi à dimanche, je sortis discrètement revisser la plaque. Le soleil n'était pas encore levé lorsque je m'assis au volant et pris la direction de l'Allemagne, seule, sans même laisser un mot à Omar. Je ne lui téléphonerais que si je parvenais à passer la frontière avec ce véhicule. Il fallait absolument que je règle cette histoire ; c'était la seule chose qui m'importait en cet instant. Mon cœur battit la chamade tout le long du trajet. Je faillis plusieurs fois rebrousser chemin, tant je redoutais de me faire contrôler. Que se passerait-il alors ? Je me voyais déjà en prison, je me demandais quelle peine j'encourais pour une telle infraction. Et quelle honte, si ma famille l'apprenait ! Pour moi, le pire aurait été que mon frère se voie obligé de payer ma caution.

Je ne cessai de prier Dieu de bien vouloir me protéger. Or Il veillait indubitablement sur moi, car le même scénario se répéta à chaque frontière: les douaniers, me voyant seule dans la voiture, me faisaient signe de passer d'un geste las, alors que tous les véhicules devant et derrière moi étaient arrêtés et contrôlés avec la plus grande minutie. Je n'eus même pas besoin de montrer mon passeport!

Je mis le cap sur Tübingen, où vivait Karl. Quand je lui eus tout expliqué, il me proposa immédiatement son aide. Puis j'appelai Omar le lendemain matin. Lorsque je lui annonçai que j'étais en Allemagne et que j'avais rapporté la voiture, il ne me fit aucun reproche.

— Je ne t'aurais jamais crue capable de faire ça, Aïcha, dit-il, reconnaissant. J'avais oublié à quel point tu étais forte, je suis fier de toi.

Je savourai ses paroles: moi aussi, j'étais fière de moi! Une semaine plus tard, tout rentra dans l'ordre: la voiture, très endommagée après des années passées à parcourir les routes bosniaques, fut finalement rachetée par des amis musulmans d'Omar qui m'en donnèrent mille marks. J'utilisai cette somme pour rembourser une partie de la dette, à la suite de quoi la plainte fut retirée. Il restait huit mille marks à payer, que je versai en petites mensualités jusqu'à l'été 2003.

De son côté, mon frère me poussa évidemment à rester en Allemagne.

— Tu es folle de vouloir repartir là-bas, dit-il. Cet homme fait ce qu'il veut de toi, tu manques de finir en prison à cause de lui, mais, dès qu'il appelle, tu accours comme un brave petit toutou. Tu peux m'expliquer?

— Non, je ne peux pas. C'est trop compliqué.

D'un côté, au bout de plus de dix ans de vie commune avec Omar, j'étais devenue son esclave. De l'autre, je commençais à me libérer petit à petit de son emprise. Je n'y parviendrais pas en une seule fois et je le savais, voilà pourquoi je devais rentrer auprès de lui.

Avant de repartir, je me rendis dans un magasin de puériculture, où j'achetai une poussette d'occasion ainsi que des couches pour le futur enfant d'Omar.

15

Lorsque je descendis de voiture à Bocinja, le petit Tarik s'élança à ma rencontre et me sauta au cou avec tant d'enthousiasme que nous faillîmes tomber tous les deux à la renverse. Il se réjouissait autant de mon retour que du banquet qui m'attendait.

— Umu Aïcha, viens vite ! s'écria-t-il. Il y a plein de bonnes choses à manger !

Je l'embrassai, le reposai par terre et lui demandai si c'était sa mère qui avait cuisiné en mon honneur.

— Oui, même qu'Umu Islam, Umu Haiman et Umu Jasmin l'ont aidée. Omar a tué un poulet. Tu as faim ? Moi, oui !

Depuis la fin de la guerre trois ans auparavant, la situation économique du village n'avait cessé de se dégrader. Comme la concession automobile d'Omar ne rapportait pas assez d'argent, nous nous nourrissions au quotidien d'œufs, de lait et de pommes de terre. Nous ne mangions quasiment jamais de viande.

Tarik me prit par la main et me tira vers ma maison, où se trouvaient les autres femmes. Je n'avais pas vu Safiya depuis plusieurs semaines : son ventre paraissait d'autant plus énorme qu'elle avait maigri du reste du corps. Lorsqu'elle m'aperçut, son visage s'éclaira et elle me salua comme si nous étions les meilleures amies du monde.

— Tu nous as tellement manqué ! Bienvenue chez toi, Aïcha. J'espère que tu ne m'en veux pas d'être entrée pour te préparer ce repas.

— Merci de t'être donné tant de mal, surtout dans ton état, répondis-je, touchée. Merci à toutes, c'est si bon d'être de retour à la maison.

J'étais sincère. À certains moments, je me sentais comme un poisson dans l'eau aux côtés des autres musulmanes ou de mon mari. Alors j'oubliais mes projets de divorce et je me persuadais que tout allait bien pour moi.

Cette nuit-là m'était consacrée. Le lendemain soir, lorsque Omar prit congé et partit rejoindre Safiya, je le suivis des yeux jusqu'à ce qu'il disparaisse au coin de la rue. La fatigue avait beau se faire sentir, je n'aurais pas pu fermer l'œil de la nuit, obnubilée comme je l'étais par Omar et Safiya. Je me rappelai toutefois qu'il ne pouvait pas lui faire l'amour, étant donné l'état de santé de ma rivale.

— Tu ne dois pas laisser cette jalousie te faire perdre la tête, dis-je à haute voix. Maintenant que tu es là, fais quelque chose !

Mais quoi ? J'errai dans la maison, rangeai la cuisine qui n'en avait nullement besoin et fis les cent pas, histoire de m'occuper. Dans la journée, j'avais déjà fait le ménage dans la chambre d'amis ainsi que dans l'escalier. Je montai au premier étage et entrai dans le débarras où j'avais trouvé les grenades. Cette fois-ci, la porte n'était pas fermée à clé. Toutes les armes avaient disparu. Je ne trouvai plus que des livres, des cassettes et des cartons remplis de documents. Rien à signaler. Je ne fus pas surprise outre mesure, Omar m'ayant annoncé la visite imminente de la SFOR.

En effet, les troupes de l'ONU parcouraient régulièrement la vallée en char avant de rebrousser chemin, ce que les moudjahidin considéraient comme des démonstrations de force inutiles. Ils étaient toujours informés bien à l'avance de la venue des troupes internationales et se chargeaient de mettre tout le village au courant, afin que les femmes et les enfants se retranchent chez eux. À leur tour, ils se cachaient et camouflaient leurs véhicules et leurs armes, de façon à ce que les hommes de la SFOR ne trouvent chaque fois qu'une vallée déserte. Par l'intermédiaire d'autres femmes, j'avais fini par apprendre que l'une des caches d'armes se situait sous terre, dans les citernes vides de la station-service désaffectée. Mais, cette fois-ci, les soldats avaient annoncé leur intention de fouiller les maisons une par une.

Chez Karl, j'avais pu lire les journaux et regarder la télévision. Maintenant que je discutais avec les autres femmes, je compris que la communauté internationale accentuait sa pression sur Izetbegovic. Bocinja était désormais connu pour abriter des camps d'entraînement. De plus, comme les premiers habitants étaient censés récupérer leurs maisons un jour, il fallait procéder à l'expulsion des moudjahidin. Tant que ces derniers seraient là, personne n'oserait rentrer au village. Les nouveaux délais que l'on accordait sans cesse à Alija Izetbegovic n'étaient jamais respectés. On promulguait également de nouvelles lois que les moudjahidin parvenaient toujours à contourner. Comme beaucoup d'entre eux ne voulaient pas ou ne pouvaient pas rentrer chez eux par crainte d'être arrêtés par la police, certains épousèrent des veuves bosniaques et obtinrent ainsi un permis de séjour, tandis que d'autres furent naturalisés sans difficulté. Le président Izetbegovic était considéré comme un ami, un soutien et un protecteur des moudjahidin et, d'après les rumeurs, les renseignements sur les futures perquisitions de la SFOR provenaient de son entourage immédiat. Cependant, on ne savait jamais précisément quelle serait la prochaine maison fouillée. La nôtre avait déjà été perquisitionnée une fois en mon absence.

Omar avait laissé traîner la clé du bureau. Lorsque j'y entrai ce jour-là, je constatai qu'il n'avait pas pris la peine de cacher quoi que ce soit. Les photos et les vidéos qu'il utilisait pour ses films de propagande étaient en évidence. Je pris place sur sa chaise, devant l'écran éteint. Je découvris sous la table plusieurs flacons de produits chimiques, dont aucun n'était étiqueté. Un autre, déjà à moitié vide, était posé sur le bureau. Le liquide transparent qu'il contenait devait être extrêmement corrosif, comme son odeur nauséabonde le laissait deviner. À la vue de plusieurs photos d'identité, je supposai qu'Omar se servait de ce produit pour effacer des tampons et falsifier des passeports. J'aperçus également des rouleaux de papier, probablement des cartes routières ou des plans, mais je n'osai pas les dérouler pour les regarder de plus près. Je me remémorai alors le jour où il m'avait dit que si je le dénonçais personne ne me croirait. Si je voulais retenter ma chance, il me fallait des preuves. Je brûlais d'envie de me saisir de l'appareil photo posé sur le bureau et de faire des clichés de la pièce, mais ce n'était pas possible. Si mon mari découvrait que j'avais touché à ses outils de travail, il ne se gênerait pas pour me passer à tabac.

Une atmosphère particulière régnait au village depuis plusieurs jours. Les moudjahidin multipliaient les allers-retours en Jeep et avaient renforcé leur surveillance sur la route principale, mais j'ignorais pourquoi. J'avais passé la journée seule à attendre Omar, puisque c'était « ma » nuit. Mais il passa en coup de vent pour m'annoncer qu'il avait des choses à régler et qu'il ne dormirait chez moi que le lendemain soir.

– D'accord, répondis-je. Mais où est-ce que tu vas ?

– Chez Abu Musa. Nous devons discuter de quelque chose.

Il ne me précisa pas l'objet de cette réunion, et cela ne servait à rien de lui en demander plus.

– Je peux venir ? Ça me ferait plaisir de voir Saïda, dis-je dans l'espoir d'en apprendre plus par cette dernière.

– Elle est absente. Écoute-moi bien, Aïcha : tu restes à la maison, tu fermes les fenêtres et les portes, et surtout tu ne paniques pas, même si tu entends des coups de feu. Compris ? Le village risque d'être attaqué dans la soirée.

Le temps que je réagisse, Omar avait déjà tourné les talons. Je craignais pour sa vie. Ce n'était pas la première fois qu'il évoquait une possible invasion du village, mais par qui ? Sûrement pas des soldats de l'ONU, ces jeunes hommes que je regardais passer à travers les fentes des volets, et qui paraissaient terrorisés dans leurs gilets pare-balles. De plus, ils étaient là pour assurer le maintien de la paix, et non pour attaquer des civils ! Je restai sur le qui-vive durant une bonne partie de la nuit, mais comme je n'entendais rien de particulier, je finis par m'endormir.

Le lendemain matin, lorsque je franchis le seuil de la maison, tout semblait calme. Après le petit déjeuner, je trouvai un prétexte pour rendre visite à Habiba, Umu Haiman. Celle-ci, généralement bien informée, répondit à certaines de mes questions.

— Ça m'étonne que tu ne saches rien, alors que ton mari est toujours le premier au courant, me dit-elle. Abu Musa a pris l'avion hier soir avec sa famille pour échapper à une arrestation. Si jamais les policiers débarquent ici, ils tomberont sur une maison vide.

— Mais qu'a fait Abu Musa pour qu'on veuille l'interpeller ? demandai-je.

— C'est triste que Saïda soit partie, elle va nous manquer ! dit Umu Haiman en esquivant ma question.

— C'est vrai. Et où sont-ils partis ?

— Ça, je ne peux pas te le dire. Mais tu sais quoi ? Ils ont pris le jet privé du président Izetbegovic ! Que Dieu le protège, lui et sa famille !

Comprenant que je ne tirerais rien d'autre d'Umu Haiman, je me gardai bien d'insister.

Plus tard, lors d'une visite éclair en Allemagne, je passai plusieurs heures chez une famille de Stuttgart, le temps qu'Omar règle quelques affaires. J'étais assise dans la cuisine avec la maîtresse de maison et nous échangions des nouvelles de nos connaissances communes.

— Devine qui était ma dernière invitée de marque, me dit-elle fièrement.

— Aucune idée. Quelqu'un de Bosnie ?

— Oui, de Bocinja ! Umu Musa, une femme très gentille. Elle a longtemps vécu dans le même village que toi, donc tu dois la connaître.

— En effet. Où habite-t-elle à présent ?

— Dans le nord de l'Allemagne, je crois.

J'appris donc par hasard que le chef des moudjahidin, recherché par les autorités bosniaques, vivait en Allemagne. J'ignore s'il habite toujours ici et sous quelle identité, ou si on l'a arrêté et traduit en justice, comme il le mérite. Je me demande parfois ce qu'est devenue sa femme : en effet, même si nous avions des divergences d'opinions, je l'appréciais et je la respectais.

À l'automne 1997, Bocinja était déjà recouvert d'une épaisse couche de neige. Toutes les femmes de moudjahidin détestaient ce temps et préféraient se cloîtrer chez elles, car les longs manteaux noirs prenaient l'eau au bout de quelques pas et devenaient très lourds. Mais moi, je ne tenais jamais bien longtemps enfermée à la maison, j'avais besoin de m'activer et de prendre l'air. Presque tous les jours, je sortais couper du bois devant chez moi, intégralement voilée, bien entendu, afin de ne choquer personne.

Omar s'absentait souvent, sans toutefois m'informer de la façon dont il occupait ses journées. La plupart du temps, il ignorait mes questions. Quand il était de bonne humeur, soit il me souriait sans rien dire, soit il me faisait un clin d'œil et me répondait : « Voyons, Aïcha, pourquoi tu me poses la question ? Tu sais bien que j'œuvre en faveur du djihad et que tout ce que je fais, je le fais au nom d'Allah. Il me montre le chemin à suivre. » Il ne citait des noms que très rarement. Je pensais qu'il se taisait car il ne me faisait plus confiance, mais en réalité les raisons de son silence étaient autres. Une fois de plus, je dus me renseigner en cachette auprès des autres femmes, qui m'informèrent sans hésiter des grandes difficultés que rencontraient les moudjahidin. Personne ne savait si Bocinja résisterait encore longtemps : les contrôles de la SFOR se faisaient de plus en plus réguliers et une date butoir non négociable avait été fixée pour le départ des étrangers. Je jubilai intérieurement en apprenant la nouvelle. Rien ne me réjouissait davantage que la perspective d'être expulsée, car je n'en pouvais plus de cette vie.

— Umu Aïcha, tu viens jouer avec moi dehors ? me supplia Tarik lorsqu'il neigea la fois suivante. Je n'ai pas le droit tout seul. Maman ne me laisse même pas sortir dans le jardin, elle a peur que je tombe malade.

— Allons-y. Pendant ce temps-là, ta mère pourra se reposer un peu.

Tarik et moi fîmes donc un grand bonhomme de neige juste devant la maison de Safiya. Mais lorsque je vis celle-ci gesticuler à la fenêtre et me faire signe d'arrêter, je choisis de l'ignorer, car je savais parfaitement quel était le problème. Le Coran interdit formellement les représentations d'êtres humains et d'animaux, et quiconque enfreint cette règle subit les foudres d'Allah, Créateur de toute chose. Les sculptures sont elles aussi interdites, et même les objets à forme humaine sont considérés par les musulmans traditionalistes comme des idoles. Ainsi, les rares poupées et peluches que les enfants de Bocinja possédaient avaient les yeux arrachés, comme si elles étaient l'œuvre du diable. Mais qu'est-ce qu'un bonhomme de neige pouvait bien avoir de diabolique, alors qu'il n'était constitué que de trois grosses boules posées les unes sur les autres ?

Tarik et moi étions rentrés depuis une demi-heure lorsque le petit, qui se tenait devant la fenêtre, se mit à pleurer à chaudes larmes tout en montrant quelque chose dehors. Quelqu'un avait littéralement piétiné le bonhomme de neige dans un accès de colère.

— *Alhamdulillah*, Dieu merci ! s'exclama Safiya. Tu as refusé de m'écouter, Aïcha. Qu'est-ce que tu nous as fait, à moi et à mon enfant ? Tarik va brûler en enfer par ta faute…

Le petit hurla et se cramponna à moi. Je le pris dans mes bras pour le consoler et lui dis de ne pas écouter Safiya. Alors, celle-ci, indignée, se rua sur moi pour reprendre son fils.

— Comment oses-tu prétendre que l'enfer n'existe pas ? Aïcha, dans le Coran…

— Et toi, comment oses-tu traumatiser ce pauvre enfant avec des histoires pareilles ? Et après, tu t'étonnes qu'il fasse des cauchemars et qu'il te réveille en pleine nuit !

Après cette dispute, je rentrai chez moi avec le pressentiment qu'Omar allait m'accabler de reproches. Je n'y coupai pas. Apparemment, tout le village prenait cette histoire de bonhomme de neige très à cœur. J'attendis bien sagement qu'il ait fini de me sermonner à coups de sourates du Coran, avant d'intervenir.

— Oui, je reconnais avoir fait un bonhomme de neige. Mais dis-moi, Omar, crois-tu vraiment que le diable a pris possession de mon âme pour avoir commis l'affront de jouer avec un enfant qui s'ennuyait à mourir ?

— Je te préviens, Aïcha. Ne te moque pas de nos croyances et de nos coutumes, ou ça va mal finir, répliqua-t-il d'un ton menaçant.

— Je ne me moque pas du tout. Au contraire, je trouve plutôt triste que des adultes voient le mal partout.

Je reculai lorsque Omar leva la main pour me frapper.

— Très bien, je ne dirai plus rien. Peut-être que certaines choses m'échappent, voilà tout. Comment le diable peut-il exister alors qu'Allah est partout, qu'il n'y a pas d'autre Dieu que Lui, qu'Il est miséricordieux...

Parfois, Omar se lançait volontiers dans ce genre de débat, mais ce soir-là il préféra demander si le dîner était prêt, ce que je considérai comme une victoire.

— J'ai entendu dire que les Bosniaques ne voulaient plus de nous ici, dis-je à Omar quelques jours plus tard. Que comptes-tu faire en cas d'expulsion ? Est-ce que nous rentrerons en Allemagne ?

— De qui tu tiens ça? demanda-t-il à son tour brusquement. Je n'ai pas le souvenir de t'en avoir parlé.

— Justement, tu ne l'as pas fait. Toutes les femmes du village sont au courant, sauf moi. Ne crois pas que tes frères tiennent tous aussi bien leur langue que toi. Certains en discutent même avec leur femme.

Je n'aurais jamais dû dire ça. Je venais de commettre une erreur que j'allais regretter amèrement.

Sur-le-champ, Omar se rendit à la mosquée où il s'entretint certainement avec les autres hommes. À leur retour chez eux, certains, dont Abu Haiman, frappèrent leurs femmes pour les punir de leurs bavardages. Lorsque je la croisai la fois suivante, Habiba me montra son corps couvert de bleus. Elle avait même un œil au beurre noir.

— C'est ta faute si mon mari est en colère contre moi. Il ne me confiera plus jamais rien à cause de toi ! Pourquoi j'ai satisfait ta curiosité ? Je ne répondrai plus à tes questions, Aïcha, maugréa-t-elle, à la fois furieuse et triste.

Je la suppliai de me pardonner.

— Si j'avais su, je me serais montrée plus prudente. Je t'en prie, Habiba, il faut que tu me croies. Tu sais combien je m'efforce de garder de bonnes relations avec mon mari.

Umu Haiman n'en démordait pas: elle ne me raconterait plus jamais rien, car son époux le lui avait interdit. Il s'agissait cette fois-ci d'une défaite cinglante. Mais, fort heureusement, les femmes de Bocinja ne m'en tinrent pas rigueur très longtemps. Elles oublièrent vite les consignes de leurs maris et m'adressèrent de nouveau la parole.

16

— Je suppose que tu connais déjà la nouvelle, me dit Omar un après-midi, alors que je rentrais de chez Umu Islam.

— Non. Qu'est-ce qui se passe ?

— Ahmed s'est marié hier.

Bien que cette nouvelle n'ait rien de particulièrement excitant à mes yeux, je demandai des détails par pure curiosité.

— Quel Ahmed ? Le Syrien ou le Libanais ?

— Aucun des deux, répondit Omar avec un petit sourire malicieux. Un autre Ahmed que tu connais bien.

J'en eus le souffle coupé.

— Non, pas notre Ahmed ? Pas notre Hammi ? Le mari de Gabi ?

— Eh si. Il a épousé une Bosniaque.

— Oh, là, là, Gabi va être folle de rage ! Dès qu'elle l'apprendra, elle débarquera kalachnikov au poing pour les tuer tous les deux.

— J'en ai bien peur. Mais elle n'est pas encore au courant, Ahmed n'ose pas lui téléphoner.

— Donc c'est moi qui vais devoir le lui annoncer ? Non, merci ! Tu diras à cet imbécile d'Ahmed d'annoncer lui-même cet heureux événement à sa femme. Mais quel lâche ! Et pourquoi il a fait ça ? Il l'aime ou il a besoin d'un passeport bosniaque ?

— Il le fallait, et c'est ce que tu diras à Gabi, quand tu aborderas le sujet avec elle. Tu devras faire en sorte qu'elle garde son calme et qu'elle ne débarque pas ici, c'est compris ?

Ahmed n'avait pas épousé une veuve, mais une jeune fille d'à peine dix-huit ans. Elle était donc deux fois plus jeune que Gabi. Comme elle avait perdu toute sa famille pendant la guerre, Ahmed pouvait se vanter d'avoir fait une bonne action. Encore une fois, Omar vint à bout de mes réticences et parvint à me convaincre d'appeler Gabi. Ensuite, il voulut savoir comment elle avait réagi. Quant à moi, j'avais appris à ne plus répondre à ses questions, tout comme lui. Je me contentai d'esquisser un sourire lourd de sens.

— Parle, Aïcha. Qu'est-ce qu'elle a dit ?

— Il vaut mieux que tu ne le saches pas.

Mais Omar insista.

— Elle a hurlé qu'elle allait tuer cette salope et que ce fils de pute d'Hammi n'avait pas intérêt à remettre les pieds chez elle. Je te laisse imaginer le reste, car tu sais comme elle peut être grossière. Puis elle a fondu en larmes. En fait, elle est aussi bête que moi : elle va le laisser revenir, avec sa Bosniaque, qui plus est, et tout ça parce qu'elle l'aime, son Hammi. Ce sera toujours le cas, même s'il rentre au bercail avec trois autres épouses.

— Allons, Aïcha, tu n'es pas bête. Tu es une femme généreuse, tu te sacrifies pour les autres et cela te vaudra bientôt une récompense.

— Quel genre de récompense ? demandai-je, rendue méfiante par ces louanges inattendues.

Omar ménagea son effet. Il ne pensait pas à un retour en Allemagne ; il en aurait parlé sur un autre ton. J'avais bien une idée, mais sans trop y croire à cause de toutes les disputes qui émaillaient notre quotidien. Depuis que je m'étais convertie à l'islam, je souhaitais faire le pèlerinage de La Mecque. Mon vœu allait-il être exaucé ?

— C'est confirmé, annonça Omar solennellement. Nous allons partir pour le *hadj* grâce à nos frères et à nos sœurs, qui ont décidé de prendre en charge tes frais de voyage.

Je versai des larmes de joie. Aller en pèlerinage à la Ville sainte, effectuer les sept tours autour de la Kaaba, voilà ce dont rêvent tous les musulmans du monde. Se rendre à La Mecque au moment de l'Aïd-el-Kebir, c'était à la fois l'un des cinq piliers de l'islam et le plus beau cadeau que l'on puisse me faire.

À la fin du mois de novembre 1997, Safiya ressentit les premières contractions et je l'accompagnai à l'hôpital, car elle refusait d'y aller seule. Elle se cramponnait à moi comme si sa dernière heure avait sonné. Voyant à quel point elle souffrait et redoutait l'accouchement, je fis de mon mieux pour lui donner du courage.

— Aïcha, tu es une sœur pour moi, alors je voudrais que tu me rendes un service, dit-elle sur le chemin de la salle de travail.

Je dus lui promettre solennellement de prendre soin de Tarik ainsi que du bébé, et de les traiter comme mes propres enfants. En effet, Safiya s'était mis en tête qu'elle ne survivrait pas à l'accouchement, et même Omar ne parvenait pas à la raisonner. Mais elle avait beau redouter un tel dénouement, c'était également son vœu le plus cher, et elle pensait même que je priais Dieu tous les jours pour qu'Il la rappelle à Lui.

— Tu es folle, Safiya. D'accord, je suis parfois furieuse contre toi, mais je ne souhaiterais pas ça à ma pire ennemie. Je prierai pour que tu surmontes cette épreuve.

— Mais non, Aïcha, tu sais bien que pour une femme, mourir en couches, c'est mourir en martyre ! Si cela m'arrivait, je rejoindrais enfin mon mari au paradis !

Lorsque Omar avait épousé Safiya à Alger, celle-ci lui avait fait jurer de lui montrer la sépulture de son premier mari, qu'elle aimait toujours. Après être tombé au combat en Bosnie, il avait été enterré non loin de Bocinja. Comme les enterrements ne se déroulaient qu'entre hommes, Safiya n'avait jamais pu dire adieu à son mari. Nous nous étions donc rendus tous ensemble au cimetière où reposaient plusieurs moudjahidin. Quand Omar lui avait montré la tombe, Safiya s'était écroulée. Elle pleurait et hurlait qu'elle voulait son mari et Tarik, que je tenais dans mes bras, pleurait et hurlait qu'il voulait sa maman. Pour ma part, à cette époque, je haïssais la rivale qu'Omar m'avait imposée. Je trouvais qu'elle jouait la comédie. Bref, elle me répugnait.

— Si son mari lui manque tellement, pourquoi elle t'épouse ? avais-je demandé ensuite à Omar.

Ce dernier n'avait pas trouvé grand-chose à répondre hormis qu'il s'agissait d'une épreuve divine pour elle, pour lui, pour moi, pour nous tous.

— Tu ne veux pas vraiment mourir, dis-je à Safiya. Comment une mère peut dire une chose pareille ? Pense à tes enfants !

— Tu seras là pour t'occuper d'eux. Ce bébé est le tien, celui de ton mari, celui que je mets au monde pour toi, Aïcha.

Cette attitude faisait partie des choses que je ne comprendrais jamais. Ce mode de pensée primitif, ce vestige d'une culture orientale séculaire n'avait rien à voir avec la religion.

L'accouchement fut effectivement difficile : Safiya souffrait et je souffrais avec elle. Je passai des heures auprès d'elle à lui caresser la main, à lui éponger le front avec une compresse humide et à l'encourager. Alors qu'au début, elle criait de douleur à chaque contraction, à la fin, elle n'en avait même plus la force et se contentait de gémir. La sage-femme était à bout, elle aussi.

— Ce n'est pas bon pour le bébé, me dit-elle. J'ai l'impression que ta sœur ne veut pas le mettre au monde. En tout cas, tu fais preuve de beaucoup de patience, chose rare dans cet hôpital. Vous devez vous aimer beaucoup.

Lorsque je lui expliquai que Safiya n'était pas du tout ma sœur, mais que nous partagions la vie du même homme, elle me regarda, abasourdie, et leva les bras au ciel.

— Mon Dieu, ça existe dans mon pays ? Ce n'est pas possible ! Alors pourquoi tu fais ça ? Tu dois la détester !

Certes, il m'arrivait par moments de haïr Safiya, mais ce ne fut pas le cas lors de cet accouchement. Je continuai donc à prendre soin d'elle jusqu'à ce que la sage-femme me renvoie à la maison.

À peine avais-je quitté l'hôpital que le bébé naquit. La mère et l'enfant se portaient bien, m'annonça Omar, à qui la sage-femme avait téléphoné.

— C'est un garçon ou une fille ?

— Je n'ai pas posé la question, répondit-il. Tout ce que Dieu m'envoie me convient. Aïcha, je te remercie d'avoir aidé Safiya. Que Dieu te récompense !

Épuisée, je m'allongeai et m'endormis sur-le-champ. À mon réveil, Omar m'informa qu'il voulait se rendre à la mosquée. Quant à moi, je supposai que Safiya attendait sa visite, tout comme je l'aurais fait à sa place.

— Tu as raison, mais il faut absolument que tu m'accompagnes, Aïcha. Cet enfant est aussi le tien. D'ailleurs, sans toi, il ne serait peut-être même pas en vie ! Et Tarik doit venir, lui aussi. Nous formons une famille.

Afin de ne pas gâcher cette journée par une nouvelle dispute, je fis mine de ne pas entendre cette dernière phrase, j'habillai Tarik chaudement et je l'accompagnai avec Omar à l'hôpital. Mais, pour être honnête, je frémissais d'horreur à l'idée de voir Omar prendre son enfant dans les bras pour la première fois. Si j'avais eu le choix, je serais restée terrée dans ma chambre à pleurer le bébé que je n'aurais jamais.

La sage-femme vint à notre rencontre dans le couloir de l'hôpital, ignora Omar et Tarik et s'adressa directement à moi.

— C'est une fille, une jolie petite fille. Je vais la chercher tout de suite.

Je poussai un soupir de soulagement : Safiya n'avait pas mis au monde un futur moudjahid !

— Va la voir, je reste ici, dis-je à Omar.

En effet, je ne savais pas si je pourrais supporter la vue de mon mari près du lit, un bras autour de Safiya, l'autre autour de Tarik, et devant lui le bébé qui tétait le sein de sa mère. Encore une fois, je fus saisie de jalousie lorsqu'il ouvrit la porte de la chambre.

— Aïcha, viens, s'il te plaît. Ce n'est pas moi que Safiya veut voir, c'est toi. Elle te réclame.

Je fus donc présente lorsque la sage-femme présenta la petite à Omar. Celui-ci lui murmura à l'oreille les mots que tout père musulman doit murmurer à l'oreille de son bébé. Puis il me posa l'enfant dans les bras. Je ravalai mes larmes, regardai ce visage minuscule, ces yeux fermés et sentis l'amour envahir mon cœur.

Omar se tourna vers Safiya.

— Quel prénom souhaites-tu donner à ta fille ?

— Je laisse Aïcha choisir, répondit-elle sans hésiter une seconde.

Lorsque nous priions tous les trois à la maison, c'était toujours Omar qui tenait le rôle d'imam. Certains passages du Coran qu'il me récitait me faisaient chaque fois monter les larmes aux yeux. La même émotion m'étreignit en cet instant.

— Cette petite fille s'appellera Maryam, dis-je spontanément, sans savoir pourquoi je choisis ce prénom en particulier.

Safiya et la sage-femme fondirent en larmes, et même Omar sembla sur le point de pleurer. « Maryam », la forme arabe de « Marie », est un prénom qui symbolise la foi et l'amour de plusieurs religions. Puisse cette petite fille avoir une vie facile, puisse-t-elle ne jamais connaître la souffrance, puisse-t-elle devenir quelqu'un de bien, une femme qui épousera un homme qui n'aimera qu'elle, puisse-t-elle avoir des enfants qu'elle élèvera dans l'amour et la tolérance : voilà ce que je souhaitais au bébé qui dormait dans mes bras. Je jurai de faire tout mon possible pour la protéger.

Mais les choses n'étaient malheureusement pas si simples. Une fois Safiya rentrée à Bocinja, elle rappelait à chaque instant que c'était elle, la mère de Maryam. Toutefois, elle acceptait volontiers mon aide, notamment lorsque la petite pleurait et qu'il fallait la bercer. Dès qu'elle était calmée, Safiya me l'arrachait des bras. En fait, elle tolérait ma présence tant que je n'outrepassais pas mon rôle de nourrice et de femme de ménage. Elle ne ratait pas non plus une occasion de me prouver combien elle était remontée dans l'estime d'Omar depuis qu'elle avait mis son enfant au monde. En son absence, elle se prétendait mon amie, et dès qu'il rentrait, je n'existais plus. Pour Omar aussi, ce fut une période difficile. Je m'éloignais de plus en plus de lui et, comme il le sentait très bien, il redoublait d'attentions à mon égard, ce que Safiya ne supportait pas.

— Dieu te met à l'épreuve toi aussi, dis-je un soir à Omar, alors qu'il rentrait épuisé de chez Safiya.

Visiblement, il appréciait d'être au calme auprès de moi. De plus, il espérait que la situation s'améliorerait après notre pèlerinage, mais justement, la perspective de ce voyage rendait Safiya folle de rage. Elle m'enviait de partir seule à La Mecque avec Omar, et se montrait de plus en plus méchante à mon égard. Elle espéra jusqu'à la dernière minute que le visa nous serait refusé. Nombreux sont les musulmans qui souhaitent entreprendre ce pèlerinage chaque année, et seule une infime partie d'entre eux en obtiennent l'autorisation. Non seulement le visa coûte très cher, mais en plus le gouvernement saoudien impose chaque année des quotas de pèlerins pour chaque pays. Ainsi, certaines personnes économisent pendant de longues années, sans être sûres de pouvoir partir un jour. Pour nous, tout se passa très vite : Omar fit sans doute jouer ses relations, étant donné qu'il connaissait des Saoudiens riches et influents.

Une fois notre départ confirmé, Safiya prétendit être à nouveau enceinte, mais je n'en crus pas un mot : Maryam avait trois mois à peine, et sa mère avait besoin de repos. Je savais qu'Omar respectait cela et qu'il ne faisait pas l'amour avec elle. Mais lorsque j'y fis allusion, Safiya me rit au nez.

— Tu te trompes, Aïcha, nous avons des rapports sexuels dès qu'il en a envie, et autant de fois qu'il le désire. Pose-lui la question directement, il te le confirmera. Je sens très bien qu'un enfant est en train de grandir en moi. Cette fois-ci, ce sera certainement un garçon.

Je refusai d'en entendre davantage et demandai à Omar de me reconduire à Sarajevo afin que je puisse passer un peu de temps seule. Je tenais à aborder le pèlerinage avec calme et sérénité.

17

Quelle distance pouvait bien séparer Bocinja de La Mecque ? Quatre mille kilomètres ? Cinq mille ? Six mille ? L'aller-retour nous prendrait sept semaines, car nous avions décidé de partir en 4×4 afin de pouvoir emprunter des chemins de terre. Le voyage en bus aurait été plus court et moins cher, mais trop spartiate à mon goût. Les dernières semaines m'avaient littéralement lessivée.

Le trajet en avion n'aurait duré que quelques heures et aurait été plus confortable, mais beaucoup trop cher. De plus, la dimension spirituelle du pèlerinage s'en serait trouvée affectée : en effet, celle-ci était renforcée par l'approche lente de La Mecque et la peine que se donnaient les pèlerins pour arriver à destination.

Ce voyage représentait également beaucoup pour notre couple, et j'espérais que les longues heures de route, les discussions et les événements vécus ensemble contribueraient à nous rapprocher, Omar et moi. Nous l'espérions tous les deux. Notre mariage ne tenait plus qu'à un fil, ce n'était un secret pour personne, raison pour laquelle nos frères et nos sœurs m'avaient donné la possibilité d'entreprendre ce pèlerinage. D'après eux, ma foi en sortirait grandie, et le divorce serait évité.

— Allah est partout, me dit Habiba, qui avait déjà fait le pèlerinage. Tu Le sens ici, en Allemagne et partout dans le monde, mais Sa présence est mille fois plus forte à La Mecque. Il apportera des réponses à toutes tes questions. On revient toujours du *hadj* en ayant laissé ses doutes derrière soi.

— C'est un très grand honneur pour moi de pouvoir me rendre là-bas, répondis-je, émue. Comment te remercier, toi et tous les autres ?

— En restant auprès de ton mari et de tes frères et sœurs. C'est tout ce que nous souhaitons. Tu es des nôtres, Aïcha, ne l'oublie jamais.

Notre départ début mars fut riche en émotions. Même Safiya, en pleurs, me prit dans ses bras et me demanda pardon d'avoir été aussi méchante. Le fait d'entreprendre ce pèlerinage me valait plus de respect, car j'étais désormais musulmane de nom et de cœur.

Nous quittâmes Bocinja aux aurores. Comme le fond de l'air était frais, Omar alluma le chauffage.

— Dire que dans quelques jours nous aurons trop chaud ! s'exclama-t-il. Dieu merci, nous avons la climatisation dans cette voiture.

Omar avait tout pris en charge, depuis les papiers du 4 × 4 jusqu'aux bagages, en passant par le visa officiel du *hadj*. Nous emportions beaucoup de vêtements ainsi que des cadeaux pour les personnes auxquelles nous rendrions visite en cours de route. L'ordinateur portable d'Omar, sa caméra, un appareil photo, un magnétophone ainsi que plusieurs cassettes vidéo étaient aussi du voyage.

Durant le *hadj*, tout pèlerin a l'interdiction formelle de jurer, de mentir, de voler et de blesser. Il doit respecter son prochain et obéir aux lois des pays qu'il traverse. Omar n'enfreindrait pas les préceptes religieux qu'il me rappelait constamment, il ne dissimulerait rien entre les sièges ou ailleurs dans la voiture afin de frauder à la frontière, j'en étais certaine.

Nous ne tardâmes pas à atteindre la frontière bulgare. Les douaniers nous jetèrent un regard peu engageant, sans toutefois s'intéresser au chargement de la voiture. Nous roulâmes jusqu'à Istanbul sans pause, hormis aux heures de prière, puis nous passâmes trois jours dans l'appartement que l'un de nos amis nous avait prêté. L'immeuble dans lequel il se trouvait comptait une soixantaine d'habitants. Istanbul étant une plaque tournante entre la Bosnie, la Tchétchénie et les pays arabes, les moudjahidin louaient cet appartement pour y loger des voyageurs en transit. Dès notre arrivée, je fus effrayée par la foule qui se pressait dans les rues de cette mégalopole, si bien que je restai à l'appartement afin de me reposer et de préparer des en-cas pour la suite du voyage. Omar, de son côté, sortait retrouver des gens sans me dire de qui il s'agissait et pourquoi il les voyait. Je commençai alors à me demander s'il ne profitait pas de ce voyage pour continuer à « travailler », avant de prier Dieu pour que ce ne soit pas le cas et de me reconcentrer sur le pèlerinage.

Omar et moi nous relayâmes au volant entre Istanbul et l'Arabie Saoudite. Il conduisait surtout le jour et moi la nuit, car j'avais une meilleure vue. Nous évitions les grandes villes, nous ne nous arrêtions pas non plus pour visiter la région. J'étais d'humeur étrange, je pensais beaucoup à La Mecque et au pèlerinage, je me demandais s'il allait m'arriver quelque chose de particulier, si j'allais vraiment revenir transformée de ce voyage. Je n'avais pas envie de parler. Quand je ne conduisais pas, je laissais mon regard errer sur des paysages de plus en plus inhospitaliers. J'avais également l'impression de respirer plus librement et d'oublier peu à peu tous mes soucis. Lorsque nous faisions une halte, il m'arrivait de ramasser un caillou pour le regarder de plus près, ou tout simplement pour le sentir. Mais ensuite, je le reposais, comme si sa place était à cet endroit précis et nulle part ailleurs.

Après Istanbul, nous passâmes par Ankara et Adana, puis nous traversâmes la frontière syrienne et rejoignîmes Alep. Nous roulâmes ensuite deux jours et une nuit, jusqu'à ce qu'Omar s'arrête non loin de Damas, devant une maison qui appartenait au frère d'Abu Haiman. Comme ce dernier n'avait pas revu les membres de sa famille depuis son installation et son mariage en Bosnie, nous leur apportâmes des lettres et des cadeaux de sa part. Engourdie par le trajet, je descendis de la voiture et voulus récupérer mon sac, mais Omar me devança.

— On va t'apporter tout ce dont tu as besoin, Aïcha. Entre par cette porte-là, les femmes t'attendent à l'intérieur. S'il y a un problème, si tu n'arrives pas à te faire comprendre d'elles, fais-moi appeler.

Je hochai la tête et croisai trois ou quatre hommes qui m'ignorèrent. Je frémis à la vue de l'un d'eux, que j'avais déjà aperçu à Bocinja, kalachnikov au poing. Une fois dans la maison, je fus accueillie par une belle jeune femme, un nouveau-né dans les bras. Elle me dit qu'elle s'appelait Umu Nur, ce qui signifie « lumière ».

— Quel joli prénom, répondis-je en arabe. Moi, c'est Aïcha.

Alors que Nur me montrait la salle de bains, quelqu'un frappa à la porte. Mes bagages se trouvaient derrière et Nur les porta à l'intérieur.

— Tu vas pouvoir boire du thé et manger un morceau, me dit-elle. Tu as besoin d'autre chose ?

Mais comme le peu d'arabe que je connaissais était égyptien et que Nur parlait un dialecte syrien, nous avions du mal à nous comprendre. Leila, une des autres femmes, avait quelques notions d'anglais et essaya d'engager la conversation. Après le dîner, je fis appeler mon mari. Lorsqu'il frappa à la porte, je sortis vêtue de mon manteau et de mon *niqab*.

— Quelque chose ne va pas ?

— Tout va bien, mis à part que personne ne me comprend. À quelle heure nous mettrons-nous en route demain matin ?

— Nous repartirons au plus tôt après-demain, voire dans trois jours.

Cette fois-ci, j'exigeai une réponse précise et lui demandai pourquoi nous devions rester aussi longtemps.

— Abu Nur a besoin de mon ordinateur. Si tu crois que ça m'amuse…

— Tu travailles pour le djihad alors que nous sommes en pèlerinage ?

Je connaissais déjà la réponse. Les écailles me tombèrent des yeux. Pour lui, cette guerre était sacrée, la chose la plus sacrée qui soit, et il prétendait exécuter la volonté de Dieu !

— Oui, répondit-il, légèrement agacé. Et si tu n'y vois pas d'objection, je vais m'y remettre. Les autres hommes m'attendent.

— C'est ça, vas-y, rétorquai-je en rentrant dans l'aile des femmes et en claquant la porte derrière moi.

Lorsque nous reprîmes la route deux jours plus tard, je me sentis soulagée de quitter enfin cette maison et de me retrouver à nouveau seule avec Omar. À l'approche de la frontière jordanienne, il me laissa le volant et s'endormit immédiatement. Nous n'étions pas encore dans le désert, mais les champs cultivés se raréfiaient et le paysage devenait de plus en plus aride et caillouteux. Je vis des chameaux et des chevaux en liberté, ainsi que mon premier mirage : devant moi, pas très loin, des palmiers paraissaient tellement réels que je réveillai Omar.

— Regarde, une oasis ! On s'arrête ?

— C'est une illusion d'optique due à la chaleur, répondit-il en frottant ses yeux ensommeillés. Ces images disparaissent quand on s'approche. Mais tu as raison, nous allons bientôt nous arrêter. La frontière n'est plus très loin.

Nous roulions sur une autoroute assez bien entretenue, dont le bas-côté était ponctué d'aires de repos où l'on pouvait acheter du thé et des dattes, ainsi que des bidons de vingt litres d'eau ou d'essence. Je me garai puis sortis me dégourdir un peu les jambes, tout en observant les autres voyageurs. Une famille s'était installée sur des tapis, hommes, femmes et enfants mélangés, dans une atmosphère très conviviale. Omar engagea la conversation avec d'autres hommes qui se tenaient près d'une échoppe et dont les femmes attendaient dans la voiture.

Puis il acheta quelques dattes fraîches et sortit un petit tapis de la voiture, ainsi que quelques provisions.

Je disposai rapidement le pain, le fromage, les olives, les biscuits, les dattes et les raisins secs sur un plateau en argent, puis nous nous assîmes et mangeâmes avec les doigts, comme à l'accoutumée. Nous bûmes également les dernières gouttes du thé brûlant dont Umu Nur avait rempli notre Thermos. C'était un moment d'harmonie parfaite entre Omar et moi. On dit que le vide et l'immensité du désert aiguisent les sens, et j'en fis effectivement l'expérience en cet instant précis : je me retrouvai soudain confrontée aux deux visages de mon mari. Je n'accepterais jamais qu'une infime partie de lui, et je ne cesserais jamais de combattre le reste de sa personne.

Une heure plus tard, nous nous arrêtâmes à la frontière, descendîmes de voiture et attendîmes que les douaniers aient fini de fouiller notre véhicule. Ils soulevèrent tous nos bagages et examinèrent le coffre, la boîte à gants ainsi que le dessous des sièges. Craignant qu'ils ne trouvent quelque chose, je regardai au loin, dans la direction de La Mecque, et priai pour qu'ils nous laissent passer. Un vent chaud et sec soulevait des tourbillons de sable et menaçait de m'arracher mon voile. Enfin, on nous autorisa à poursuivre notre route et Omar prit le volant. Quelques kilomètres plus loin, je poussai un cri à la vue d'un groupe de singes qui traversait la chaussée.

— Arrête-toi, Omar, peut-être qu'ils vont revenir ! C'est la première fois de ma vie que je vois des singes en liberté !

— Ici, il y a aussi des lions, des tigres et des éléphants, répondit-il pour me taquiner. Hors de question que je m'arrête, si c'est pour que nous nous fassions attaquer par des bêtes sauvages ! Non, je plaisante, mais tu verras beaucoup d'autres singes, des gazelles, des fennecs, et environ un million de chameaux. En revanche, si tu veux me relayer, c'est maintenant. En Arabie Saoudite, les femmes n'ont pas le droit de conduire.

Le lendemain, au lever du jour, un paysage tellement lugubre s'étendait devant moi que je dus réveiller Omar. Une gorge gigantesque s'ouvrait devant nous, et tout était gris et morne aux alentours. Des cailloux et des éboulis à perte de vue. Comment pouvait-on emprunter cette route et espérer en ressortir vivant ?

Nous étions arrivés à Wadi al-Mujib, que l'on appelle aussi le Grand Canyon de Jordanie, et qui débouche sur la mer Morte. C'est l'un des endroits les plus effrayants que j'aie vus de ma vie. D'après les guides de voyages, traverser cette gorge constitue une expérience fantastique. À mes yeux, ce gigantesque cratère qui menaçait de nous engloutir avait quelque chose d'apocalyptique. J'étais pétrifiée.

— Tu crois que ça ressemble à ça, la mort ? demandai-je à Omar. J'imagine l'enfer exactement comme cette gorge.

— Tu sais bien que l'enfer est un feu dans lequel les infidèles brûlent pour l'éternité, répliqua-t-il.

Il glissa une cassette dans l'autoradio et me la traduisit au fur et à mesure. Elle racontait les souffrances qu'enduraient les infidèles envoyés en enfer. Tout cela m'effraya tellement que je fondis en larmes.

— Pourtant, j'ai lu dans le Coran que Dieu ouvrait les portes de son paradis à tous ceux qui L'aimaient sincèrement, dis-je lorsque j'eus retrouvé mon calme.

Omar me raconta alors comment l'ange de la mort, Azraël, extrayait l'âme des mourants, en commençant par les pieds puis en remontant jusqu'à la gorge, ce qui suffit à me donner des frissons. Je préférai alors détourner la conversation.

— Regarde comme les gens conduisent ! m'exclamai-je. Un miracle que ce véhicule ne tombe pas en morceaux !

En effet, une vieille voiture toute rouillée était en train de nous doubler. Trois personnes étaient assises à l'avant, je ne pouvais pas compter les nombreuses têtes qui dépassaient de la banquette arrière et les bagages tenaient attachés sur le toit grâce à des câbles.

— Ils vont aussi à La Mecque, répondit Omar.

Nous revîmes ce véhicule environ deux cents kilomètres plus loin, tout près de la frontière saoudienne. Un pneu avait crevé et la famille se tenait sur le bas-côté, tandis qu'une douzaine d'hommes s'affairaient autour de la roue.

— Ce sont tous des pèlerins. Tu vois, Aïcha, quand quelqu'un tombe en panne, tout le monde s'arrête pour donner un coup de main. Chaque bonne action nous rapproche un peu plus du paradis.

À la frontière saoudienne, d'innombrables véhicules de toutes sortes attendaient de passer. Les bus, les camions et les voitures étaient répartis sur plusieurs files, dans une organisation parfaite.

— Les contrôles à l'entrée du territoire saoudien sont renforcés au moment du pèlerinage, m'expliqua Omar. Quand ce sera à nous, tu feras exactement ce qu'on te dit. Considère cela comme une épreuve divine.

Il avait prononcé exactement la même phrase lors de notre arrestation ! Au bout d'une heure, les passagers de la voiture qui nous précédait descendirent. Les hommes et les femmes furent séparés et emmenés dans des bureaux situés respectivement à droite et à gauche. Dès qu'ils eurent le dos tourné, quatre hommes se ruèrent sur le véhicule, qu'ils déchargèrent intégralement : valises, couvertures, sacs en plastique, vêtements, boîtes de conserve, bouteilles, tout valsa sur la chaussée, tandis que d'autres douaniers procédaient à la fouille des bagages et examinaient minutieusement l'habitacle de la voiture. Je sentis alors la nervosité grandir en Omar.

Puis quelqu'un toqua à notre vitre. Nous descendîmes de voiture. Il faisait terriblement chaud, mais fort heureusement le bureau dans lequel on me fit entrer était climatisé. Là, deux femmes me saluèrent poliment et me proposèrent du thé ou du café, avant de passer aux choses sérieuses. Elles secouèrent mon sac à main jusqu'à ce qu'il soit vide et inspectèrent sous toutes les coutures chaque objet qui en tomba. Elles allèrent jusqu'à tâter mes serviettes périodiques à travers l'emballage. Puis je dus me déshabiller entièrement, sans même avoir le droit de garder ma culotte alors que j'avais mes règles. Mes orifices corporels furent de nouveau examinés, mais avec moins de zèle qu'à la frontière autrichienne.

— Je me sens souillée. J'ai l'impression qu'on m'a ôté toute dignité, comme lors de notre arrestation, dis-je à Omar lorsque nous reprîmes la route.

— Encore une fois, ils n'ont rien trouvé, répondit-il, impassible. Mes cassettes de prières et mes films n'avaient pas l'air de les intéresser.

Effectivement, en 1998, Omar n'avait pas grand-chose à craindre. Aujourd'hui, toute personne transportant du matériel de propagande djihadiste se ferait arrêter sur-le-champ.

Sur le bord de la route, d'immenses panneaux en arabe et en anglais rappelaient que l'accès à Médine, la deuxième ville sainte de l'islam, était strictement interdit aux non-musulmans. Nous y entrâmes environ une semaine avant le début du *hadj*, et après les centaines de kilomètres parcourus dans le désert, je fus étourdie à la vue de ces milliers de pèlerins. Omar nous avait réservé une chambre avec salle de bains dans un hôtel assez modeste, ce qui me convenait tout à fait. Lorsque je sortis sur le petit balcon, la vue me coupa le souffle : nous donnions directement sur la coupole verte de la mosquée du Prophète, qui abritait la tombe de Mahomet. Ce gigantesque édifice d'une beauté indescriptible était pourvu de plusieurs minarets qui brillaient au soleil. Il émanait de ce lieu une atmosphère comme on n'en trouve que dans les villes saintes, comme Rome ou Lourdes. J'étais en train de savourer le silence, l'énergie et l'amour du Prophète qui se dégageaient de tous ces pèlerins lorsque Omar me tira de mes pensées.

— « Une prière dans ma mosquée équivaut à mille prières dans d'autres mosquées », a dit le Prophète. Il est presque l'heure. Va te préparer, Aïcha.

Omar et moi procédâmes aux ablutions rituelles chacun de notre côté, avant de nous rendre à la mosquée. Là, nous nous séparâmes car hommes et femmes ne priaient pas ensemble. Je retirai mes chaussures et les glissai dans un sac en toile que je gardai avec moi, non par peur qu'on me les vole, mais pour ne pas avoir à les retrouver parmi les milliers de paires déposées devant l'entrée.

La mosquée avait été rénovée et agrandie de façon à pouvoir accueillir plus de deux cent mille fidèles. À travers mes bas, je sentais le sol d'un marbre si beau et si luxueux que j'hésitai tout d'abord à le fouler. Il brillait, tout était incroyablement propre, d'une pureté absolue.

Et moi, l'Européenne qui vivait dans la pauvreté depuis des années, j'étais là ! Je me croyais dans un rêve. Lorsque l'imam commença la prière, je fondis en larmes tant je ressentais l'amour universel de Dieu.

Nous nous rendîmes à Djeddah deux jours plus tard. Cette ville était elle aussi bondée de pèlerins, venus pour la plupart en avion. Là-bas, des amis d'Omar nous donnèrent les clés de leur résidence secondaire à La Mecque. Le pèlerinage proprement dit pouvait commencer.

De 1,5 à 2,5 millions de musulmans viennent chaque année à La Mecque pour accomplir un pèlerinage dont les étapes sont codifiées jusque dans les moindres détails. Par conséquent, les fidèles se retrouvent tous au même endroit au même moment pour accomplir le même rituel. Me laisser porter par cette masse, devenir partie d'un tout, fut une expérience bouleversante. Dès que l'appel à la prière résonnait, la vie s'arrêtait : on n'entendait plus un mot, plus un bruit, plus rien. Les gens priaient de jour comme de nuit, seuls ou en groupe, à haute voix ou en silence.

Nous accomplîmes les ablutions rituelles en dehors de la ville, afin d'entamer le pèlerinage en état de sacralisation ou *ihram.* Omar revêtit l'habit traditionnel composé de deux pièces d'étoffe blanche non cousues, que les musulmans conservent souvent jusqu'à leur mort et qui fait office de linceul. Comme il n'y avait pas de tenue réglementaire pour les femmes, je portais un manteau fin et sombre, un voile noir, des leggings blancs et un T-shirt blanc en coton. Il faisait très chaud, aussi nous attendîmes la nuit pour effectuer les sept rondes autour de la Kaaba dans le sens inverse des aiguilles d'une montre. Nous étions pris dans cette spirale tout à la fois lente et incroyablement puissante, dans laquelle chacun jouait des coudes afin de s'approcher le plus possible de la Kaaba, cette construction d'une dizaine de mètres située dans la cour de la Mosquée sacrée et tendue de soie noire.

Ensuite, nous parcourûmes sept fois le trajet entre Safâ et Marwah, en souvenir de l'errance d'Agar, épouse et servante d'Ibrahim, partie chercher de l'eau dans le désert pour son fils Ismaïl. Puis nous bûmes aux puits de Zamzam, avant de nous rendre au mont Arafat, où Mahomet prononça son sermon d'adieu. Là, un cheikh qu'Omar connaissait très bien puisqu'il soutenait lui aussi le djihad nous conduisit en Jeep à Mina, à environ cinq kilomètres de La Mecque, où le gouvernement saoudien avait construit un campement gigantesque de tentes climatisées et séparées en deux par un rideau. Les hommes dormaient d'un côté, les femmes de l'autre.

Le matin, on nous servait du thé, des biscuits, des toasts, du fromage et du lait sur de grands plateaux.

Le midi, des dattes. Le soir, vers 22 heures, de la soupe, du riz, de la viande et des légumes. Comme nous n'avions pas de couverts, nous buvions la soupe directement au bol et nous mangions les autres plats avec les doigts. Mais cette organisation parfaite avait un prix. En effet, non loin de là, des pauvres et des nomades avaient monté leur propre tente, tandis que d'autres pèlerins dormaient à la belle étoile.

Omar participa seul à la lapidation des stèles symbolisant Satan, rituel trop fatigant pour moi à cause de la chaleur et de la foule. Je passai la journée sous la tente à prier et à me reposer en compagnie d'une douzaine d'autres femmes qui faisaient toutes partie de la famille du cheikh. Mais au cours de la journée, alors que je ne portais que ma chemise de nuit blanche, l'une d'elles vint me voir et me pria de me voiler. Peu après, le cheikh entra pour voir ses femmes et sa mère. Quant à moi, je restai assise dans mon coin.

— Le cheikh veut savoir si tu vas bien, me dit une jeune femme au bout de quelques minutes.

— Oui, je vais bien. Remercie-le de ma part, répondis-je. Tu peux lui demander s'il est possible que je parle à mon mari ?

On fit venir Omar derrière le rideau, et nous échangeâmes quelques mots.

— J'ai aussi jeté des pierres pour toi, m'annonça-t-il. Mais si tu le souhaites, nous pourrons y retourner tous les deux après le départ des autres pèlerins.

Quelques jours plus tard, je participai à cette lapidation par pure curiosité et sans grande conviction, simplement pour voir ce lieu, mais je ne ressentis rien de particulier.

Enfin, ce fut l'Aïd-el-Kebir. Ce jour-là, chaque pèlerin devait sacrifier un mouton, dont la viande était congelée sur place puis envoyée dans le monde entier aux musulmans vivant dans le besoin. Le soir venu, nous fûmes invités chez le cheikh, qui vint nous chercher au campement en Jeep. Je montai à l'arrière, plongée dans mes pensées, si bien que je n'entendis pas Omar me parler. Soudain, je sursautai à la vue du cheikh qui ouvrit ma portière et saisit l'extrémité de mon manteau, qui dépassait à l'extérieur, et le rabattit vers moi, le tout, sans rien dire. Pas un mot ne fut échangé jusqu'à notre arrivée.

Lorsque nous nous garâmes devant le palais du cheikh, Omar m'ordonna de prendre l'entrée située sur la gauche. Bien que je n'aie que quelques mètres à parcourir entre la Jeep climatisée et le salon des femmes, je finis en nage, tant il faisait chaud même pendant la nuit. Il régnait en revanche une agréable fraîcheur à l'intérieur et je retirai mon voile, soulagée.

De quarante à cinquante femmes, très élégantes pour la plupart, se tenaient debout, assises ou allongées dans une grande pièce au sol recouvert d'épais tapis. La fête dura jusqu'au petit matin. Mais je ne me sentais pas du tout à l'aise en compagnie de toutes ces femmes fortunées. Certaines me regardaient de haut, comme si je n'étais pas la bienvenue, tandis que d'autres me tendaient des friandises et essayaient d'engager la conversation en anglais. L'une d'elles parlait même un peu allemand.

— J'ai vécu dans un internat de Lausanne, près du lac Léman. Tu connais ?

— Seulement de nom, répondis-je en souriant poliment.

— Et toi, d'où viens-tu ?

Omar m'avait prévenue : ici, je ne devais mentionner ni la Bosnie, ni Bocinja. Le djihad et les moudjahidin étaient des sujets tabous.

— Je suis allemande.

Le visage de mon interlocutrice s'illumina.

— Ah oui, je suis déjà allée en Allemagne. J'ai même perdu mon cœur à Heidelberg. Le château est magnifique, fit-elle d'un ton enjoué.

Puis elle énuméra les bijouteries qu'elle fréquentait à Francfort, Hambourg et Munich et m'interrogea du regard, mais je secouai la tête. Une seule de ses boucles d'oreilles aurait suffi à nourrir Bocinja pendant un an. Cependant, j'étais également ravie qu'il ne lui vienne pas à l'idée de m'offrir un cadeau, car j'aurais eu honte d'accepter quoi que ce soit venant de mains si soignées. Puis elle profita de l'arrivée de plats et de boissons pour aller s'asseoir ailleurs, et je poussai un soupir de soulagement.

Le lendemain, Omar et moi allâmes nous promener à La Mecque, le paradis du shopping pour les riches et les moins riches, où des boutiques pour tous budgets se succédaient. Comme mon mari insistait pour m'offrir quelque chose, je choisis un long manteau d'un tissu très délicat, ainsi qu'une magnifique chemise de nuit brodée, avant de lui dire d'acheter le tout en double.

— Pourquoi donc ? demanda-t-il, surpris.

— Tu as une deuxième femme. Tu l'as déjà oubliée ?

— Dire que c'est toi qui penses à Safiya, répondit-il.

Il fit donc emballer deux manteaux et deux chemises de nuit identiques.

Le soir, nous fûmes invités cette fois-ci chez des gens au train de vie bien moins fastueux. Comme on pouvait téléphoner à l'étranger de chez eux, je proposai à Omar de contacter Safiya. En effet, lors de l'Aïd, la tradition voulait qu'on appelle les membres de sa famille, comme on le fait en Europe à Noël ou au Nouvel An. Il discuta quelques minutes avec elle, puis me tendit le combiné car elle désirait me parler. Elle me donna des nouvelles de Maryam, avant de me passer Tarik.

— Tu rentres quand, Umu Aïcha ? C'est tout vide ici sans toi. Tu me rapporteras des cadeaux ?

— Mais oui, promis-je.

Je raccrochai peu après, puis dis à Omar qu'il fallait absolument offrir quelque chose à Tarik et à Maryam.

— D'accord. Au fait, Aïcha, inutile de faire attention à ce que tu dis. Tu peux parler de tout ce que tu veux ici.

Cela voulait dire que les gens qui nous recevaient soutenaient le djihad, mais je le compris de toute façon dès que je vis la maîtresse de maison. Elle et son mari nous avaient déjà rendu visite en Allemagne, alors que je n'étais pas encore convertie à l'islam.

Ce soir-là, les femmes me confièrent des dons en faveur de nos frères et sœurs de Bocinja, sous forme de sacs remplis de vêtements magnifiques, ainsi que d'argent et de bijoux qu'elles avaient enveloppés dans des mouchoirs.

Juste avant de repartir, Omar et moi retournâmes à la Mosquée sacrée afin d'effectuer une dernière circumambulation autour de la Kaaba. Je me joignis à la foule des fidèles pour une dernière prière. Je me laissai porter une dernière fois par cet incroyable flux d'énergie. La sérénité qui envahit mon être et qui m'était jusqu'alors inconnue allait de pair avec une tristesse incommensurable. Le pèlerinage était terminé, et il fallait rentrer.

Au cours du trajet de retour, Omar et moi échangeâmes tout au plus quelques phrases. Il n'y avait pas d'animosité entre nous, mais pas d'amour non plus. Ensemble, nous avions vécu des moments très forts, sans toutefois en tirer le même enseignement. Maintenant que nous parcourions le même chemin en sens inverse, assis en voiture côte à côte, j'essayais de mettre de l'ordre dans mes pensées, dans mes impressions et dans mes sentiments.

— Ce voyage m'a métamorphosée, dis-je à Omar alors que nous faisions une pause peu après la frontière jordanienne. Et toi ?

— Oui, moi aussi.

— Tu arrives à le formuler avec des mots ? Moi, j'ai du mal.

— En ce qui me concerne, je sais à présent que la voie que j'ai choisie est la seule voie possible, répondit-il.

— Tu veux parler du djihad ?

— Oui.

— Et en ce qui concerne notre couple ?

Il me regarda, les yeux tristes et le visage grave.

— Nos chemins vont finir par se séparer, et tu le sais aussi bien que moi. Mais où et quand, seul Allah en décidera.

18

Nous revînmes à Bocinja fin avril, début mai 1998.

– On m'a téléphoné de Sarajevo, je dois m'absenter, m'annonça Omar six semaines plus tard.

– D'accord. Bon courage et à demain.

Cette situation n'avait rien d'exceptionnel. Cela ne m'intéressait pas de connaître les raisons de ce départ. La nuit suivante était consacrée à Safiya, je reverrais Omar quelques jours plus tard. Voilà à quoi ressemblait notre quotidien. De mon côté, j'allais relativement bien, mis à part le fait que Djamila, qui avait trouvé un autre travail, me manquait. Je ne m'énervais plus quand Omar partait rejoindre Safiya ; j'arrivais même à garder mon calme lorsqu'elle inventait un prétexte pour l'appeler et l'éloigner de moi. Depuis le *hadj*, la Aïcha jalouse qui cassait la vaisselle et enfonçait les portes avait cessé de se manifester. Plus patiente, plus sûre de moi, je voyais les choses sous un angle nouveau. Je n'envisageais plus de me séparer de mon mari dans la violence, et je réfléchissais à ce que je ferais après mon départ de Bocinja. La fin approchait d'ailleurs à grands pas : le village serait bientôt déserté, le président Izetbegovic ne pouvant protéger plus longtemps les moudjahidin. On l'avait déjà obligé à expulser des combattants qui figuraient sur des listes noires, comme Abu Musa. Bientôt, nous devrions tous plier bagage, mais quand exactement, personne ne le savait. Selon moi, cela arriverait dans quelques mois et je priais Dieu pour que nous partions avant l'hiver.

Mue par une étrange foi en l'avenir, je ne questionnais même plus Omar à propos de ses projets, car je me voyais déjà rentrer chez moi, en Allemagne. Je retenterais ma chance. Je ne savais pas encore où je m'installerais, les gens qui comptaient pour moi étant éparpillés dans tout le pays. Devais-je reprendre contact avec ma famille, d'anciens amis ou même Gabi pour leur demander de l'aide ?

Voilà ce qui m'occupait l'esprit lorsque Safiya frappa à ma porte le lendemain matin. Elle était venue avec Tarik et Maryam, qui dormait dans la poussette.

— Qu'est-ce que tu veux? demandai-je d'un ton peu aimable.

— Excuse-moi de te déranger. Omar est là ?

— Non, puisqu'il a passé la nuit dernière avec toi.

— Justement, il n'est pas venu et ça m'inquiète beaucoup.

— Il devait aller chercher des gens à Sarajevo, il aura été retenu en chemin. Il a peut-être dormi là-bas.

— Mais il m'appelle quand il est en retard, d'habitude !

— S'il n'est pas rentré d'ici ce soir, je me renseignerai. En attendant, rentre chez toi et évite de te faire du mauvais sang.

Safiya grommela que la nuit suivante lui serait réservée, mais j'ignorai sa remarque. Je m'apprêtais à fermer la porte lorsqu'elle vomit. Comme elle était de nouveau enceinte, elle avait constamment la nausée. Je la fis donc entrer, lui préparai une tasse de thé et réfléchis : de chez moi, je ne pouvais téléphoner qu'à l'intérieur du village et non à Sarajevo. Sinon j'aurais peut-être essayé de joindre Omar. Ou peut-être pas. Qu'il ne donne pas de nouvelles n'avait rien d'extraordinaire, de mon point de vue.

Mais comme Safiya, de son côté, ne voulait rien entendre, je l'accompagnai avec ses enfants chez Habiba, qui était au courant de tout grâce à Abu Haiman, son mari. En effet, pas un jour ne passait sans que ce dernier voie Abu Eris, le nouveau chef des moudjahidin.

— Je n'ai entendu parler de rien, nous dit-elle. Mais je vous tiens au courant dès que j'apprends quelque chose.

Omar ne rentra pas non plus cette nuit-là, ni auprès de moi, ni auprès de son autre femme, mais je ne m'inquiétais pas pour autant. Le lendemain matin, Safiya frappa à nouveau à ma porte, cette fois-ci en larmes. Tout de suite après la prière du matin, nous nous rendîmes chez Habiba.

— Je vous en prie, entrez et asseyez-vous, nous dit-elle, pâle comme un linge. Il s'est passé quelque chose de terrible.

Sur la route qui le menait à Sarajevo, Omar avait renversé deux jeunes garçons. L'un était mort, l'autre se trouvait à l'hôpital dans un état très grave. Mon mari avait tout d'abord montré ses papiers bosniaques aux policiers, qui avaient ensuite aperçu son passeport allemand. Ils l'avaient donc arrêté immédiatement pour éviter qu'il ne prenne la fuite.

— Mon mari, notre mari est en prison, Safiya est sans nouvelles de lui, elle se fait un sang d'encre et personne ne pense à nous prévenir ? Mais qu'est-ce qui se passe ici ? Habiba, je sais que tu n'y es pour rien, mais je voudrais que tu ailles me chercher ton mari pour qu'il m'emmène voir Abu Eris.

Safiya et Habiba me regardèrent, choquées. Jamais aucune femme n'avait exigé de parler à un homme, et encore moins au chef des moudjahidin ! Cela les dépassait.

— Tu es sourde ? Je veux lui parler, et s'il ne vient pas ici sur-le-champ, j'irai le voir moi-même !

Lorsque Habiba revint et m'annonça qu'Abu Eris allait me recevoir, Safiya fut tellement stupéfaite qu'elle en oublia ses nausées. J'étais en effet la première femme de Bocinja à obtenir la permission de lui parler, à l'exception de sa propre épouse. Mais on me fit patienter, bien entendu. Quant à Habiba, elle m'assura que les moudjahidin s'occupaient personnellement du cas d'Omar.

— En quoi tu pourrais te rendre utile, de toute façon ? Tu n'es qu'une femme, me dit-elle.

— Maintenant, ça suffit ! Alors comme ça, je ne peux rien faire ? Très bien, je pars pour Sarajevo !

Je sortis de la maison comme une furie, tandis que Safiya essayait de me retenir. Je fonçai directement chez moi prendre les clés de voiture, un peu d'argent ainsi que la lettre de l'AHB justifiant la présence d'Omar sur le sol bosniaque. Mais à peine cinq minutes plus tard, alors que je m'apprêtais à démarrer, deux Jeep, dont l'une était occupée par Abu Haiman et son épouse, me barrèrent la route.

— Donne-moi les clés, Aïcha, m'ordonna Habiba. Tu n'as pas le droit de conduire.

Son mari ajouta quelques mots.

— Inutile de traduire, dis-je à Habiba. Vous voulez m'emmener à Sarajevo ? Très bien, mais vous n'aurez pas mes clés de voiture, jamais.

Je pris place dans la Jeep d'Abu Haiman, qui me conduisit auprès du commandant. Enfin, ni chez lui, ni au quartier général, qui se trouvait plus loin dans la vallée. Abu Eris, entouré de ses gardes du corps, m'attendait dans l'arrière-boutique de l'ancien bureau de poste, reconverti en épicerie. Je le saluai poliment, mais sans prendre la peine de m'excuser un millier de fois d'avoir eu l'audace de le déranger, contrairement à ce que les convenances exigeaient.

— Je veux rejoindre mon mari à Sarajevo.

— Je comprends ton inquiétude, répondit-il, mais Omar n'est en rien responsable de cet accident. Il ne conduisait pas trop vite et il n'a commis aucune infraction au code de la route.

— Un jeune garçon a trouvé la mort et son frère est à l'hôpital, grièvement blessé, répliquai-je. On ne sait pas s'il va s'en sortir.

— Si, nous avons parlé aux chirurgiens qui l'ont opéré. Dieu l'a sauvé, *Alhamdulillah !*

— *Alhamdulillah*, mais un enfant a été tué. On n'aurait pas arrêté mon mari sans raison.

— Des témoins ont vu les enfants traverser juste devant la voiture. Cet accident était inévitable.

— Et que va devenir mon mari ? S'il n'est pas reconnu coupable, quand sortira-t-il de prison ?

— Les policiers se sont rendu compte qu'il possédait plusieurs passeports, ce qui pose problème.

Abu Eris me demanda alors de téléphoner à la SFOR qui, en plus de coordonner les troupes internationales, était un interlocuteur privilégié des organisations humanitaires. Je dus expliquer la situation et demander de l'aide aux personnes compétentes, mais sans jamais évoquer Bocinja. Or les personnes à qui je parlai voulaient savoir qui j'étais et d'où j'appelais.

— Si vous êtes allemande et que vous résidiez à Sarajevo, ce serait plus simple que vous veniez directement nous voir avec les documents nécessaires, me dit un homme, avant de me donner un rendez-vous le lendemain matin.

Je le remerciai, raccrochai et répétai tout à Abu Eris, qui me donna l'ordre de rentrer chez moi en attendant sa décision. Habiba vint m'annoncer plus tard qu'il n'était pas nécessaire que je me rende aux bureaux de la SFOR à Sarajevo. Les moudjahidin avaient d'autres moyens à leur disposition pour faire sortir leur frère de prison.

— Quant à toi, en cas de problème, tu devras t'adresser à Umu Eris, ajouta-t-elle.

La Jeep qui bloquait ma voiture ne bougea pas d'un pouce durant toute la détention d'Omar. Il était évidemment inutile d'essayer de la pousser sur le côté et, de toute façon, je n'aurais jamais pu quitter le village sans être vue, puisque je faisais l'objet d'une étroite surveillance. Au cours des trois semaines suivantes, Habiba ne cessa de me répéter que je devais prendre mon mal en patience, qu'Omar serait bientôt libéré. Je finis par aller voir Umu Eris pour lui toucher un mot de notre situation financière, car Safiya et moi n'avions plus d'argent et presque plus de nourriture.

— En ce qui me concerne, ce n'est pas très grave, mais, comme tu le sais, Safiya est enceinte et elle a deux enfants en bas âge à nourrir.

On me donna immédiatement de l'argent et deux sacs remplis de fruits et de légumes, avec lesquels je me rendis chez Safiya.

— Regarde ce qu'on nous a offert, lui dis-je. C'est pour toi et les enfants.

Mais alors que Tarik se précipitait sur les sacs, Safiya les lui arracha des mains et le gifla. Il regagna la maison en pleurant, tandis que Maryam se mettait à crier.

— Je préfère encore mourir de faim que de mendier.

— Donc tes enfants devraient eux aussi mourir de faim ? demandai-je, déconcertée.

Quelques jours plus tard, je croisai Safiya dans la rue, mais comme j'étais plongée dans mes pensées, je ne la reconnus que lorsqu'elle me salua. Elle faisait comme si de rien n'était, mais la scène qui avait eu lieu devant chez elle m'était restée en travers de la gorge. Je décidai de ne pas mâcher mes mots.

— J'ai quelque chose à te dire, commençai-je en ravalant ma colère tant bien que mal. Quand j'ai quitté mon pays pour m'installer ici, j'ai tout sacrifié : mon argent, mes bijoux et ma liberté. Je sue sang et eau pour toi et tes enfants, et toi, tu me reproches de mendier ? Tu es bien sûre d'avoir toute ta tête ?

Mais je m'étais mise à crier si fort que d'autres femmes accoururent, et certains hommes qui se rendaient à la mosquée m'entendirent eux aussi. Alors Safiya se montra bien plus adroite que moi.

— Je confirme, tu n'es qu'une sale mendiante, chuchota-t-elle de façon que je sois la seule à l'entendre.

Puis elle me barra la route. Mais lorsque je la poussai sur le côté, elle trébucha sur son manteau, se rattrapa au bras d'Umu Jasmin et fondit en larmes. Puis elle prétendit que je l'avais frappée. Umu Haiman s'approcha de moi et me demanda ma version des faits, mais je l'envoyai promener.

— S'il te plaît, laisse-moi tranquille, Habiba. Cette histoire ne concerne que Safiya et moi, et j'en ai assez de son petit jeu.

Deux jours plus tard, je me rendis chez Safiya pour tenter de discuter avec elle, mais elle ne daigna pas m'ouvrir la porte.

Les parents de la victime, eux aussi musulmans, attestèrent qu'Omar n'était en rien responsable de l'accident car les enfants avaient traversé juste devant la voiture, et retirèrent leur plainte. Les moudjahidin leur versèrent trois mille marks de dommages et intérêts, l'affaire fut classée et Omar libéré après sept semaines de détention. Bocinja l'accueillit en héros, tout le monde klaxonna sur son passage lorsqu'il traversa le village en voiture. Alors que je l'attendais sur le pas de la porte, je le vis serrer des mains et embrasser ses frères moudjahidin. Il ne manquait plus qu'une petite fille venue lui offrir des fleurs pour compléter le tableau. Puis il s'approcha et se planta devant moi. Je compris à sa mine renfrognée qu'on lui avait rapporté tous mes méfaits.

— *Salam aleikoum*, Aïcha. Toutes mes félicitations, il paraît que tu as distribué des coups en mon absence.

— Safiya ment. Mais va donc la consoler, si tu crois tout ce qu'on t'a dit.

— C'est bien mon intention, puisque la nuit où j'ai été arrêté lui était réservée. Je viendrai te voir demain pour que tu me racontes ta version.

Lorsque je lui assurai que je n'avais pas levé la main sur Safiya, il me crut, mais cela ne l'empêcha pas de prendre incontestablement parti pour elle.

De son côté, Safiya jubilait. Elle commença à comploter ouvertement contre moi et réussit même à rallier plusieurs femmes du village à sa cause. À la fin de l'été 1998, je me retrouvai complètement isolée et passais mes journées retranchée chez moi. « Cet automne, avant mes premières chutes de neige, je serai en Allemagne », me disais-je. La fin était proche, comme je le compris le jour où Omar monta dans son studio avec des cartons vides.

– Tu déménages ? demandai-je.

– Tu seras informée de mes projets en temps et en heure, répondit-il sèchement.

À chaque carton qu'il déposait dans le coffre de la voiture, je poussais un cri de joie, intérieurement bien sûr.

Quelques jours après, nous nous rendîmes tous les deux chez Safiya. Là, Omar nous annonça qu'il souhaitait nous faire part d'importants changements après la prière du soir. À ces mots, je sentis mon cœur battre à tout rompre. Nous allions quitter Bocinja, c'était la seule possibilité ! Omar pria beaucoup plus longtemps que d'habitude, comme s'il sollicitait l'aide de Dieu. De mon côté, je n'arrivais pas à me concentrer et ne cessais de répéter cette phrase : « Dieu miséricordieux, dans Ta grande pitié, fais que mon mari me laisse partir ! »

– Voici ce que je voulais vous annoncer, dit Omar quelques minutes plus tard. Je vais quitter Bocinja pour voyager quelque temps, jusqu'à ce que je trouve un point de chute.

— Et nous, qu'allons-nous faire si nous ne t'accompagnons pas ? demandai-je, tremblante d'excitation.

— Vous resterez à Bocinja pendant les six prochains mois.

Encore un hiver à passer seule ici avec Safiya, encore un accouchement à endurer, sans oublier sa méchanceté et ses coups bas, je n'y survivrai pas, pensai-je, tandis qu'Omar continuait à parler.

— Ou alors vous vous trouverez un endroit où vous m'attendrez. Qu'en dis-tu, Aïcha ?

— Je voudrais rentrer en Allemagne, répondis-je immédiatement.

— Je m'en doute, mais je ne pourrai pas te donner d'argent et tu devras repartir t'installer là-bas toute seule.

Alhamdulillah ! pensai-je. J'aurais volontiers emmené les enfants avec moi, mais sûrement pas Safiya !

— J'aimerais rester ici avec nos frères et nos sœurs, dit celle-ci. Et si ce n'est pas possible, j'aimerais que tu me raccompagnes en Algérie, avec les enfants.

Elle baissa la tête d'un air de soumission, non sans m'avoir adressé un regard en coin qui signifiait clairement qu'elle n'avait pas non plus la moindre envie de m'accompagner.

— Alors, c'est réglé, conclut Omar. Maintenant, passons à table.

Après le dîner, comme cette nuit-là m'était réservée, j'attendis devant la porte qu'Omar prenne congé de Safiya et contemplai le ciel étoilé jusqu'à ce que nous montions en voiture.

— Tu te souviens du voyage retour, après le pèlerinage ? lui demandai-je dans un accès de tristesse. Tu as dit que nos chemins se sépareraient un jour, mais que tu ignorais où et quand. Peut-être que le moment est venu. C'est peut-être la dernière fois que nous sommes assis côte à côte dans une voiture.

Omar rit.

— Je rentrerai avec toi en Allemagne car j'ai des choses à régler là-bas et je viendrai te rendre visite si j'en ai l'occasion. Nous ne nous séparons pas pour de bon, Aïcha. Écoute ce que dit la deuxième sourate du Coran: « Pour ceux qui font le serment de se priver de leurs femmes, il y a un délai d'attente de quatre mois. Et s'ils reviennent de leur serment, celui-ci sera annulé, car Allah est certes Pardonneur et Miséricordieux… »

— « Mais s'ils se décident au divorce, celui-ci devient exécutoire car Allah est certes Audient et Omniscient. »

Nous récitâmes ensemble la fin de ce verset que je connaissais par cœur, moi aussi. Entre-temps, nous étions arrivés devant chez nous, mais je ne descendis pas tout de suite de voiture.

— Je n'ai jamais envisagé le divorce, et il en sera toujours ainsi, dit Omar. C'est toi qui m'y obliges.

— Il nous faut donc attendre, c'est tout ?

— Exactement. Tu es et tu resteras ma femme et, si Dieu le veut, Il nous aidera à surmonter toutes nos difficultés. Viens, Aïcha, rentrons à la maison. J'ai envie de toi.

19

Fin octobre 1998, je partis vivre à H. Omar et moi avions choisi cette petite ville car j'étais sûre de n'y croiser aucune connaissance. J'avais pris la résolution de recommencer à zéro, toute seule et sans aucune aide extérieure, et j'étais persuadée d'y parvenir. En revanche, je n'avais encore rien décidé quant à un éventuel divorce avec Omar, qui faisait tout pour me reconquérir. Je n'avais plus qu'une solution : attendre qu'il s'en aille.

Nous passâmes trois jours dans un appartement que l'imam de la mosquée nous avait prêté, le temps de trouver un logement. Lorsque ce fut chose faite, mon installation fut très rapide. J'avais rapporté quelques affaires de Bosnie et nous achetâmes tout le reste : quelques casseroles, de la vaisselle et des draps, une table et deux chaises, un matelas, c'était tout ce dont j'avais besoin. Puis vint le moment de se dire au revoir.

— Je t'appellerai tous les vendredis après la prière, du moins, quand j'en aurai la possibilité, dit Omar en posant une enveloppe sur la table. Voici de l'argent, ainsi que le numéro de téléphone de la mosquée. Tu peux téléphoner n'importe quand, si tu as besoin d'aide.

— Je veux me débrouiller toute seule ! l'interrompis-je, la bouche sèche et la gorge serrée.

— Aïcha, personne ne trouve le bonheur dans la solitude. Nous avons tous besoin d'une famille, de frères et de sœurs.

— Je crois qu'il est temps que tu t'en ailles. *Assalam aleikoum*, Omar.

— *Aleikoum Assalam*, Aïcha. Que la paix soit avec toi.

Après son départ, je me jetai sur le matelas et fondis en larmes.

Je me sentais tellement seule que je passais mes soirées à pleurer. En effet, au cours de ces dernières années, la grande famille musulmane qui m'entourait constamment avait tissé autour de moi un cocon dont j'essayais de me libérer. Je me rendis compte que vivre à Bocinja signifiait être prisonnière et dépendante, mais aussi en sécurité.

Plus tard, lorsque Karl, Caro et Gerda me demandèrent pourquoi je ne m'étais pas adressée à eux, je leur expliquai que je m'étais refusée à leur demander la charité. J'avais préféré attendre de reprendre ma vie en main et d'abandonner le voile pour de bon. Je ne souhaitais pas renoncer à l'islam, mais il fallait que je me libère du joug de la *charia*, de ce mode de pensée moyenâgeux devenu le mien. Durant cette année passée à H., personne ne me dit comment m'habiller, je n'obéissais à aucune règle, hormis celles que je m'étais fixées. À part cela, je menais quasiment la même vie qu'au village des moudjahidin, sauf que j'étais encore plus seule. J'allais souvent me promener le long de la rivière, mais toujours voilée et en prenant soin de ne pas regarder les gens que je croisais. Quand on me saluait, je continuais ma route d'un pas rapide afin d'éviter toute conversation. Je ne fréquentais pas non plus les musulmans, je me rendais à la mosquée uniquement lors des fêtes islamiques et de la rupture du jeûne.

Un jour, le téléphone sonna et je décrochai, supposant qu'il s'agissait d'Omar. Mais, à ma grande surprise, j'entendis une voix inconnue au bout du fil.

— Bonjour, je suis bien chez Doris ? Je m'appelle Tina. On m'a donné votre numéro à la mosquée car vous avez vécu en Bosnie, et mon mari y est en ce moment même.

Celui-ci n'avait plus donné signe de vie depuis longtemps, ce qui inquiétait beaucoup Tina. Je lui demandai ses coordonnées ainsi que le prénom de son époux, et promis de la rappeler dans les jours à venir. Avant de la rencontrer, je préférais consulter Omar qui, comme promis, me téléphonait presque tous les vendredis pour prendre de mes nouvelles.

— Son mari est algérien et s'appelle Ibrahim, tu le connais ? lui demandai-je lors de notre conversation suivante, après lui avoir parlé de Tina.

— Oui, il va bien. Tu peux rendre visite à cette femme ou l'inviter chez toi pour la rassurer.

De cette façon, Omar sous-entendait que je pouvais discuter avec elle mais tout en faisant preuve de prudence. « On ne peut jamais savoir si on est sur écoute ou pas, donc mieux vaut que tu t'habitues à parler par allusions, pour que nous soyons les seuls à nous comprendre », voilà ce qu'Omar m'avait inculqué des années auparavant. Je savais que l'enjeu était de taille pour ces hommes : ce que certains d'entre eux avaient fait leur aurait valu de passer de longues années derrière les barreaux, et je préférais ne pas penser à quel point Omar lui-même était impliqué. En dépit du bon sens, je continuais à nourrir l'espoir qu'il renoncerait un jour au djihad, et non à cause de moi, mais de sa propre initiative.

Ma première rencontre avec Tina eut lieu dans la cafétéria d'une galerie marchande. Je n'avais pas voulu l'inviter chez moi et réciproquement. Nous nous montrions toutes les deux très prudentes et Tina avait d'ailleurs de bonnes raisons de l'être : son époux n'était pas naturalisé, contrairement à Omar, et avait déjà fait de la prison en Allemagne. Ils n'étaient pas mariés depuis longtemps, et Ibrahim risquait l'expulsion à la prochaine infraction. Toutefois, Tina m'accorda immédiatement sa confiance. À peine nous étions-nous installées qu'elle me confia une bonne partie de sa vie.

— J'ai un fils d'un premier mariage, ce qui complique énormément les choses. Il passe un week-end sur deux chez son père, et s'il lui répète quoi que ce soit, mon ex-mari risque d'alerter les services sociaux pour obtenir sa garde exclusive.

Tina regarda autour d'elle avec méfiance, comme pour s'assurer que les autres clients ne nous espionnaient pas, puis reprit son récit.

— Je te raconterai toute l'histoire la prochaine fois. Ça te dirait de venir chez moi ? Je travaille le matin, puis je vais chercher mon fils à la crèche à 16 heures. Tu peux passer avant ou après, une fois qu'il est couché.

— Tu as peur qu'il me voie ?

— Seulement à cause de ton foulard. Personnellement, je n'ai rien contre mais je ne peux pas en dire autant de mon ex-mari.

Je lui expliquai que je ne le portais qu'à l'extérieur et que je le retirais chez les autres, quand je me sentais en sécurité.

— Je vois, c'est une façon de te protéger. Mais ne me dis pas que tu as peur des hommes ? Tu n'as pas l'air timide.

— Ce n'est pas le cas, d'ailleurs je suis beaucoup plus observée avec que sans, car ce morceau de tissu attire tous les regards. En fait, j'en ai besoin pour créer une distance entre moi et les autres, sinon j'ai l'impression d'être nue. Personne ne cherche à aborder une femme voilée.

— Je ne comprends pas, tu cherches à rester seule ? Et moi ?

— C'est différent, ça me fait du bien de discuter avec toi.

En effet, Tina fut la seule personne avec qui j'eus des contacts réguliers au cours de cette période. Je pense même que nous aurions vraiment pu devenir amies, à force de nous voir presque toutes les semaines. Je fis très vite la connaissance de son fils, un petit garçon de sept ou huit ans gentil mais chétif, qui me rappelait Safiya. Dès qu'il se plaignait d'avoir mal au ventre, il passait la journée au lit et sa mère annulait notre rendez-vous.

Nous nous vîmes beaucoup moins souvent après le retour d'Ibrahim. Ce dernier revenait de deux mois en Bosnie, soit le temps que passaient les nouveaux moudjahidin dans les camps d'entraînement. J'étais quasiment sûre qu'il avait suivi une formation militaire, mais je préférai tenir ma langue. Il raconta à Tina qu'il était parti pour affaires et que son retour en Allemagne n'avait rien de définitif. Elle croyait tout ce qu'il lui disait, tout heureuse qu'il soit rentré. Je ne sus jamais la raison exacte de son séjour en prison. D'après Tina, il avait été accusé à tort d'avoir volé une voiture et n'avait pas réussi à prouver son innocence. Elle idéalisait son mari, ce qui me mettait mal à l'aise d'une part parce qu'il avait l'air d'une crapule et qu'il en était sûrement une, d'autre part parce que je me reconnaissais en elle.

En effet, j'avais l'impression que Tina me tendait un miroir, et ce que j'y voyais ne me plaisait pas du tout. Je ne pouvais pas continuer ainsi. « Doris, quand cesseras-tu enfin de te mentir à toi-même ? » ou encore « La prochaine fois qu'Omar appelle, tu raccroches ! » Une fois seule chez moi, je répétais ce genre de phrases à haute voix, je me fixais des dates butoirs que je ne respectais jamais. Lorsque le téléphone sonnait après la prière du vendredi, j'attendais une éternité avant de voir ma main se diriger vers le combiné et le soulever. Alors Omar me chuchotait des phrases charmeuses à l'oreille, à l'image d'un médecin qui administre des analgésiques à son patient. Il me parlait de Dieu, de Sa volonté qui faisait de nous ce que nous étions.

– C'est Lui qui a voulu que nous nous rencontrions, qui nous a réunis, et ce que Dieu fait, nul ne peut le défaire.

Ses paroles avaient sur moi l'effet d'une drogue. Je me laissais réchauffer par sa voix qui ne cessait de répéter que notre union était sacrée, et qui continuait à résonner dans ma tête pendant des heures après avoir raccroché.

Omar m'annonça mi-décembre qu'il voulait me rendre visite et qu'il y avait de grands changements en perspective.

— Ça concerne ton travail ? demandai-je, espérant qu'il prenait enfin ses distances avec le djihad.

— En partie, répondit-il. Attends que je sois chez toi, j'ai des nouvelles qui vont te faire plaisir.

Il revint au moment de Noël mais ne resta pas longtemps. Lorsqu'il me passa le bonjour de la part de frères et de sœurs qui vivaient à l'étranger, je compris que je m'étais encore bercée d'illusions.

— Alors tu ne comptes pas changer de voie ?

— Est-ce que j'ai déjà prétendu le contraire ? répondit-il en souriant. Écoute-moi bien, Aïcha : je sais qu'en me battant pour le djihad j'exécute la volonté de Dieu, donc je n'abandonnerai jamais.

— C'est ton combat, pas le mien, et encore moins le fruit de la volonté divine, car tu sais pertinemment que Dieu condamne le recours à la violence.

Lorsque nous abordions ce sujet, Omar répondait parfois par une citation du Coran qui autorisait le meurtre des infidèles. Cette fois-ci, il me prit les mains et me regarda droit dans les yeux.

— Je t'en prie, ne lutte pas contre moi, c'est la seule chose que je te demande. Si tu t'obstines, ce sera à tes risques et périls.

— Je dois prendre ça pour une menace ?

— La menace ne vient pas de moi, Aïcha, c'est le salut même de ton âme qui est en danger. J'ai peur que tu te détournes du droit chemin, à force de vivre parmi les infidèles. Tu n'en as pas le droit, il faut que tu sois présente à mes côtés au paradis, après la Résurrection.

— Mais comment peux-tu être aussi sûr d'entrer au paradis ?

— Quiconque mène la guerre sainte se verra récompensé par Dieu, c'est ainsi, Aïcha. Allons nous coucher, maintenant.

Omar ne passa qu'une nuit avec moi et repartit le lendemain matin, à mon grand soulagement.

La formation de secrétaire qu'on m'avait proposée dès mon arrivée à H. débuta en janvier 2000. Je fus choquée de constater que même ma propre langue maternelle m'était devenue étrangère. Certes, je parvenais encore à mener une conversation normale, mais dès qu'il s'agissait de parler un allemand commercial ou de rédiger des dissertations, je cherchais mes mots, et je doutais surtout beaucoup de mon orthographe. Dès que l'enseignant s'adressait directement à moi, je perdais mes moyens et je me mettais à bredouiller. Mes relations avec les autres étudiants laissaient aussi à désirer. Comme je préférais rester dans mon coin, ils ne m'appréciaient guère. Je refusais systématiquement de les accompagner au café ou au cinéma après les cours, et finis par ne plus leur adresser la parole.

Un après-midi, Marie, une femme de ma génération, s'assit à côté de moi et tenta de faire connaissance. Elle me demanda d'où je venais, de quelle couleur étaient mes cheveux et depuis quand j'étais musulmane.

Sa curiosité me mit mal à l'aise, mais elle ne se découragea pas et m'invita plusieurs fois chez elle. Je finis par me forcer à accepter, mais pour mieux décommander à la dernière minute. La simple idée de boire un café avec elle et son mari m'était insupportable.

Un dimanche, j'appelai mon père juste pour entendre sa voix et raccrochai dès qu'il répondit. Puis je composai le numéro de Gabi, à qui je n'avais pas parlé depuis plusieurs mois. Elle se lança immédiatement dans une diatribe contre Hammi et sa deuxième épouse. J'interrompis ce flot de paroles à grand-peine.

— Je suis en Allemagne, pas très loin de chez toi.

— Ah oui ? Alors passe me voir et tu verras comment je traite cette petite salope. Je lui en fais baver. Je ne lève plus le petit doigt depuis qu'elle vit ici.

En l'entendant parler, j'eus la nette impression qu'elle avait trop bu et je lui demandai confirmation.

— Oui, je me suis remise au whisky. Si tu étais là, on pourrait boire un verre ensemble, à moins que tu n'aies quelque chose à y redire.

— Je ne bois pas, mais j'ai recommencé à fumer.

En effet, la solitude me pesait tellement que je m'étais récemment acheté un paquet de cigarettes.

— J'en fume une ou deux le soir, pas plus, sinon ça me reviendrait trop cher.

— Moi, je les enchaîne. Deux paquets par jour, depuis que ce mec…

Je ne pouvais pas compter sur Gabi pour m'aider ou me soutenir, aussi je mis vite un terme à notre discussion.

Au printemps, Omar arriva chez moi sans prévenir. Il m'annonça qu'il avait trouvé un emploi à Riyad, la capitale de l'Arabie Saoudite, et qu'il aurait bientôt un logement.

— Je travaille dans une entreprise d'audiovisuel qui diffuse des films grand public dans tout le pays, ainsi que des cassettes audio. Je suis également une formation pour devenir grand reporter. Qu'en dis-tu, Aïcha ?

— Je vois que tout va bien pour toi, répondis-je avant d'éclater en sanglots.

Cette année passée en Allemagne avait été très éprouvante. Au lieu d'aller de mieux en mieux, je sombrais inexorablement dans la dépression. Je commençais à me dire que je ne m'en sortirais jamais seule et, par moments, je me sentais tellement mal que je puisais dans mes dernières ressources pour sortir de chez moi et aller en cours. Le soir, je m'asseyais devant la vieille télévision que Tina m'avait offerte, et je fixais l'écran en ressassant mes idées noires : j'étais incapable de survivre dans ce monde, je n'atteindrais jamais aucun des objectifs que je m'étais fixés. Et personne n'était là pour m'encourager.

Lorsque Omar me prit dans ses bras, je me sentis encore plus démunie. Je posai la tête sur sa poitrine et pleurai à chaudes larmes, sans plus pouvoir m'arrêter. Il se montra adorable et promit de rester avec moi un jour de plus que prévu pour me réconforter.

— Plus que quelques mois à tenir, Aïcha, répéta-t-il en m'attirant vers lui. Dès la fin de ta formation, tu me rejoindras à Riyad.

Comme j'étais dans l'incapacité d'accepter ou de refuser, je dis simplement que j'y réfléchirais. Il se contenta de cette réponse, car il sentait que je n'étais de toute façon pas assez forte pour le quitter définitivement.

J'en étais revenue au point de départ. « Tu vois que c'est ton destin, alors cesse de lutter, me disais-je. Il n'y a rien à faire, cet homme te nuit mais tu resteras sous son emprise jusqu'à ton dernier soupir. » J'eus alors l'idée de coller des petits Post-it jaunes sur mon armoire : à gauche, j'énumérai tout ce que je reprochais à Omar et, à droite, tout ce que j'aimais chez lui. La porte de gauche était recouverte de Post-it de haut en bas, et seuls deux ou trois se trouvaient sur celle de droite : « Il m'aime », « Il prendra soin de moi », « Il ne me laissera jamais tomber », voilà ce que j'avais noté. Je ne voyais rien d'autre. Je ne savais même pas si j'éprouvais encore de l'amour pour lui. En revanche, j'étais intarissable quant aux points négatifs : « Il me traite mal », « Il m'a déjà frappée plusieurs fois », « Il m'interdit tout », « Il m'enferme », « Il est infidèle », « Qui sait combien d'autres femmes il a épousées ? », « Il m'a forcée à couper les ponts avec ma famille », « Il est obnubilé par le djihad », « Il m'oblige à adopter un mode de vie qui ne me convient absolument pas », « Il me cache des choses », « Il a des activités illégales », « Il fait de moi sa complice », « Il me force à mentir »...

Au mois de juin, j'étais tellement à bout que je ne souhaitais plus qu'une chose : qu'Omar soit arrêté. Alors, je serais enfin délivrée de son emprise ! « Allez porter plainte au commissariat, on ne peut rien pour vous », m'avait-on dit à l'ambassade d'Allemagne à Sarajevo, mais j'hésitais encore à le faire. Quelles preuves apporter pour étayer mon témoignage ? Je n'avais rien, pas même un film sur le djihad, une photo ou un document écrit, rien ! Si je téléphonais en disant : « Bonjour, mon mari est parti mener la guerre sainte. En Allemagne, il fournit des islamistes radicaux en matériel de propagande afin d'embrigader les jeunes musulmans et d'en faire des guerriers de Dieu. Je sais qu'il détourne des fonds, qu'il possède plusieurs pièces d'identité et qu'il utilise des pseudonymes, mais je ne peux rien prouver. Mais je vous en prie, mettez-le sous les verrous avant qu'il ne soit trop tard », me croirait-on ?

Cependant, plus j'y réfléchissais, plus il m'apparaissait évident que je devais franchir le pas. Et pas seulement pour moi. Évidemment, à l'époque, soit un an et trois mois avant le 11 Septembre, j'ignorais à quel point Omar et ses moudjahidin étaient dangereux, mais je savais qu'ils existaient et qu'ils complotaient quelque chose d'effroyable. Ils combattaient les infidèles, ils voulaient les chasser des pays musulmans et trouvaient tout à fait normal d'en arriver à tuer des gens sous prétexte qu'ils pratiquaient une religion différente. Je ne pouvais rien prouver, et alors ? Peut-être que les informations dont je disposais contribueraient tout de même à mettre fin à leurs agissements !

Mais vers qui me tourner ? Qui m'écouterait ? Pas la police classique, pensai-je, ce qui ne m'empêcha pas de me poster à l'extérieur du commissariat. Tandis que je me trouvais devant, hésitante, un policier s'approcha de moi. Paralysée par la peur, je crus qu'il allait m'arrêter sur-le-champ, mais il continua son chemin sans m'adresser un regard. Quant à moi, je pris la direction opposée. Si je devais parler à quelqu'un, ce serait par téléphone.

Ainsi, quelques jours plus tard, je pris mon courage à deux mains et appelai le ministère des Affaires étrangères à Bonn. Je pensais que c'était la meilleure chose à faire, puisque Omar était un Allemand qui vivait à l'étranger. Là-bas, je trouverais certainement une oreille attentive.

— Quel est l'objet de votre appel ? demanda la standardiste.

— C'est à propos du djihad, en Allemagne et à l'étranger.

— Je n'ai pas compris. Pourriez-vous répéter s'il vous plaît ?

— « Djihad » signifie « guerre sainte » en arabe. Cela implique des actes terroristes ici, en Allemagne, des crimes…

— Je ne pense pas que vous vous adressiez au bon endroit. Vous devriez peut-être commencer par contacter la police.

— Non, car les événements dont je parle ont surtout lieu à l'étranger. Pourrais-je parler à un spécialiste des pays arabes ?

— Ne quittez pas, j'ai un double appel…

J'attendis dans la cabine une minute, deux minutes, tandis qu'une femme à l'extérieur me signifiait par gestes qu'elle avait elle aussi besoin de téléphoner.

— Vous êtes toujours là ? Le responsable est parti déjeuner. Pouvez-vous rappeler vers 14 heures ou de préférence demain matin, vers 10 heures ?

— Je serai en cours. Personne n'a quelques minutes à me consacrer tout de suite ?

Finalement, le lendemain, je parvins à joindre un fonctionnaire qui ne me demanda ni mon nom, ni mon téléphone, preuve qu'il ne me prenait pas du tout au sérieux. Il devait penser que je regrettais d'avoir épousé un Arabe à cause des différences culturelles et religieuses. En clair, il ne me croyait pas.

— Réfléchissez-y à deux fois avant d'accuser votre mari de terrorisme. Voici ce que je vous propose : accordez-vous une bonne nuit de sommeil. Peut-être que demain, à votre réveil, vous vous rendrez compte que vous vous êtes enflammée à cause d'une petite dispute. Sinon, rappelez-moi.

J'imaginais cet homme dans un beau costume élégant, installé dans un fauteuil en cuir bien confortable en train de se limer les ongles. Si je lui avais téléphoné quinze mois plus tard, il aurait bondi, mis son magnétophone en marche et envoyé un de ses collègues sur place pour m'interroger. Quinze mois plus tard, Al-Qaida perpétrait sur le sol américain des attentats dont plusieurs responsables avaient séjourné en Allemagne.

Avant de rentrer dans la salle de classe et de participer à la petite fête qui marquait la fin des cours, j'allai aux toilettes et retirai mon foulard. J'avais déjà essayé auparavant, en vain. C'était pour moi une véritable épreuve. Lorsque j'ouvris la porte et que je saluai les étudiants et les professeurs, ils me regardèrent, perplexes.

— Ah, madame Glück, c'est vous ! J'ai failli ne pas vous reconnaître.

— Tu es mignonne sans ton voile, renchérit un de mes camarades. Si tu t'étais présentée comme ça dès le début, je n'aurais pas hésité à te draguer.

Nous éclatâmes tous de rire et nous félicitâmes mutuellement de notre réussite. Puis tout le monde fit part de ses projets d'avenir. Tout le monde, sauf moi.

— Et toi, Doris, tu ne veux pas nous en parler ?

— Je vais d'abord partir à l'étranger, puis tout se mettra en place petit à petit.

— Ah oui ? Tu pars où ?

— Je vais rejoindre mon mari en Arabie Saoudite.

— Tu ne peux pas rester seule en Allemagne, tu es bien trop malheureuse, m'avait dit Omar au téléphone un mois auparavant. Dès la fin de ta formation, tu me rejoindras ici. Tu t'y plairas, ça te rappellera le pèlerinage. Je vais nous trouver une maison avec tout le confort moderne, Aïcha. J'ai besoin de toi, de ton aide, de ta présence quand je rentre du travail.

— Et Safiya ?

— Il ne s'agit pas d'elle, mais de toi. Si je réclame, c'est parce que tu me manques. Dis-moi que tu es d'accord, Aïcha. Je te promets que tu mèneras une vie bien plus agréable, mais c'est à toi d'en décider. Pourquoi es-tu si dure avec toi-même et avec moi ? Tu n'es pas heureuse, tu ne peux pas prétendre le contraire et, au fond, tu sais déjà que tu me rejoindras.

— C'est faux. Je ne viendrai que si les choses se passent vraiment autrement, cette fois-ci.

— Tu oublies que ça ne dépend pas que de moi. Nous avons tous les deux commis des erreurs. En tout cas, je te garantis une chose : je ne te retiendrai pas prisonnière. Si un jour tu souhaites rentrer en Allemagne – et je doute fort que ça arrive –, je ne t'en empêcherai pas. Je le jure devant Allah.

— Si tu le jures devant Allah, je sais que tu tiendras parole. Mais j'aurai un billet retour dans mon sac.

— *Alhamdulillah !* Mais sache que tu n'auras pas à l'utiliser. Maintenant, prends un stylo et note ce que tu dois faire.

L'entreprise pour laquelle Omar travaillait m'enverrait une attestation certifiant qu'il avait bien un emploi à Riyad. Ensuite, je devrais envoyer ce document ainsi que mon passeport à l'ambassade d'Arabie Saoudite. Puis je raclai les fonds de tiroir à la recherche du peu d'argent qui me restait : cette somme, ajoutée à ce qu'Omar m'avait donné lors de sa dernière visite en Allemagne, me suffit tout juste à acheter un billet d'avion open. Mais si j'avais écouté ma petite voix intérieure, je ne serais même pas partie.

Je passai les derniers jours chez Tina, où je déposai le peu d'affaires que je possédais.

— J'ai déjà l'impression d'avoir pris la mauvaise décision, lui confiai-je.

— Ça va peut-être bien se passer. Je ne serais pas étonnée que tu fasses expédier le reste de tes affaires dans six mois.

— En tout cas, c'est très gentil de m'héberger, merci pour ton aide, lui dis-je lors de mon départ, avant de la prendre dans mes bras.

— Arrête. Ça sert à ça, les amies, se contenta-t-elle de répondre. Tu vas me manquer, reviens vite !

20

Je m'envolai pour Riyad en novembre 2000. J'atterris dans la nuit et je dus patienter une heure et demie avant de pouvoir passer la douane.

— *Jella, jella !* criaient les policiers. Plus vite, plus vite !

La plus grande confusion régnait. Un homme d'affaires qui voyageait avec sa femme m'aida à remplir les formulaires, tous rédigés en arabe et en anglais. Ensuite, il souleva ma valise du tapis roulant, la plaça sur le chariot et m'indiqua la sortie. Mais avant, comme toute personne désirant fouler le sol saoudien, je dus me soumettre encore à plusieurs contrôles. On me fit me déshabiller entièrement mais, Dieu merci, la fouille corporelle me fut épargnée. Puis je franchis des portiques de sécurité, et enfin mes bagages furent passés aux rayons X.

Bien que l'aéroport soit climatisé, je passai le dernier contrôle en sueur sous mon long manteau et mon *niqab*, puis cherchai Omar du regard parmi la foule qui attendait en hurlant et en gesticulant. J'étais sur le point de perdre connaissance lorsque j'entendis sa voix qui criait mon prénom. Avec mes bagages, je me frayai péniblement un chemin dans sa direction. Là, il me prit la main et la serra. Ce geste me surprit et me toucha, car je ne m'attendais pas à une telle démonstration d'affection en public. Quelques minutes plus tard, épuisée par toute cette agitation, je montai en voiture et m'affalai sur le siège passager.

— Je ne pensais pas qu'il ferait si chaud au beau milieu de la nuit.

— Mais non, on est bien, là, répondit Omar en riant. Attends un peu que le soleil se lève. Bienvenue, Aïcha. Je vais te conduire à l'hôtel. Notre maison n'est pas terminée, mais tu pourras aller la voir demain, une fois que tu te seras bien reposée. Je suis content que tu sois là !

La ville de Riyad brillait de mille feux. Il y avait beaucoup de circulation, personne ne semblait dormir, les magasins étaient ouverts et les gens vaquaient à leurs occupations, comme en plein jour. À l'hôtel, nous avions une sorte de suite avec deux pièces communicantes. On entrait tout d'abord dans un couloir qui menait soit à la salle de bains, soit à la chambre de gauche, soit à la chambre de droite. Je compris immédiatement que les pièces étaient agencées de façon à ce que les hommes et les femmes ne se croisent jamais.

Le lendemain comme les jours suivants, Omar reçut des invités que je dus servir. Il téléphonait au service d'étage. Le garçon déposait ensuite la commande sur une table, dans le couloir. Puis quelqu'un frappait à ma porte. Je devais alors prendre la nourriture et les boissons pour les disposer sur un plateau. Lorsque l'on frappait de nouveau, cela signifiait que les invités étaient là et que je devais me retirer dans ma chambre. Comme on ne me voyait pas et que l'on ne m'entendait pas, personne ne se serait douté qu'une femme se trouvait dans la pièce attenante. Quant à moi, je n'apercevais les hommes que de dos, mais j'entendais leurs voix à travers la cloison, et je compris au bout de trois jours qu'il s'agissait des mêmes hommes lourdement armés que j'avais déjà vus à Bocinja.

— Ton entreprise ne produit donc pas des films grand public, contrairement à ce que tu m'as raconté ? demandai-je à Omar après le départ de ses invités.

— Si, on fait de tout. C'est une très grande entreprise dans laquelle une salle nous est réservée, et c'est là que mes films sont montés. Ça t'intéresserait de voir le dernier en date ?

Une fois encore, ce documentaire traitait de la vie des martyrs, comme on appelait les hommes qui avaient donné leur vie pour le djihad, et ressemblait en tout point aux autres films d'Omar. Une fois encore, je vis des images insoutenables, des fosses communes dans lesquelles des corps de musulmans étaient entassés les uns sur les autres. Une autre scène montrait des cadavres de frères massacrés en Tchétchénie par les Russes, sur fond de textes de propagande hystériques.

— Je croyais que tu étais un vrai journaliste, remarquai-je.

— Je le suis, et voici les reportages que je tourne.

Au téléphone, il m'avait pourtant parlé de comptes rendus de voyages. Ou avais-je mal entendu ?

À l'époque, Safiya vivait toujours en Algérie. Je ne savais pas qu'elle nous rejoindrait elle aussi, mais excepté le soulagement que me procurait son absence, ma vie ne s'annonçait pas meilleure qu'à Bocinja. Au contraire, en Arabie Saoudite, les femmes n'avaient le droit de rien faire. Impossible de mettre le nez dehors sans être accompagnées par un homme. Je passai donc deux ou trois semaines dans la chambre d'hôtel à dormir, manger et prier. Omar et moi ne sortions que pour aller voir notre maison, qui n'était toujours pas achevée. Mais un jour, tandis que je m'extasiais devant le nombre de pièces, il finit par me dire la vérité: dans quelques semaines ou quelques mois, Safiya s'installerait elle aussi à Riyad, ce qui ne me surprit pas tellement.

— J'espère que tu sais ce que tu fais, dis-je, résignée. Souviens-toi de ta promesse : les choses doivent vraiment changer par rapport à Bocinja. J'ai hâte que ce soit le cas.

— Attends que nous ayons emménagé. Tu as toujours été si impatiente, Aïcha.

Mais cette grande maison se révéla bientôt une prison, hormis le fait que je pouvais aller et venir à ma guise dans la cour intérieure. Mais je n'en faisais rien car la température extérieure était intenable. De plus, comme Omar recevait constamment, je travaillais très dur : entre la cuisine et le ménage, j'avais beaucoup à faire et sans personne pour m'aider, faute de moyens. Heureusement, les tâches à effectuer en extérieur revenaient à des Philippines qui nettoyaient les vitres, balayaient le sable et battaient les tapis. Je n'avais absolument aucun contact avec elles, pas même un mot ou un geste.

— J'ai besoin de bouger, sinon je vais dépérir, me plaignis-je un jour auprès d'Omar. Je m'ennuie à mourir. Cette vie-là ne me convient pas et je ne pense pas tenir le coup très longtemps. Un jour, je finirai par rentrer en Allemagne.

— Qu'est-ce qui t'attire tant chez ces infidèles ? Comment peux-tu ne pas te sentir bien ici, alors que tu es entourée de musulmans ?

— Sortir, bouger, me promener, ça me manque, tout ça.

Peu de temps après, Omar rentra du travail avec un cadeau pour moi. Tout fier, il déchira l'emballage et en sortit un vélo d'appartement flambant neuf.

— Ça ne te fait pas plaisir ? demanda-t-il, déçu par mon absence de réaction.

— Si, mais j'aimerais bien aussi que nous fassions des activités ensemble. Quand nous nous sommes invités quelque part, je dois rester avec les autres femmes, qui ne font rien à part manger et se haïr viscéralement, faute d'avoir de quoi s'occuper. Tu prendrais tes jambes à ton cou, si tu étais à ma place.

— Nous partirons bientôt en excursion, je te le promets, conclut Omar.

En effet, au mois de décembre, nous nous rendîmes deux fois aux Émirats arabes unis en avion privé, mais pas pour y passer la nuit ni pour visiter quoi que ce soit. Comme Omar ne me disait pas quel était le but de ces voyages, je supposais qu'il participait à des projections de films. De mon côté, cela m'était égal : décoller, survoler le désert, apercevoir la mer au loin était une véritable bénédiction. Je me noyais dans la beauté des paysages. De l'avion, je voyais des champs pétrolifères et des usines de dessalement, je m'extasiais à la vue de la moindre oasis, de la moindre montagne. Tant de cailloux, tant de richesse, tant de misère, tant de splendeur d'un seul coup, c'était inimaginable pour moi, simple mortelle.

L'un de ces voyages nous mena à Dubai.

— «*Do buy*», «achetez», c'est le nom de la ville où l'on peut se procurer tout ce qui existe en ce bas monde. D'aucuns la surnomment la Perle des Émirats, mais pour moi, c'est une catin, dit Omar avec mépris. Je vais te montrer quelque chose.

Nous étions en voiture, sur la banquette arrière. Lorsque Omar échangea quelques mots en arabe avec les deux hommes assis devant nous, je compris qu'il leur demandait de faire un détour. Nous prîmes alors une autoroute à huit voies, longée à droite et à gauche par des gratte-ciel et des immeubles de luxe. Chaque bâtiment rivalisait de modernité avec ceux qui l'entouraient. Puis, un peu en dehors de la ville, j'aperçus un voilier gigantesque sur la mer, mais non loin de la côte.

— C'est le Burj al-Arab, l'unique hôtel sept étoiles au monde, m'expliqua Omar. «Burj» signifie «tour». Celle-ci culmine à trois cents mètres et on peut y atterrir en hélicoptère. À elle seule, la construction a coûté deux milliards de dollars. Il paraît que les robinets sont en or massif.

D'après l'un de nos accompagnateurs, l'hôtel comprenait deux suites présidentielles de plus de sept cents mètres carrés chacune, et la superficie de la plus petite suite atteignait tout de même quatre cents mètres carrés. Il fallait débourser dix mille dollars au minimum pour une nuit. Je ne pouvais plus détacher les yeux de ce bijou d'architecture moderne, tout en étant écœurée au plus haut point par ce luxe et cette démesure.

Nous nous rendîmes également au Qatar. Là, Omar entra dans les locaux de la chaîne Al Jazeera en compagnie d'un autre homme, tandis que je l'attendais au pied de l'immeuble, dans la Jeep. Au bout d'une demi-heure, lorsqu'ils ressortirent tous les deux, Omar semblait fâché. Je sentais qu'il ravalait sa colère, mais impossible de lui demander ce qui se passait. À cause des autres hommes qui nous accompagnaient, je ne pus prononcer un mot de la journée.

À l'occasion du ramadan, qui eut lieu de fin novembre à fin décembre, nous reçûmes de nombreux invités. Tous les jours, Omar me disait par téléphone combien de personnes étaient attendues et ce que je devais préparer. Notre maison, comme toutes les autres, avait une cour où l'on pouvait se garer une fois qu'Omar ou moi avions ouvert le portail télécommandé. Les femmes empruntaient une entrée située sur la gauche. Dans l'aile avant du bâtiment se trouvaient un salon et une salle de bains, puis venait l'habitation principale, beaucoup plus grande, qui comprenait une cuisine, deux salles de bains, une chambre d'amis et un bureau pour Omar, ainsi que deux salons et deux chambres à coucher. C'était confirmé, Safiya et ses trois enfants arriveraient en janvier. Après Maryam, elle avait accouché d'une deuxième petite fille et était de nouveau enceinte. Cette fois-ci, elle espérait que ce serait un fils, me confia Omar.

— Si ce n'est pas le cas, tu pourras toujours épouser une troisième femme, rétorquai-je.

Omar ignora le ton ironique de ma remarque et se contenta de répondre qu'il le ferait, si c'était la volonté de Dieu.

En attendant, je m'occupais de la maison comme il le souhaitait, sans toutefois me montrer très obéissante. Tant que Safiya ne vivait pas avec nous, je dévisageais les invités à leur descente de voiture, bravant ainsi l'interdiction formelle d'Omar. Je faisais le guet dans le couloir, alors que je ne devais y pénétrer que pour le balayer quand nous n'attendions personne. Là, il y avait une fenêtre munie d'un rideau que je tirais légèrement sur le côté pour observer le visage des invités, que je reconnaissais parfois. Je revis par exemple le frère d'Abu Haiman, chez qui nous avions passé plusieurs nuits à Damas, et j'essayais de mémoriser les traits de ceux qui ne m'étaient pas familiers, le tout en très peu de temps car je devais disparaître avant qu'ils n'entrent dans la maison, ou Omar m'aurait passée à tabac. C'était ce dont il m'avait menacée s'il me surprenait en train d'espionner ses invités.

Je disposais tout ce dont les invités avaient besoin dans le couloir, et si Omar manquait de quelque chose, il toquait à la porte de séparation. Il avait plusieurs façons de frapper, et chacune d'elles avait une signification différente. Derrière, dans l'aile des femmes, étaient installés les épouses des invités et leurs enfants, qui voulaient toujours rejoindre leur père en courant. Pour éviter que ces derniers ne soient dérangés, la porte de séparation était constamment verrouillée. Omar et moi détenions chacun une clé. J'avais également insisté pour posséder moi aussi une télécommande pour le portail. Je ne l'utilisai jamais, mais le fait de la garder sur moi me donnait l'illusion de pouvoir partir à tout moment, bref, d'être libre. Une fois que ces messieurs avaient terminé de manger, ils redéposaient le plateau dans le couloir, à sa place initiale, et frappaient pour que je vienne le récupérer et que je l'apporte aux femmes, avec qui je mangeais les restes.

Une nuit, j'entendis deux ou trois voitures ainsi que plusieurs voix masculines, mais comme Omar était à la maison, je ne pouvais pas faire le guet. Je déposai un plateau avec du thé, de l'eau, des dattes et des biscuits dans le couloir.

— Va te coucher, aucune femme ne viendra cette nuit, me dit-il. Si nous avons besoin de quoi que ce soit, je viendrai te chercher.

Ensuite, je n'entendis plus rien.

— Tu sais qui nous a honorés de sa présence la nuit dernière ? me demanda Omar le lendemain matin, après la prière.

— Non, qui ça ?

Je fus agréablement surprise qu'il daigne me parler de ce visiteur, car il se montrait encore plus taciturne qu'à l'accoutumée, ces derniers temps. À ses yeux brillants et son ton respectueux, je n'eus aucun mal à deviner qu'il s'agissait d'une personnalité très importante.

— Oussama ben Laden, accompagné de ses gardes du corps, répondit Omar, songeur.

Je savais parfaitement qui était ce chef de file du djihad venu d'Afghanistan, déjà recherché à l'époque par Interpol pour de nombreux crimes. Omar et tous les autres moudjahidin le vénéraient. Un frisson me parcourut l'échine à l'idée que cet homme était venu chez nous, mais je n'en laissai rien paraître.

— Ah oui ? demandai-je d'un ton qui se voulait indifférent. Vous travaillez ensemble ?

— Cela ne te regarde pas, rétorqua sèchement Omar.

— Excuse-moi. Mais c'est bien que quelqu'un d'aussi connu achète tes films, non ?

Omar me jeta un regard méfiant et ne mentionna plus jamais les personnes qui venaient chez nous. En revanche, il ne put s'empêcher de me montrer un documentaire portant sur les persécutions dont certains musulmans faisaient l'objet en Indonésie. Il ne me précisa pas s'il avait tourné ces images lui-même ou s'il s'était simplement occupé du montage, mais, pour moi, cela revenait au même. Je le considérais de toute façon comme coupable, et je ne voulais plus vivre aux côtés d'un homme honoré d'accueillir chez lui un criminel recherché dans le monde entier. C'était décidé : je quitterais Omar et cette fois définitivement.

Fin janvier, mon mari alla chercher Safiya à l'aéroport et la ramena à la maison. Sachant que je ne tarderais pas à partir, je me montrai accueillante et la pris dans mes bras. Le petit Tarik était ravi de me voir et moi, j'étais heureuse qu'il ne m'ait pas oubliée malgré cette séparation d'un an. Je m'extasiai devant Maryam, qui avait appris à marcher et partait en reconnaissance dans chacune des pièces, vive comme l'éclair. Enfin, je dis bonjour au bébé.

— La petite te ressemble beaucoup, dis-je à Omar, visiblement soulagé que les retrouvailles se déroulent sans accroc.

Mais à quoi bon m'énerver ? Bien sûr, mon cœur se serra lorsqu'il se retira avec Safiya pour la nuit, mais je me frottai également les mains lorsque le bébé se mit immédiatement à pleurer. Dans ce raffut, ils n'allaient pas beaucoup profiter l'un de l'autre, pensai-je, mais de façon générale je n'éprouvais plus de jalousie.

Omar, de son côté, ne se rendait compte de rien et croyait dur comme fer que j'avais accepté la situation. Au cours des jours suivants, il nous emmena, Safiya et moi, chez ses amis, comme pour leur montrer qu'il avait réussi là où les autres avaient échoué : ses deux épouses cohabitaient sans s'arracher mutuellement les yeux !

Un jour, nous rendîmes visite à un cheikh très riche qui avait quatre femmes. Dans sa grande bonté, il leur avait fait construire une maison chacune, ce qui ne les empêchait pas de se haïr viscéralement et de se crier dessus. Au contraire, Safiya et moi passâmes l'après-midi assises l'une à côté de l'autre à nous occuper ensemble des enfants et, de l'extérieur, on aurait pu croire que nous étions les meilleures amies du monde.

Deux semaines plus tard, Omar tomba donc des nues lorsque je lui annonçai mon intention de rentrer en Allemagne.

— Pourquoi ? s'exclama-t-il, surpris. Tu veux une maison pour toi toute seule, ou il faut que j'en cherche une autre pour Safiya ?

— Non, Omar, je vais demander le divorce. Je ne t'aime plus, répondis-je froidement.

Après avoir prononcé ces mots, je ressentis un immense soulagement. Omar, lui, croyait encore pouvoir me faire changer d'avis.

— Aïcha, j'ai promis à Safiya de l'emmener à La Mecque. Je voudrais que tu nous accompagnes et que tu pries Dieu à la Mosquée sacrée, avant de prendre ta décision. Tu es d'accord ?

Je répondis par l'affirmative.

Mais la situation dégénéra peu de temps après. Il était prévu que je garde les enfants de Safiya pendant qu'elle et Omar effectueraient le petit pèlerinage. Mon mari et moi nous rendrions à la mosquée le lendemain de leur retour. Nous étions hébergés par des amis d'Omar qui possédaient une maison non loin de La Mecque. Les femmes m'indiquèrent la chambre où je dormirais avec les enfants ainsi que la salle de bains, puis se retirèrent. Peu après, Omar vint me voir pour me donner ses consignes.

— Tu fermes la porte à clé et tu n'ouvres à personne, c'est bien compris ? Peu importe ce qui se passe, peu importe ce que tu entends dehors, tu ne dois sortir de cette chambre sous aucun prétexte. Est-ce que c'est clair ?

— Oui, je ne suis pas sourde. Mais j'ai quand même le droit d'aller aux toilettes, je suppose ?

Il ne justifia pas son intransigeance, et je ne lui posai pas non plus de questions. Après tout, j'avais l'habitude de ce genre d'instructions.

Après que j'eus mis les enfants au lit, quelqu'un frappa à la porte plusieurs fois jusqu'à ce que je réponde.

— Que se passe-t-il ? demandai-je.

— Ouvre, s'il te plaît, c'est important, répondit la maîtresse de maison.

— Mon mari me l'a interdit.

— C'est très important, s'il te plaît, il faut que je te parle.

J'hésitai, puis finis par ouvrir la porte. Là, je vis trois femmes qui me prièrent instamment de prendre mes affaires et de sortir.

— Impossible, mon mari m'a donné l'ordre de rester ici jusqu'à son retour, et je compte bien lui obéir.

La maîtresse de maison, affolée, partit en informer son mari, puis revint et insista de plus belle, en vain.

— Mon mari ne m'a pas autorisée à sortir, donc je resterai là. Comprenez-moi bien, je ne veux pas qu'il se fâche. Il y a trois enfants en bas âge qui dorment ici, et je devrais les réveiller à cause de vous ? J'ai déjà eu bien assez de mal à les mettre au lit !

Comme je ne comprenais pas pourquoi je devais évacuer la chambre, je finis par refermer la porte et me coucher.

Le lendemain matin, Omar fit irruption dans la pièce, le visage tordu de colère.

— Tu m'as humilié ! Hier soir, on t'a demandé poliment de changer de chambre car un de nos chefs avait besoin de ce lit et, toi, qu'est-ce que tu as fait ?

— Je suis restée ici avec tes enfants, conformément à tes instructions, hurlai-je à mon tour.

Il me gifla si violemment que ma tête heurta le mur. Safiya serra les enfants contre elle et dit que Maryam avait fait pipi au lit.

— Je ne pouvais pas la changer, vu que tu ne m'avais pas laissé de couches. C'est ma faute si tu n'es pas fichue de t'occuper de tes enfants ?

Omar, fou furieux, recommença à me frapper. J'essayais de me protéger la tête, je ne ressentais aucune douleur mais je craignais pour ma vie. Lorsqu'il eut enfin terminé, je restai par terre sans bouger, recroquevillée. Tarik et Maryam pleuraient. Puis quelqu'un me toucha, ce qui me fit sursauter. C'était Safiya qui m'aidait à me relever. Omar, lui, se tenait dans l'encadrement de la porte et m'observait, le regard plein de haine.

— Rhabille-toi, m'ordonna-t-il. Nous rentrons chez nous.

— Chez moi, c'est l'Allemagne, répliquai-je. Rends-moi ma liberté, laisse-moi partir. Réserve-moi un vol retour aussi vite que possible. Je ne t'adresserai pas la parole tant que tu ne l'auras pas fait.

J'avais mal partout. Je ne me lavai pas, je ne me changeai pas. Je me contentai de rester assise sur le lit, le visage tourné vers la porte. Dès qu'Omar ou Safiya entraient, je demandais si mon billet d'avion était réservé. C'était la seule chose qui m'importait.

J'avais très peur que mon mari m'empêche de partir. Il ne pouvait rompre une promesse faite devant Allah, mais pouvais-je encore lui faire confiance? S'il lui prenait l'envie de me retenir prisonnière dans cette maison, je ne pourrais pas m'échapper. De plus, aucune femme n'avait le droit de quitter le territoire saoudien sans l'autorisation de son mari. Il existait sans doute des moyens de contourner cette loi, mais encore fallait-il avoir de l'argent et des relations, ce qui n'était pas mon cas.

Inutile d'espérer une quelconque aide venant d'Allemagne: ma famille n'avait aucune idée de l'endroit où je me trouvais, et je ne comptais pas assez pour les rares personnes qui le savaient. J'étais donc à la merci d'Omar. Celui-ci pouvait faire ce qu'il voulait de moi et même me tuer, je ne me défendrais même pas, pensai-je. La mort me paraissait être la seule issue. Je ne pouvais me résoudre au suicide, mais je refusais de m'alimenter. La mort aurait été une délivrance, mais l'idée qu'Omar ne serait jamais poursuivi me mit tellement en colère que je repris courage. Au bout de trois jours, je sortis de mon mutisme et appelai Safiya, qui accourut aussitôt.

— Qu'y a-t-il, Aïcha ? Tu veux manger quelque chose ?

— Oui, mais avant, je souhaite que tu fasses passer un message à mon mari : s'il me retient contre mon gré, je ferai de sa vie et de la tienne un enfer, tant que je serai en vie. Pour que j'arrête, il faudra qu'il me tue de ses propres mains !

Safiya me regarda, effrayée, et ouvrit la bouche, mais je lui fis signe de partir avant qu'elle ne prononce un seul mot. Elle revint peu après avec du thé et des fruits. Elle venait d'appeler Omar à son travail et m'annonça qu'il passerait me voir dans la soirée.

— Comment oses-tu proférer de telles menaces ? me dit-il alors, la voix tremblante de colère. Ça suffit, Aïcha. Je t'ai longtemps empêchée de rentrer chez les infidèles et d'emprunter le chemin de la décadence. Mais plus vite tu seras partie, mieux ça vaudra pour ma famille et moi. Je t'ai réservé un vol pour le 28 janvier.

— C'est vrai ?

— Oui, et tu pourras te précipiter au commissariat et me dénoncer. C'est ce que tu comptes faire, n'est-ce pas ?

Je secouai la tête.

— Je vais demander le divorce et, une fois qu'il sera prononcé, je rayerai de ma mémoire ces douze années passées avec toi.

— Comme le dit le Coran, « la chose la plus détestée d'Allah est le divorce, mais elle est permise », alors soit. Mais tu sais, si tu n'étais pas musulmane, j'aurais le droit de te tuer, ajouta-t-il.

— Fais-le, si c'est ce que tu veux ! De toute façon, vivre à tes côtés n'a été qu'un véritable supplice !

— Tu es possédée, Aïcha. Je n'arrive pas à croire que tu me haïsses à ce point.

— Je ne te hais pas. C'est toi qui me parles de meurtre alors que je ne désire qu'une chose, être libérée de ton emprise.

— Tu le seras. Dans trois jours, je te conduirai à l'aéroport. Tu voudras emporter quelque chose ?

— De l'argent, comme le prévoit la loi islamique. Quand un couple se sépare, une partie de l'argent que la femme a investi dans le mariage lui revient.

— J'y ai déjà réfléchi, répondit Omar d'un ton détaché. Je ferai de mon mieux, mais tu n'auras pas grand-chose, je le crains. La vie est chère ici et les affaires ne vont pas très bien.

— J'ai l'impression que rien ne marche pour toi, depuis que tu as épousé Safiya. Cette femme te porte malheur.

— Je vois les choses autrement.

— Oui, ça a toujours été comme ça et ce sera toujours comme ça, mais au moins, nous nous en sommes rendu compte.

— Décidément, tu veux toujours avoir le dernier mot, dit-il avant de quitter la pièce.

Le matin du 28 janvier, Omar me conduisit à l'aéroport, gara la voiture et me tendit une enveloppe contenant cinq mille marks.

— Je suis désolé, je te dois bien plus pour ton travail et pour ton aide au cours de toutes ces années. Tu t'es montrée très forte, Aïcha, et je ne sais pas si j'y serais arrivé sans toi.

— Arrête, Omar. Cette fois, c'est fini, vraiment fini. La dernière chose que je te demande, c'est ton adresse, pour que mon avocat t'envoie les papiers du divorce.

— Il les enverra à mon travail. Voici ma carte de visite. Personne n'a besoin de savoir où je vis. Tu pourras toujours appeler là-bas, mais uniquement en cas d'urgence.

— Bien. Il ne faut pas que je tarde trop, surtout s'ils me fouillent des pieds à la tête comme à mon arrivée. Ils avaient examiné mes chaussures sous toutes les coutures. Qu'est-ce qu'ils pouvaient bien chercher ? Un pistolet ?

— Cacher des explosifs dans les talons est un jeu d'enfant, et personne ne remarque rien lors des contrôles, expliqua Omar. Pour les trouver, il faudrait démonter la chaussure en entier.

Il semblait expert en la matière, comme s'il avait déjà fabriqué des dizaines de chaussures dans ce genre.

— Je pourrais aller voir le policier là-bas et lui répéter ce que tu viens de me dire. Peut-être qu'il t'arrêterait et qu'il te demanderait pourquoi tu t'y connais aussi bien. Pourquoi tu me parles de tout ça ?

— Pour que tu comprennes que je n'ai pas peur de toi. Tu n'as aucune preuve, c'est ta parole contre la mienne. Vas-y, va voir ce policier. À ton avis, de nous deux, il croira qui ? Toi ou moi ?

Je haussai les épaules et descendis de voiture. Omar resta avec moi jusqu'au contrôle des passeports. J'attendis mon tour plusieurs minutes, puis je me retournai. Omar se tenait là, dans la foule, et regardait dans ma direction. Mais je ne courus pas vers lui, je ne lui fis aucun signe. J'entendis le douanier dire « *Jella ! Jella !* » et avançai.

Le vol, épouvantable, fut marqué par de violentes turbulences. L'avion tremblait de part en part et les bruits qu'il laissait échapper semblaient indiquer une dislocation imminente. Je crus plusieurs fois que nous allions nous écraser, mais nous atterrîmes finalement sans encombre à Francfort. Avant de descendre, je retirai mon manteau noir et le fourrai dans ma sacoche. J'étais si heureuse que j'aurais pu embrasser le sol. Je me sentais libre, enfin libre. Dans les toilettes, j'ôtai mon foulard, le symbole de mon asservissement, le pliai et le rangeai également dans mon sac. Alors j'observai longuement le reflet de mon visage dans le miroir : j'avais les traits tirés mais les yeux brillants. À gauche, les bleus laissés par les coups d'Omar étaient encore bien visibles, mais ils s'estompaient déjà un peu. Ils ne tarderaient pas à disparaître complètement.

Épilogue

Dès mon arrivée à H., j'appelai Tina pour lui demander de l'aide. Mais son mari Ibrahim avait été expulsé pendant mon séjour en Arabie Saoudite. Quant à elle, la police avait mis son appartement sens dessus dessous et l'avait interrogée durant des heures.

— Je n'ai rien contre toi, mais je préfère qu'on ne reste pas en contact, dit-elle. Je déposerai tes affaires devant la porte.

Ensuite, je téléphonai à Gabi, qui savait déjà par l'intermédiaire d'Ahmed que j'avais quitté Omar.

— S'il te plaît, n'appelle plus jamais ici, Doris. Inutile de t'expliquer pourquoi. Cela dit, je te souhaite une bonne continuation.

Je me retrouvai à la gare routière de H., légèrement engourdie, et je réfléchis. Je voyais clairement quelles démarches entreprendre et m'attelai immédiatement à la tâche. Je passai trois nuits dans une modeste pension de famille, le temps de trouver un appartement. Après avoir acheté un nouveau matelas et récupéré les quelques affaires que j'avais laissées chez Tina, je me procurai en quatrième vitesse ce dont je manquais. Quelques jours plus tard, je trouvai un emploi à mi-temps dans une société de coursiers. Puis je remplaçai un collègue qui s'était fait retirer son permis pour conduite en état d'ivresse. J'ajoutai ses heures de nuit à mes quatre heures quotidiennes, si bien que je finis par travailler entre douze et quinze heures par jour.

Cette situation me convenait tout à fait. Je voulais gagner un vrai salaire avant de reprendre contact avec mon frère, mes sœurs et mon père et leur montrer que je me débrouillais enfin seule.

Je ne revis jamais Tina et Gabi. Parfois, je me demandais ce qu'était devenue Esmer, qui vivait à Munich, et repensais à la conversation que nous n'avions pas pu terminer à propos de nos maris respectifs. Un jour, je me procurai son numéro auprès des renseignements téléphoniques.

— Esmer n'est pas là, répondit Samir, son mari. Qui est à l'appareil ?

— Aïcha, répondis-je avant de me reprendre. C'est Doris, une vieille connaissance. Je viens de rentrer en Allemagne, je vous avais rendu visite il y a quelques années.

— Ah oui, je me souviens de toi et de ton mari. Ça fait longtemps, donc tu ne dois pas être au courant. Esmer est partie avec les enfants. On m'a raconté qu'elle vivait dans un foyer dans le nord de l'Allemagne, mais où exactement, je n'en sais rien.

Je raccrochai, heureuse d'apprendre qu'Esmer avait réussi à sauter le pas. Et, soudain, je repensai à ce que m'avait dit Djamila : « Si tu ne te plais pas à Bocinja, tu fiches le camp, tout simplement, et tu rentres en Allemagne. Tu as aussi des amis là-bas, n'est-ce pas ? »

Un jour, j'irai la voir à Zenica pour lui annoncer que j'ai retrouvé ma liberté.

DANS LA MÊME COLLECTION

Nura ABDI, *Larmes de sable*, 2008.
Sameen ALI, *Le Voile de la douleur*, 2013.
Jerry AYAN, *Pourquoi je suis pas un papillon ?*, 2018.
Catherine BARNERON, *Et pourtant tu étais ma maman*, 2017.
Fadila BENAHMED, *On ne meurt pas à 5 ans*, 2021.
Sean BOYNE, *Mon père m'a vendue*, 2015.
Sascha BUZMANN, *Le Jouet du prédateur*, 2015.
Michael CLEMENGER, *Dans l'enfer de l'orphelinat*, 2015.
Candice COHEN-AHNINE, *Rendez-moi ma fille*, 2014.
Hope DANIELS et Morag LIVINGSTONE, *Abandonnée de tous*, 2016.
Andrey DELANEY, *Innocente*, 2018.
Émilie DUCROT, *Volée !*, 2022.
Jaycee DUGARD, *On m'a volé ma vie*, 2018.
Choga Regina EGBEME, *Je suis née au harem*, 2007.
Amale EL ATRASSI, *Louve musulmane*, 2014.
Cathy GLASS, *Violentée*, 2013.
Cathy GLASS, *Ne dis rien…*, 2014.
Cathy GLASS, *Maman dit que c'est ma faute*, 2015.
Cathy GLASS, *La Petite Princesse de papa*, 2017.
Cathy GLASS, *L'Enfant de l'enfer*, 2018.
Cathy GLASS, *Une enfance brisée*, 2019.
Cathy GLASS, *Alex, 7 ans, l'enfant de personne*, 2021.
Cathy GLASS, *Où es-tu, maman ?*, 2021.
Doris GLÜCK, *Niqab – J'étais l'épouse d'un guerrier d'Allah*, 2022.
Julie GREGORY, *Ma mère, mon bourreau*, 2011.
Ensaf HAIDAR, *Mon mari, ma douleur, mon espoir*, 2017.
Kathy HARRISON, *Les Larmes de Daisy*, 2014.
Celeste JONES, Kristina JONES, Juliana BUHRING, *Jamais sans mes sœurs*, 2017.
Diane & Bernie LIEROW, *Sauvée par l'amour*, 2015.
Lilly LINDNER, *Moi, Lilly, violée, droguée, prostituée*, 2015.
Lizzie MCGLYNN, *Je te pardonne, papa*, 2015.
Sharon MCGOVERN, *Terrifiée*, 2014.
Senait MEHARI, *Cœur de feu*, 2009.
Hélène MONTEL, *Détruite – J'ai épousé un pervers narcissique*, 2016.
Mende NAZER, *Ma vie d'esclave*, 2008.

Jonathan Oliver, *Cécile, ma fille, ma disparue*, 2017.
Sarah PRESTON, *Ne dis rien à maman*, 2018.
Tina ROTHKAMM, *Mon combat pour libérer ma fille*, 2016.
Ouarda SAILLO, *J'avais 5 ans*, 2010.
Jacky TREVANE, *Fatwa, condamnée à mort par les siens*, 2008.
Regina UBANATU, *Princesse blessée*, 2019.
Judy WESTWATER, *Abandonnée !*, 2013.

Cet ouvrage a été composé
par Atlant'Communication

Impression réalisée par
CPI France
en août 2022
pour le compte des Éditions Archipoche

IMPRIM'VERT
Votre imprimeur agit pour l'environnement

Imprimé en France
N° d'édition : O20203/01
N° d'impression : 2066919
Dépôt légal : septembre 2022